룻 기 묵 상 2 8 일

KB204008

믿음이란 한 알의 밀알이 땅에 떨어져 죽음으로 많은 열매를 맺음과 같이 진리의 열매를 위하여 스스로 죽는 것을 뜻합니다.
눈으로 볼 수는 없으나 영원히 살아 있는 진리와 목숨을 맞바꾸는 자들을 우리는 믿는 이라고 부릅니다.
「믿음의 글들」은 평생, 혹은 가장 귀한 순간에 진리를 위하여 죽거나 죽기를 결단하는 참 믿는 이들의, 참 믿는 이들을 위한, 참 믿음의 글들입니다.

룻기 묵상 28일

오지영 지음

홍성사.

유다 베들레헴에 한 사람이 그의 아내와 두 아들을

데리고 모압 지방에서 거류하였는데…

여인은 두 아들과 남편의 뒤에 남았더라…

유다 땅으로 돌아오려고 길을 가다가…

룻은 그를 붙좇더라…

어머니의 백성이 나의 백성이 되고

어머니의 하나님이 나의 하나님이 되시리니…

차　　　례

회복과 치유를 향한 묵상 여정

김회권 교수(숭실대 기독교학과)

룻기는 특별한 죄를 짓지 않고도 혹독한 고난을 맛본 평범한 사람들의 이야기다. 또한 이스라엘 민족이 이방 여인의 인애와 은덕으로 부활하고 소생하는 이야기다. 가난과 기근, 죽음과 이별의 이야기로 시작했다가 회복, 귀향, 치유와 가족 창조의 이야기로 끝나는 행복극이다. 그리고 무엇보다도 지극히 평범한 사람들의 불행하고 고독한 삶의 자리에 기꺼이 함께하시는 하나님의 인애와 긍휼의 드라마다. 남편을 잃고 쓸쓸이 남겨진 두 여인, 노파 나오미와 지극히 신실한 청상과부 룻의 눈물 나는 사랑 이야기다. 오지영 자매의 《룻기 묵상 28일》은 룻기를 이끌어 가는 하나님의 모성애적 사랑과 그 사랑에 응답하는 인간의 모성애적 사랑을 정확하고 섬세하게 읽어 내는 강해서다. 저자는 룻기의 히브리어 원문이 보여 주는 미묘한 전진감과 등장인물의 심리적 동태를 솜씨 있게 포착해 여성적인 구술로 풀어내고 있다. 세 가지 이유에서 이 책이 널리 읽혀지기를 바란다.

첫째, 이 책은 룻기를 통해 하나님의 음성, 하나님의 돌보심의 손길을 입체적으로 경험하기를 원하는 독자들에게 최적화된 강해서다. 저자는 결코 현학적이지 않지만 학자적 꼼꼼함으로 본문을 분석하고 풀어헤쳐 인간의 당혹스러운 환난에 응답하시는 하나님의 인애를 잘 보여 준다. 성경 독자들은 비록 성경 각 권이 인간에 의해 쓰였을지라도 성경에서 하나님의 음성을 듣기 원한다. 이 책은 하나님의 영감으로 쓰인 룻기의 영적 감화력을 부각시킨다.

둘째, 이 책은 성경 본문을 꼼꼼히 읽어 은혜를 받고자 하는 독자들에게 모범적인 성경 읽기의 예를 제시한다. 저자는 단어, 구문, 행간과 맥락을 두루 살피며 룻기의 드라마가 기승전결의 구도를 따라 움직이는 모습을 잘 드러내고 있다. 저자는 자세한 본문 읽기를 통해 룻기의 드라마적 요소를 되살려 내고 있다.

셋째, 확실히 이 책은 여성 성경학도의 주석적 통찰과 본문 관찰이 남성 저자들에 의해 주도되고 있는 성서강해세계를 얼마나 풍요롭게 보완해 줄 수 있는가를 가늠케 한다. 이 책은 참으로 따뜻하고 정감 넘치는 하나님과의 친교와 동행을 경험한 사람들에게 쓰일 만한 책이다. 불행 속에서 허우적거리며 냉담해지기 쉬운 영혼을 우리 하나님은 파괴된 도자기 조각을 다시 모아 이어 붙이는 도공의 섬세함으로 한 땀 한 땀 기우신다. 마침내 상처 입은 나오미의 영혼 역시 치료하신다. 이런 하나님의 기막힌 인애를 경험한 나오미와 룻을 통해 이스라엘의 위대한 신앙군주 다윗이 출생한다. 룻기는 모성애적 영성으로 한 영적 옥동자를 잉태하는 모성애 찬미 성경이다.

오지영 자매의 《룻기 묵상 28일》이 구약성경 가운데 가장 평범하고 작은 책으로 취급되는 룻기 안에서 역사하는 하나님의 눈부신 인애를 찬양하는 노래로 읽혀지길 간절히 바란다.

위로와 소망, 믿음과 꿈을 위한 필독서

조영호 목사(새소망 침례교회 담임)

룻기는 성경의 여러 책 중에서도 가장 특별한 이야기다. 가나안 정복 이후 약 400여 년의 사사시대는 이스라엘 민족에게 피폐한 시절이었다. 하나님을 배반하는 불신앙과 그로 인한 적의 압제가 끊임없이 반복되는 혼란의 시대였기 때문이다. 신앙을 잃어버리거나 포기할 만큼 위험하고도 어두운 시대였다. 그런 완악한 시절에도 하나님을 향한 믿음의 명맥이 이어지고 있었음을 알리는 책이 룻기다. 그래서 사사기와 사무엘서 사이에 놓여 있는 룻기는 어두움을 가르는 한 줄기 빛처럼 귀하다.

오지영은 히브리어 광맥에 숨어 있는 진리를 보물 캐내듯 하나씩 캐낸다. 그리고 그 진리가 책을 읽는 이들에게 28일간 매일 귀한 묵상으로 다가오도록 구조를 짰다. 사사시대에 들었던 기근, 한 유대인 가정의 모압 이주, 그리고 기구한 여인 룻과 나오미의 베들레헴 회귀를 첫째 주 묵상 여정 내용으로 설정함으로써 하나님에게서 멀어져 있었거나 하나님을 알지 못했던 독자들마저 돌아옴으로 초대한다. 둘째 주 여정에서는 돌아옴으로 초대받은 독자들을 베들레헴의 풍성한 보리밭으로 안내한다. 이 보리밭에서 독자들은 전능자의 날개 밑에 거하는 평안함을 경험하게 된다. 셋째 주 여정에서 독자들은 타작마당의 향기를 맡으며 구원자의 긍휼과 자비(헤세드)를 느낀다. 그래서 다시는 모압으로 돌아가고 싶지 않을 만큼 베들레헴을 사랑하게 되면서 묵상이 농익는다. 그리고 마지막 주 여정에서 드디어 독자들은 목적지에 도착하여 기다렸던 메시야, 아기 예수를 만나게 된다. 이렇듯 이 책은 목적지를 향하여 28일간 매일 걸어가도록 짜여졌다. 하루도 빠질 수 없는, 사뭇 박진감 넘치는 여정이 이 묵상집에서 펼쳐진다.
룻기는 마치 한 여인의 가정사를 다루는 것처럼 이야기를 풀어 나가지만, 실은 그리스도의 탄생에 대한 암시와 예수의 족보가 갖는 역사성까지 증명하는 중요한 기록이다. 저자는 그 중요성을 28일간의 묵상 여정 동안 놓치지 않고 이 책에 세밀하게 표현해 냈다.

미국에서 유학생 교회를 22년간 담임해 온 나는 지난 17년간 매해 추석이면 룻기를 강해하곤 했다. 그만큼 중요하면서도 각별한 책이기 때문이다. 황금빛으로 곱게 익어 가는 풍성한 밭을 연상케 하는 룻기를 강해할 때마다 하나님께서는 성도들의 마음에도 진한 감흥을 얹어 주셨다. 하나님께서 부어 주시는 은혜는 늘 한결같이 신실하며 부요하지 않은가. 오지영은 이 묵상집에 그런 풍요로움까지 섬세하면서도 온유하게 잘 담아 냈다. 여인의 자애로운 마음이 엿보인다.

나는 오지영 자매가 신학 수업을 받으면서 말씀을 깊이 연구하고 깨달음을 얻기 위해 분투해 왔음을 잘 알고 있다. 성령님의 인도하심에 따라 그리스도를 진정으로 섬기며 살아가려는 귀한 자매라는 것을 증언할 수 있다. 이 묵상집 역시 그렇게 순종하며 써나간 원고임을 확신한다. 이 책 본문 Day 9에 기록된 것처럼, 자매가 룻기를 선택하여 묵상 여정집을 쓰게 된 것은 '우연'이 아니라, '주님의 뜻 곧 신의 섭리' 가운데 이루어진 일이라고 생각한다.

이 책은 어려운 시절을 보내고 있는 이들을 위로할 것이며,

소망을 잃은 자에게 소망을 안겨 줄 것이고, 의심하고 있는 자에게 믿음을 불어넣어 줄 것이며, 꿈을 잃어버린 자에게 다시 꿈을 안겨 줄 것이다. 무엇보다 그리스도를 존귀히 섬기도록 도전하고 격려하는 책이다.
이 책을 읽으면서 좋은 선물을 받은 기분이었다. 한곳에 가만히 장식해 두고 싶은 책이 아니라 날마다 곁에 두고 가까이하고 싶은 책이다. 누군가에게도 그런 선물이 될 것임을 믿는다. 모든 성도에게 선물을 드리듯 아낌없이 이 책을 추천한다.

묵상 여정에 들어가기 전에

이 책은 모압 평지에서 베들레헴까지 이르는 28일간의 묵상 여정입니다. 베들레헴에서 우리가 찾아가야 할 최종 목적지에 도달하면 이 여정은 마치게 됩니다. 사실 이 글은 친정어머니께서 읽어 보시라고 조금씩 작성했던 것입니다. 멀리 계신 사랑하는 엄마를 그리워하면서 딸이 드리는 편지 같은 글이었습니다. 제가 해외에서 살고 있어 자주 뵙지 못하는 어머니께 선물처럼 드리고 싶어 2013년 겨울부터 말씀을 묵상한 글을 한 꼭지씩 보내 드렸습니다. 그런데 첫 독자가 되어 주신 어머니께서 이 글이 한 권의 책으로 세상에 나오는 '꿈'을 제 마음에 그려 주셨습니다. 그래서 저는 꾸준히 묵상의 글을 써나가면서 말씀의 생수를 찾아

순례를 떠나려는 여러분 또한 염두에 두게 되었습니다. 그러다 보니 저 역시 말씀에 더욱 갈급해져 함께 순례하는 심정이었습니다.
룻기를 묵상하는 여정이 진실로 '옛 땅을 밟아 보는' 도보 여행이 될 수 있도록 저는 히브리어 성경을 참고하며 한 문장씩 룻기를 읽으면서 글을 썼습니다. 결코 쉬운 과정은 아니었습니다. 히브리어 성경 한 구절을 놓고 며칠을 고민하며 씨름하는가 하면, 성경을 앞에 두고는 손을 들고 가만히 기도하며 기다리는 나날이 있기도 했고, 성경에 얼굴을 파묻고 흐느끼며 감동했던 날도 있었습니다.
그렇지만 제가 내딛는 한 걸음, 한 걸음을 조명해 주시는 성령님의 등불이 있어서 그 여정은 행복했습니다. 그분의 신실하심 때문입니다. 제가 하루하루 묵상을 적어 나가기 위해 많은 시간을 분투하고 무릎을 꿇어 하나님의 음성을 듣기를 열망할 때마다 성령님께서는 제게 성실히 나타나 주셨음을 고백합니다. 또한 하나님께서는 저를 끊임없이 격려해 주셔서 힘겨운 여정을 '맨발'로 걸어가며 베들레헴의 흙을 밟을 수 있는 기쁨까지 허락해 주셨습니다. 그 기쁨은 편안하게 최종 목적지인 베들레헴까지 태워다 줄 수레의 유혹을 끊어 버릴 만큼 충만했습니다.
이제 저는 이 책을 통해 저와 함께 떠나실 순례자를 찾습니다. 이 여정을 저와 함께해 주시면 참 좋겠습니다. 저와 매일 만나며 묵상을 진행하시면 28일째 되는 날 목적지에 도착합니다. 룻기를 한달음에 읽어 내린다고 생각지 마시고 한 단락씩 의미를 새기며 묵상한다고 여기시면 이 여정이 훨씬 마음에 와 닿으실 겁니다. 목적지에서 여러분은 결코 실망하지 않으실 겁니다. 오히려 순례의 참 기쁨을 느끼실 겁니다. 목적지 베들레헴에 입성하려면 우선 모압 평지를 빠져나와야 합니다. 바로 오늘, 모압 평지를 빠져나와 베들레헴으로 향하실 순례자가 있다면 제 손을 잡듯 이 책을 잡아 주십시오. 앞으로 28일간 저와 신실하게 걸어 주실 분과 묵상 여정을 떠나겠습니다. 그 길에서 여러분과 제가 순례의 동반자를 얻는 기쁨을 누리고, 말씀의 보석을 발견하는 잔잔한 감동이 머물길 기도합니다.
여는 글을 마무리하기 전에 이 묵상 여정이 가능하도록 저를 도우신 소중하고 아름다운 분들께 감사의 말씀을 올리고 싶습니다. 우선 숭실대학교에서 후학을 양성하시면서 서울 가향교회에서 신학지도 목사님으로 계신 김회권 교수님께 감사드립니다. 이 책이 나오기까지 예리한 시선으로 읽어 주시고 꼼꼼하게 의견 나누어 주셔서 여정에 큰 힘을 실어 주셨습니다. 아울러 미국 미시간 주 랜싱에 거주하시는 새소망 침례교회 조영호 목사님의 기도와 격려에 감사드립니다. 목양의 마음으로 원고를 읽고 조언을 아끼지 않으셨습니다. 그곳 성도님들의 기도에도 이 지면을 빌려 다시 한 번 감사의 말씀 올립니다. 남편 김재신 형제와 딸 하림이와 아들 하륜이의 사랑과 기도에는 어떻게 감사의 말을 다 전해야 할지 모르겠습니다. 고마운 마음뿐입니다. 언제나 정서가 마르지 않도록 추억으로 함께해 주는 오빠 오장욱 집사에게도 감사의 말씀을 전하고 싶습니다. 그리고 새벽마다 무릎으로 중보하시는 사랑하는 부모님, 오근재 장로님과 이신자 권사님께 눈물의 감사를 올립니다. 두 분을 존애尊愛합니다.

부족한 원고를 기쁘게 읽어 주시고 출간을 기꺼이 허락해 주신 홍성사 정애주 사장님께 감사의 말씀을 올립니다. 아울러 편집팀 정한나 주임의 노고에도 진심 어린 감사 말씀 올립니다.

끝으로, 제가 가야 할 길로 부르시고 그 길에서 신실함으로 인도해 주시는 주님께 감사를 올립니다. “나를 떠나서는 너희가 아무것도 할 수 없음이라”(요 15:5). 이 구절은 제가 일생에 간절히 품고 있는 구절입니다. 진실로, 그분을 떠나서 저는 아무것도 할 수 없습니다. 주님은 저의 전부가 되어 주십니다. 존귀하신 주님을 온전히 섬기며 살고 싶습니다. 주님께 감사와 찬양을 올려 드립니다.

In Christ,

오지영 드림

첫째 주 여정

모압 평지에서 베 들 레 헴 까 지

이른 비와 늦은 비를 기다리며

사사들이 치리하던 때에 그 땅에 흉년이 드니라(1:1a)

룻기를 펼치면 배경이 사사시대라는 것을 첫 절에서 알 수 있습니다. 사사$_{\text{士師, judges}}$가 치리하던 그 시절은 영적으로 아주 어두운 시기였습니다. (본래 룻기의 저자는 이야기를 전달하는 사람으로, 책을 저술하려는 의도는 없었습니다. 그래서 저는 룻기의 저자를 이를 때 '이야기 전달자'의 의미를 갖는 '내레이터'라 칭하겠습니다.) 룻기의 내레이터는 사사가 그 시대를 다스렸다는 것을 '쉬포트 하쇼프팀(š^{e}pōt hašōp^{e}tîm)'이라는

Day I

히브리어로 표현했습니다. 직역하면 "재판하는 사람들이 다스리던 때"가 룻기의 배경이라는 의미입니다. 사사는 히브리어로 '쇼패트'인데, '판단하다, 다스리다'라는 뜻의 동사 '솨파트(šāpat)'에서 비롯된 말입니다. 그러니까 당시의 쇼패트의 역할은 통치자보다는 내부의 분쟁을 중재하고 화합하는 내부 관리자, 곧 재판관에 가까웠습니다. "사사들이 치리하던 때에"라는 시작은, 이 이야기가 뚜렷한 통치자가 없는 '판관자의 시대'에 펼쳐진다는 것을 뜻합니다. 지도자 여호수아가 죽고, 아직 군주제가 도입되지 않은 이스라엘에 하나님께서는 "노략자의 손에서 그들(당신의 백성)을 구원하게" 하시려고 사사를 세우셨습니다(삿 2:16, 참조 삿 3:9, 15). 판관자의 시기를 하나님께서 허락하셨던 것입니다. 그러나 선과 악을 온전히 분별해야 할 사사들의 영적 분별력은 점점 약해져 갔습니다. 백성은 죄 가운데 허덕일 수밖에 없었습니다. 내레이터는 별다른 설명 없이 담담하게 첫 문장을 적고 있지만, 사실 이 문장은 사뭇 진중합니다. 첫 청중이 몰랐을 리 없습니다. 사사시대의 암울함과 혼란함을. 이스라엘은 하나님의 마음에 합한 지도자를 찾지 못하였고 사사를 통하여 하나님의 통치를 받기엔 그들의 역할이 너무나 미흡한 상황에 처해 있었습니다. “이스라엘에 왕이 없으므로 사람이 각기 자기의 소견에 옳은 대로 행하였던”(삿 21:25) 시대였기 때문입니다.

그러던 중에 무슨 연고인지 알 수 없으나 느닷없이 기근이 찾아왔습니다. 우리 삶에도 기근이 임하곤 합니다. 진리의 빛이 어두워질 때 어김없이 찾아오는 반갑지 않은 손님입니다. 그리스도의 참 빛(요 1:9, 8:12)이 우리의 혼탁한 마음 문을 투과할 수 없을 때, 욕구라는 이름으로 나타나는 사탄의 허황된 광명(고후 11:14)이 따가울 정도로 강한 빛으로 우리의 마음을 내리쪼입니다. 건조해진 마음 밭은 곧 갈라지고 생명의 줄기는 말라 버립니다. 목을 축일 생수는 고갈되고 영을 소생케 하는 귀한 만나를 먹을 수 없는 상태에 이릅니다. 그야말로 기근이며 영적인 흉년입니다.

구약의 관점으로 해석해도 기근은 달가운 징조는 아니었습니다(참조 레 26:18-20, 신 28:23-24). 하늘에서 내리는 비는 삼림을 풍성케 하고 생명을 유지시켜 주는 근원의 역할을 합니다. 특히 팔레스타인 지역은 땅이 몹시 건조하기 때문에 씨를 심는 시기와 농작물을 수확하는 시기에 전적으로 비를 의지할 수밖에 없습니다(참조 약 5:7).

그래서 이스라엘 백성에게 이른 비와 늦은 비는 하나님의 축복의 증표이기도 했습니다(욜 2:23-24). 이른 비란 10월에서 11월 사이에 내리는 비를 이르는데, 유대인의 월력으로는 티쉬리(7월)에 내리는 비입니다.[1] 늦은 비는 2월에서 3월에 내리는 비로, 그들의 월력으로는 아빕 혹은 니산(1월)에 내리는 비를 이릅니다.[2] 이 시기가 아니면 곡식을 풍성하게 할 비를 기대하기 힘든 지역인지라 남방 네게브Negev 농부들은 이른 비와 늦은 비를 기대하면서 땅을 경작해야 했습니다. 비는 당신의 백성에 대한 하나님의 공급이자 백성을 사랑하시므로 내리시는 혜택이었던 것입니다. 그래서 비가 내리지 않아 가뭄으로 치달으면 죄와 불순종에 따른 징벌이라고 받아들이기도 했습니다. 한편 가나안 사람들은 비를 내려 주는 신으로 '바알'Baal을 섬겼습니다. (히브리어에서 바알은 주인 혹은 남편이라는 뜻이 있습니다.) 그들에게 바알은 생명을 주관하는 신적 존재였습니다. 바알에게 제사를 드리며 그를 기쁘게 하기 위하여 성교 행각을 벌이면 바알은 여신 아스다롯과의 성행위를 통해 정액을 쏟아 내는데 그 신의 정액이 비를 마련한다고 믿었습니다.[3] 하나님께서는 이처럼 행위 중심적인 어리석고 음란한 믿음을 가증히 여기셨고 당신의 백성이 그들처럼 거짓된 제사로 비를 기대하는 소망을 품지 않기를 바라셨습니다. 그래서 하나님께서는 우상을 만들거나 섬기지 말라고 하셨으며, 하나님의 안식일을 지키며 성소를 경외하고 순종하라고 권면하셨습니다. 그래서 "**내가** 너희에게 철따라 비를 주리니 땅은 그 산물을 내고 밭의 나무는 열매를 맺으리라"(레 26:4)라고 선포하셨던 데 큰 의미가 있습니다. 하나님께서는 우리의 어떤 행위나 제사로 인해 빗줄기를 쥐기도 하시고 풀기도 하시는 분이 아니라, 신실한 언약에 순종하는 백성에게 반드시 비를 내리시는 좋으신 하나님이시기 때문입니다.

룻기를 시작하는 첫 절은 우리에게 우리의 삶은 어떤 시기인지 묻고 있는 듯합니다. 지금 우리는 누가 다스리는 땅에 거하고 있습니까? 우리는 하늘에서 내리는 이른 비와 늦은 비를 애타게 갈망하고 있습니까 아니면 강한 욕구로 광명의 빛을 쪼이며 가뭄을 불러들이고 있습니까?

마음이 시온의 대로에 있는 사람은 주님께 힘을 얻습니다. 그들에게는 눈물 골짜기를 지날 때에도 그곳에 많은 샘이 있을 것이라 하셨고, 이른 비가 복을 채워 줄 것이라고 하셨습니다(시 84:6). 복 있는 사람은 가뭄의 길에 서지 않을 것입니다. 오직 여호와의 율법을 즐거워하고 그 법을 묵상하므로 마치 나무가 시냇가에서 그 잎이 마르지 않고 열매를 맺는 것과 같은(시 1:2-3) 놀라운 윤택함이 그에게 머물기 때문입니다.

오늘 저와 여러분이 거하는 땅에 그리스도의 선한 통치하심이 있기를, 그리하여 어김없이 우리의 삶에 내려 주시는 생명의 빗줄기가 임하기를 원합니다. 물 댄 동산 같은 축복을 간절히 구합니다. 룻기 묵상의 첫날 여정을 마쳤습니다. 내일부터 본격적으로 룻기의 이야기가 펼쳐집니다. 내일도 여러분과 함께하겠습니다.

울타리와 평지

유다 베들레헴에 한 사람이 그의 아내와 두 아들을 데리고 모압 지방에 가서 거류하였는데 그 사람의 이름은 엘리멜렉이요 그의 아내의 이름은 나오미요 그의 두 아들의 이름은 말론과 기룐이니 유다 베들레헴 에브랏 사람들이더라 그들이 모압 지방에 들어가서 거기 살더니(1:1b-2)

어제는 기근 이야기로 여정을 마쳤습니다. 기근이 들었던 땅은 다름 아닌 베들레헴이었습니다. 베들레헴은 히브리어로 '떡집'이라는 뜻입니다. 혹은 '음식이 풍성히 있는 창고'라는 뜻으로도 해석할 수 있습니다. 아이러니하게도 룻기에서 이 떡집(베들레헴)은 떡은커녕 휑하니 비고 말았습니다. 룻기의 본격적인 이야기는 어떤 사람이 떡이 말라 버린 베들레헴을 떠나 아내와 두 아들을 데리고 모압 땅으로 이주하는

Day 2

장면에서 시작됩니다. "유다 베들레헴에 한 사람이 그의 아내와 두 아들을 데리고 모압 지방에 가서 거류하였는데"(룻 1:1b). 이 구절에는 히브리 동사가 두 가지 쓰였는데, '떠나다, 걸어 나오다'라는 의미의 '할라크(hālak)'와 '체류하다'는 뜻의 '구르(gûr)'가 그것입니다. 모압에 거주하기(구르) 위하여 베들레헴에서 걸어 나왔다(할라크)는 것입니다. 동사의 쓰임을 통해 이 가족의 모압행은 전적으로 가장인 '그'의 결정이라는 것을 알 수 있습니다. 동사가 복수형이 아니라 삼인칭 남성 단수형으로 쓰였기 때문입니다. 그러니까 그의 아내와 자녀들은 가장의 결정에 순복한 것입니다. 그런데 이 사람이 모압으로 가기 위해 계획을 세울 때, 눌러앉을 생각은 아니었던 듯합니다. '구르'라는 동사는 엄밀히 보면 '이방인으로 혹은 손님으로 머물다'라는 의미이기 때문입니다. 기근의 땅 베들레헴에서 먹을 것이 풍성한 모압으로의 이주에는 이방 땅에서 잠시 손님으로 체류하려는 의도가 있었던 것이 아닐까요? 창세기 12장에서도 이와 비슷한 사람을 만날 수 있습니다. 아브라함으로 이름이 바뀌기 전의 아브람이 바로 그 사람입니다. 그는 기근을 만나자 여호와께 제단을 쌓았던 약속의 땅에서 빠져나와 이집트로 내려갑니다. 아마 이집트는 아브람의 마음을 끄는 땅이었나 봅니다. 풍성한 음식과 나일강이 제공하는 물은 잠시 체류하기에 아주 매력적인 조건이었을 것입니다. 척박한 땅에서 하나님의 뜻을 물으며 비를 내려 주시기를 기다리는 것은 힘겹고 벅찬 일이었을 테니까요. 조금만 내려가 보면(창 12:10) 주린 배를 채워 줄 좋은 땅이 있는데 무엇 때문에 기근이 든 땅에서 거하겠습니까? 약속이 있는 땅이면 무슨 소용입니까? 아브람에게는 약속보다 당장 먹을 것이 더 중요했습니다. 게다가 '손님처럼' 잠시 머무르다가 다시 약속의 땅으로 돌아온다면 문제가 될 것 같지 않았습니다.

그러나 이집트의 기름진 음식은 잠시 체류하려던 아브람의 생각을 흐트러뜨렸습니다. 급기야 그는 그곳에서 살아남기 위해 아내 사래를 누이라고 그 땅의 백성에게 소개합니다. 물론 이는 완전히 거짓은 아닙니다. 사래는 본래 아브람의 이복 누이였기 때문입니다. 그렇지만 완전한 진실도 아니었습니다. 지금 사래는 엄연히 그의 아내이기 때문입니다. 아브람의 말은 '반쯤의 사실'a half truth이었습니다. 여러분은 아시지요. 반쯤의 사실은 절대 '진실'이 아님을.

아브람은 곡식이 풍성한 땅에서 오히려 영의 기근을 겪었습니다. 그 당시 이집트는 흥왕하던 중왕국Middle Kingdom 시기였습니다.[4] 그러니 바로는 가나안에서 양 떼와 소 떼를 몰고 온 아브람과 상업적으로 교류하고 싶어 했을 것입니다. 고대 근동 지역에서 교류를 맺으려면 먼저 우정을 쌓아야 하는데, 우정의 증표로 서로 여자를 교환하는 일은 흔했습니다.[5] 그런 의미에서 바로는 그의 '누이' 사래를 요구했다고 봅니다. 그 결과 아브람의 아내 사래는 바로의 왕궁으로 불러들여집니다. 아찔한 순간이었습니다. 그런데 놀랍게도 하나님께서 친히 개입하심으로 아브람과 사래를 보호하십니다. 하나님께서는 아브람이 연약할 때나 강건할 때나 한결같이 언약 가운데 신실하셨습니다. 그럼에도 아브람의 흔들린 믿음은 분명 사래에게 상흔을 남겼겠지요.

룻기에 나오는 이 사람도 기근이 들자 베들레헴을 떠나 모압으로 내려갔습니다. 그 역시 잠시 내려가 체류할 계획이었습니다. 이 사람의 이름은 무엇입니까? 내레이터는 엘리멜렉이라고 소개합니다. 이 이름의 뜻을 아는 사람이라면 이 장면에서 안타까움에 고개를 흔들 것입니다. 엘리멜렉은 '나의 하나님은 왕'이라는 뜻입니다.

내 하나님이 나를 통치하신다는 것입니다. 이 사람은 그의 이름이 선포하는 바와 같이 하나님의 통치권을 인정하려고 분투했을지 모르나, 기근 앞에선 연약하게 무너지고 말았습니다.

이어 그의 아내도 소개합니다. 나오미입니다. 나오미는 '나의 기쁨'을 뜻한다고 해석할 수 있는데, 어쩌면 앞에 몇 글자가 축약된 것이라 추정하는 학자들도 있습니다. 예를 들면 '아버지는 나의 기쁨'이라든가 '하나님은 나의 기쁨'을 줄여서 '나의 기쁨'이라고 이름 붙인 것이 아닌가 하는 것입니다.[6]

왜 내레이터는 이 두 사람의 이름을 서두에서 친절하게 소개했을까요? 왠지 엘리멜렉과 나오미의 아름답고 힘 있는 이름은 '기근'이라는 어두운 배경에 걸맞지 않은 퍼즐 조각 같습니다. 그런 느낌과는 상관없이 내레이터는 계속해서 엘리멜렉의 자녀들 이름도 우리에게 소개합니다. 그런데 이들에게서 태어난 두 아들의 이름을 대할 때 우리는 가슴이 저려 옴을 느끼게 됩니다. 말론은 '병들다'라는 뜻입니다. 아마 말론은 모압에서 내내 약한 몸으로 힘든 삶을 보냈던 듯합니다. 그의 동생 기룐의 이름에는 '다 끝나다, 마지막에 이르다'라는 뜻이 있습니다. 죽음을 예시하는 이름입니다.

그 이름처럼 두 형제는 엘리멜렉과 나오미에게 무척 근심이 되었음에 틀림없습니다. 기근이 가져올 죽음을 피해 모압에 입성했건만 엘리멜렉과 나오미의 두 아들은 '생명의 기근'을 겪어야 했습니다.
내레이터는 엘리멜렉의 식구들 이름을 차례로 소개한 뒤에 조용히 강조합니다. 그들은 에브라임 사람들이었다고. 에브라임은 베들레헴의 또 다른 이름이나 마찬가지입니다. 내레이터는 그들의 정체성을 밝히는 것입니다. 이방 땅인 모압으로 떠났던 그들의 뿌리는 에브라임, 즉 하나님의 백성이라고 말하고 있는 것이지요. 그들이 무슨 이유로 모압을 선택했는지는 전혀 기술하지 않습니다. 다만 '기근'만이 배경이 되어 잔잔하게 그들의 이야기를 조명하고 있습니다. 아무리 기근이 들었다지만 에브라임 사람인 엘리멜렉에게 모압이라는 선택이 쉬웠을까요? 그렇지 않았을 겁니다. 모압은 아브라함의 조카 롯이 그의 딸과의 근친상간으로 얻은 자손이므로(창 19:30-38) 이스라엘 백성은 모압 족속을 경시해 왔습니다. 그뿐 아니라 이스라엘 백성이 출애굽할 때 모압의 영토를 통과하려고 하였으나 모압은 끝끝내 허락하지 않았고 오히려 하나님의 백성을 몹시 탄압했습니다(민 22-24). 이로 인해 모압 사람들은 여호와의 총회에 영영히 들어올 수 없게 된 것입니다(신 23:3-6). 그 이후에도 모압은 이스라엘에게 화를 끼치곤 했습니다. 모압 여인이 이스라엘 백성을 유혹하여 이방 신에게 제사하고 가담하게 한 사건도 그중 하나입니다(민 25:1-9). 먼 역사를 떠올릴 필요 없이 룻기의 배경인 사사시대에도 이스라엘 백성은 모압 왕 에글론에게 공물을 바치면서까지 모압에게 억압받았음을(삿 3:15-30) 엘리멜렉은 기억하고 있었습니다. 그럼에도 그가 고향을 등지고 모압 땅을 선택했다는 것은 어쩌면 베들레헴에서 겪었던 시련과 갈등이 그만큼 컸다는 반증이기도 합니다.

베들레헴은 작은 공동체 사회였습니다. 모두가 형제와 자매이고, 친인척 관계로 엮여 있는 가족 울타리 커뮤니티라고 보아도 크게 틀리지 않습니다. 그런 상황에서도 엘리멜렉은 모압으로 가려고 했습니다. 단지 주린 배를 채우기 위함이라고 보기에는 어쩐지 석연치 않습니다. 엘리멜렉은 베들레헴에서 영적으로 공황을 느낄 정도로 상처 입었거나 소외되지 않았나 싶습니다. 그리하여 베들레헴이라는 상처의 울타리 속에 머무느니 모압 평지가 훨씬 나아 보였을지 모릅니다.

내레이터는 모압을 소개하면서 '땅, 국가 혹은 영토'라는 뜻의 히브리어 '에레츠('ereṣ)'를 쓰지 않고 오히려 '싸데 모압(śāḏěh mô'āb)' 곧 '모압 평지'라는 표현을 고집합니다. 이 평지에 엘리멜렉의 가족이 머물렀다고 말합니다. '싸데'는 널따란 들판이나 밭을 가리킵니다. 밭에 거주하기 위해 이주했다는 것은 그들이 밭에서 노동을 하며 의식주를 해결하기 위해 이주했다는 의미입니다.[7]

그런데 '평지'라는 단어에는 엘리멜렉의 시선도 반영되어 있는 듯합니다. 엘리멜렉이 본 모압은 널따란 평지로 베들레헴처럼 답답하게 갇힌 공간이 아니었을 것입니다. 그런 평지라면 훨훨 날아 봄 직도 했겠지요. 모압의 널따란 평지는 베들레헴에 갇혀 버린 듯한 엘리멜렉의 마음에 와 닿지 않았을까요? 무슨 이유였든 간에 엘리멜렉의 모압행은 그의 눈에 가장 좋은 구원의 방법이었습니다. 그러나 그가 선택한 구원의 평지에서 그가 얻은 것은 '말론'과 '기룐' 이었습니다. 병듦과 죽음의 올무에 곧 갇혀 버리고 만 것입니다.

우리는 여기서 아브라함과 그의 조카 롯 역시 이와 유사한 경험을 했다는 것을 떠올려 볼 수 있습니다. 아브라함과 롯이 이집트에서 돌아와 남방 네게브에 머무를 때 그들의 소유는 제법 늘어 있었습니다(창 13:6). 양과 소가 많아져 두 사람이 함께 체류하기에 땅은 점점 비좁아졌습니다. 이윽고 아브라함과 롯의 목자들 사이에 싸움이 잦아지기 시작했습니다. 축복이 넘치니 불평으로 변하는 시점에 이르렀습니다. 더 이상 두 사람의 소유가 공존할 수 없을 만큼 풍성해졌을 때, 두 사람에게 남은 결정은 '헤어짐' 외에 없었습니다.

아브라함은 롯에게 땅을 얻어 떠날 수 있는 선택권을 우선적으로 줍니다. 그때 롯은 눈을 들어 드넓은 요단 지역을 바라보았습니다. 그 나름대로 가늠해 보았던 것입니다. 그의 마음에 다가온 평지는 소돔과 고모라였습니다. 넓고 물이 넉넉한 지역은 롯이 선택한 구원의 방법이었습니다. 그곳에 가면 성공을 얻고 넉넉한 여생을 보낼 것 같았습니다. 그러나 그가 그 땅에서 얻은 것은 결국 패망이었고, 그가 재앙을 피해 목숨을 부지하려고 도망했다 다시 갇히게 된 곳은 아주 작은 성읍이었음(창 19:20-22)을 기억해야 합니다.

소돔으로 떠나려 했던 롯의 모습에서, 모압 평지로 떠나려는 엘리멜렉의 모습에서 오늘 우리의 모습 역시 발견합니다. 가면 구원이 있을 것 같은, 우리 눈에 가장 좋아 보이는 평지는 어디입니까? 울타리가 비좁고 고통스럽고 어떤 성공의 비전도 허락되지 않을 것 같을 때, 나를 지남철처럼 이끄는 그 드넓은 평지는 지금 어디입니까? 우리는 진정 그곳으로 떠나려는 겁니까?

시편 기자는 내게 줄로 재어 준 구역이 실로 아름다운 곳에 있다고 고백하였습니다(시 16:6). 나에게 주신 '경계'를 신명기적 관점에서 해석해 본다면 신성하고 '성례적인 분깃'sacral appointment이라고 명명할 수 있습니다.[8] 그 분깃은 하나님이 정하시고 하나님의 법으로도 보호하시는 곳이라고 하셨습니다(신 19:14, 27:17, 잠 23:10). 그러므로 건강한 경계가 없는 삶은 혼란스럽고 불안한 삶입니다. 이 경계와 분깃이라는 의미는 꼭 땅에 국한되는 것은 아닙니다. 내가 오늘 충실히 대해야 하는 사람이 그 경계일 수 있습니다. 오늘 성실하게 머물러야 하는 물리적 혹은 영적인 장소도 그 경계일 수 있습니다. 우리 주변에 이와 같은 성스러운 경계 혹은 분깃이 없다고 한다면 우리는 서로를 신임할 수 없는 불안 속에서 살아가야 할지 모릅니다. 결국 내 안의 아픔을 나눌 사람이 없어 평생 신음하면서 살아가야 할지 모릅니다. 어쩌면 슬프게도 우리는 이미 그런 아픔에 익숙해져 있지는 않은지요.
평지의 삶이 우리를 유혹할 때, 우리에게 주신 아름다운 구역을 돌아보며 나의 분깃을 지키는 기쁨이 있기를 바랍니다. 또한 우리의 눈에 가장 좋은 구원의 방법을 선택하지 않고, 주님의 뜻이 머무는 곳에 우리의 두 발이 머물 수 있기를 기도합시다.
떠나는 사람들은 많습니다. 그러나 끝까지 남아 있는 사람은 점점 드물어지는 세상입니다. 머물러야 할 곳과 머무르지 말아야 할 곳을 분별할 수 있는 저와 여러분이 되기를 간구하면서 내일 뵙겠습니다.

'나의 기쁨'이 남겨지다

나오미의 남편 엘리멜렉이 죽고 나오미와 그의 두 아들이 남았으며 그들은 모압 여자 중에서 그들의 아내를 맞이하였는데 하나의 이름은 오르바요 하나의 이름은 룻이더라 그들이 거기에 거주한 지 십 년쯤에 말론과 기룐 두 사람이 다 죽고 그 여인은 두 아들과 남편의 뒤에 남았더라(1:3-5)

3일째 접어드는 여정입니다. 오늘 함께 묵상할 본문은 1장 3-5절입니다. 히브리어 성경을 읽어 보면 3절은 접속사로 시작하고 있음을 알 수 있습니다. 접속사는 번역하면서 문장의 매끄러움을 위해 곧잘 생략되기도 합니다. 개역개정 성경에 접속사가 감추어져 있는 이유도 그 때문입니다. 영어 성경에서는 이 접속사를 'Now'로 옮기기도 했고(NIV), 'But'으로 번역하기도 했습니다(ESV). 개인적으로 저는 'But'으로

옮기는 것이 옳은 번역이다 싶습니다. 그러니까 3절이 '그러나'로 시작된다고 보는 것이지요. 모압에서 머물게 된 엘리멜렉 가족의 안부가 궁금하던 차에 내레이터는 '그러나'라는 단어를 사용하여 청중의 고개를 갸우뚱하게 합니다. 마땅한 첫마디가 떠오르지 않았던 모양입니다. 그렇게 엘리멜렉이 그만 죽음을 맞는다는 이야기를 어렵게 꺼냅니다. 내레이터는 이 구절에서 엘리멜렉의 죽음을 말하면서 '남겨지다'라는 히브리어 동사 '솨아르(šā'ar)'를 굳이 선택합니다. 이는 홍수 사건 이후에 노아와 그와 함께 방주에 있던 사람들만 남았다(구원받다)고 할 때(창 7:23), 이스라엘 백성이 홍해를 건넌 뒤 그들을 쫓던 애굽의 병거와 기병을 물로 덮어 하나도 남지 않았다(출 14:28)고 표현할 때 쓰였던 동사이기도 합니다. 또한 이 동사는 하나님의 진노에서 '살아남다'라고 묘사할 때도 쓰이는데(레 26:36, 39, 신 4:27, 대하 34:21, 겔 6:12), 아마도 룻기의 내레이터는 나오미가 그렇게 '남겨졌다'는 것을 우리에게 암시하고 싶었던 것 같습니다. 나오미가 무슨 이유로 남겨져야 했는지는 모르겠습니다. 다만, 남편 엘리멜렉이 부정한 이방 땅에 묻히게 되었다는 사실이 베들레헴 출신 나오미에게는 특히나 슬픈 일이었음에는 틀림없습니다(참조 암 7:17).
이제 룻기를 겨우 두 절 읽었는데 엘리멜렉은 우리가 나아갈 여정에서 허무하게 벌써 사라졌습니다. 그럼 엘리멜렉의 가계는 끝나 버린 것일까요? 그렇지 않습니다. 엘리멜렉의 아들들은 병약하지만 아직 살아 있고 그들에게는 아내도 있었습니다. 바로 오르바와 룻입니다. 오르바라는 이름에는 '오래프('ōrep)' 즉 '뒷목'이라는 의미가 담겨 있습니다.
이름처럼 그녀는 곧 목을 돌려 나오미를 떠날 것이라는 사실을 예시하는지도 모릅니다. 룻은 말론의 아내였는데 (참조 룻 4:10), 그 이름의 뜻에 대해서는 학자마다 의견이 다소 분분합니다. 대체로 '친구, 동반자'라는 뜻이 있는 히브리어 '레아(rēa')'라는 단어에서 비롯되었을 것이라 보지만, 한편으로 '새롭게 되다, 마른 목을 축여 만족케 되다'라는 어근 '루(rwh)'에서 파생되어 '회복'이라는 뜻이라고 추정하는 의견도 있습니다.[9] 전자의 의견도 동의할 만한 부분이 있고, 후자의 의견도 와 닿는 부분이 있습니다. 그 까닭은 앞으로 여정을 함께해 나가면서 차차 말씀드리겠습니다.
어떻게 에브라임 출신인 말론과 기룐이 이방 여인 룻과

오르바를 아내로 맞이할 수 있었을까요? 당시에는 이를 어떻게 평가했는지 가늠해 보겠습니다. 내레이터는 4절에서 "모압 여자 중에서 그들의 아내를 맞이하였는데"라고 이들의 결혼을 평이하게 기술한 듯 보입니다. 그렇지만 이때 사용한 히브리어 동사를 살펴보면 내레이터가 이 결혼을 부정적으로 보고 있음을 발견할 수 있습니다. 다시 말해 이 결혼은 순적하고 평탄한 결혼이 아니었다는 것입니다. 말론과 기룐이 아내를 '맞이하다'에서 쓰인 히브리어 동사는 '나싸(nāśā')'입니다. '들어 올리다, 어깨에 짊어지다, 싣다'라는 의미가 있는 동사입니다. 언뜻 보면 부정적인 의미가 없는 듯합니다. 하지만 구약에서 아내를 맞이할 때 이 동사보다는 '라카흐(lāqaḥ)'라는 동사를 훨씬 선호합니다. '라카흐'는 '얻다, 취하다'라는 뜻이 있습니다. 이삭이 리브가를 아내로 맞이할 때도 이 동사를 썼습니다(창 24:67). 리브가는 아브라함이 사랑하는 아들 이삭을 위하여 많이 기도하고 고심한 끝에 '얻은', 히브리어로 '라카흐'했던 보석 같은 신부였습니다. 반면 '나싸'라는 동사가 쓰인 결혼은 불법적인 경우가 대부분입니다. 대표적인 예가 사사시대에 베냐민 지파가 몰래 여인들을 붙들어 왔던 사건입니다(삿 21:23). 그 당시 베냐민에 속한 기브아에서 참담하고 망령된 사건이 일어났고, 이 사건은 이스라엘과 베냐민 지파의 싸움으로 번졌습니다. 그 결과 이스라엘 사람들은 미스바에 모여 그들의 딸을 베냐민 사람에게 절대 주지 않으리라 맹세합니다. 이로 인해 베냐민 지역의 여인이 멸절되는 지경까지 이르고 말지요. 결국 급급해진 베냐민 지파 남자들은 정당하지 못한 방법으로 여인을 앗아 와 명맥을 유지하고자 했습니다. 그 방법은, 밤에 포도원에 몰래 숨어 있다가 실로의 여인들이 춤추러 나올 때 납치하다시피 데려다가 아내로 삼는 일이었습니다. 이처럼 합법적이지 못한 결혼에 쓰인 동사가 '나싸'입니다. 이렇듯 구약성경에서 '나싸'라는 동사를 결혼에 사용할 때는 거의 이방인과의 통혼intermarriage을 지칭할 때 사용되었습니다(대하 11:21, 스 9:2, 10:44, 느 13:25). 결론적으로 나오미의 두 아들과 모압 여인의 결혼은 결코 긍정적이지 않았던 셈입니다. 말론과 기룐은 모압 여인과 '나싸'하였기 때문입니다. 엄밀히 말하자면, 모세의 율법으로도 이방인과의 결혼은 금지되어 있었습니다(신 7:3-4). 모압 여인과 결혼하지 말라는 구체적인 명시는 없었으나, 다른 신을 섬기는 여인과의 결혼은 율법의 관점으로 본다면 피했어야 합니다. 에브라임 출신인 엘리멜렉과 나오미가 율법을 알지 못했을 리 없는데 어떤 연유에선지 두 아들이 모압 여인과 결혼하여 살도록 승낙하였습니다. 결혼 생활을 하면서 나오미의 모압 자부들은 아이를 낳아 주지 못했습니다. 이윽고 병약했던 말론과 기룐마저 죽음을 맞이합니다. 두 아들이 죽고 나오미는 남겨졌습니다. 그냥 남겨진 것이 아니라 남편도 **아이**도 없이 남겨졌다고 내레이터는 말합니다. 한국어 성경이나 영어 성경에서 "그 여인(나오미)은 **두 아들**과 남편의 뒤에 남았더라Naomi was left without her two sons and her husband"라고 번역되어 있지만, 히브리어 원문을 보면 **두 아들**sons이 아니라 **아이들**children이 맞습니다. 두 아들이라면 '바님(bānĭm)'이라고 써야 하는데, 이 단어 대신에 생명의 기운이 소록소록 자라는 어린아이를 지칭하는 '옐라딤(yĕlādĭm)'이라 썼기 때문입니다. 왜 나오미가 '옐라딤'도 없이 남겨졌다고 했을까요? 룻기의 내레이터가 이 단어를 골라 쓴 데는 분명한 의도와 함축이 있었음이 분명합니다. 묵상 여정을 함께해 가시면서 차차 '옐라딤'에 대한 함축을 풀어 보겠습니다.

생명을 전달해 줄 아버지도 떠나고 생명이 솟아오를 것

같은 아이들도 나오미 품에 남지 않았습니다. 여하간 오늘 본문에서만 본다면 나오미는 소망 없이 남겨졌다는 것만은 확실합니다. 살아남았다는 사실이 그녀에게는 감사한 일이 아니었을 듯합니다. "차라리 살아남지 않았더라면" 하고 통곡했을지도 모릅니다. 남겨진 나오미는 불안하고 두렵지 않았을까요? 이제 드넓은 모압 평지에 나오미 혼자 에브라임 사람입니다. 외롭게 남겨졌습니다. 하나님은 왜 '**나의 기쁨**(나오미)'을 모압 평지에 외따로 남겨 두셨을까요? 혹시 이 글을 읽고 계신 분 가운데 홀로 모압 평지 같은 곳에 남겨져 있는 분이 계신지요? 오늘 제 마음은 바로 그분께 향합니다. 간절한 위로와 기도를 그분께 모두 쏟고 싶습니다. 외롭게 남겨진 자를 정죄하는 것은 하나님의 마음을 찌르는 죄입니다. 남겨진 자에게는 위로받을 자격이 부여됩니다. 아무리 우리의 연약한 죄성이 절망스러운 상황까지 몰아갔다고 해도 주님의 손을 잡는 순간 하나님의 긍휼은 하늘에서부터 쏟아지고, 그분의 자비는 날마다 새롭게 됩니다(렘 3:22-23).

남겨진 '나의 기쁨'에는 하나님의 소중하고 아름다운 뜻이 있다는 것을 오늘 모압 평지에 혼자 남아 있는 듯한 당신께 말씀드리고 싶습니다. 묵상 여정을 통해 그 진리를 발견하실 것입니다. 주님을 기대하십시오. 그분을 갈망하십시오. 주님의 위로가 우리 모두에게 있기를 원하며 오늘은 여기서 접겠습니다. 내일 여정도 함께해 주십시오.

돌이켜 돌아오라

그 여인이 모압 지방에서 여호와께서 자기 백성을 돌보시사 그들에게 양식을 주셨다 함을 듣고 이에 두 며느리와 함께 일어나 모압 지방에서 돌아오려 하여 있던 곳에서 나오고 두 며느리도 그와 함께하여 유다 땅으로 돌아오려고 길을 가다가 나오미가 두 며느리에게 이르되 너희는 각기 너희 어머니의 집으로 돌아가라 너희가 죽은 자들과 나를 선대한 것같이 여호와께서 너희를 선대하시기를 원하며 여호와께서 너희에게 허락하사 각기 남편의 집에서 위로를 받게 하시기를 원하노라 하고 그들에게 입 맞추매 그들이 소리를 높여 울며 나오미에게 이르되 아니니이다 우리는 어머니와 함께 어머니의 백성에게로 돌아가겠나이다 하는지라(1:6-10)

이 글을 쓰고 있는 오늘 아침에는 눈이 가득 내려와 있습니다. 한국의 겨울 추위도 대단하지만 제가 살고 있는 미국 중부 추위도 혹독합니다. 눈이 두껍게 쌓이는 일이 종종 있답니다. 그런 날은 무릎을 덮는 부츠를 신고 나가 본들 저처럼 조그만 사람은 금방 눈 속에 파묻힙니다. 오늘은 그렇게까지 쌓이지는 않았지만 제법 눈이 내렸습니다. 온 세상이 하얀 만나로 가득 덮여 있는 듯한 착각이 들

Day 4

정도입니다. 오늘 함께 떠날 묵상 여정도 베들레헴에 임하는 풍성함으로 시작합니다.

드디어 베들레헴은 이름처럼 떡이 가득 차오르기 시작합니다. 휑하니 비었던 베들레헴에서 기쁜 소식이 들려왔습니다. 주님을 바라며 이른 비와 늦은 비를 기다리는 신실한 백성의 간절한 기도를 하나님께서 들어주셨습니다. 하늘의 만나가 그곳에 소복이 쌓였던 것입니다. 이처럼 베들레헴이 풍성해진 것은 하나님께서 베들레헴 백성을 돌보셨기 때문이라고 본문은 말합니다(6절). 이때 '돌보다'라는 뜻으로 쓰인 히브리어 동사는 '파카드(pāqad)'입니다. 이 동사는 본래 여러 가지 뜻이 있지만 신학적으로 해석하자면 '주목하다, 귀 기울이다' 혹은 '방문하다'라고 번역하는 것이 옳을 듯합니다. 문 밖에서 문을 두드려 인사만 전하고 떠나는 거리감 있는 손님의 방문이 아니라, 의도된 방문을 위한 신적 개입divine intervention을 뜻합니다. 징벌을 위한 신적 방문으로 표현될 때도 있지만, 친밀한 관계에서 구원을 이루시기 위한 신적 방문으로 표현되기도 합니다. 하나님께서는 베들레헴을 '파카드'하셨습니다. 하나님의 백성을 도우시기 위하여 그들의 삶에 인애(헤세드ḥesed)의 행위로 깊이 파고드셨던 것입니다.
이 기쁜 소식이 '나의 기쁨' 나오미에게도 들려왔습니다. 모압 평지에서 생명의 기근을 겪던 나오미에게 '떡이 풍성한 집' 곧 베들레헴의 소식만큼 그녀를 끌어당기는 것이 있었을까요? 모압의 풍성함이 그녀의 마음을 사로잡았듯이 베들레헴에 떡이 가득하다는 소식이 나오미의 귓전에서 떠나지 않습니다. 그녀는 돌아가기 위해 일어납니다. 전에 엘리멜렉 가족이 모압을 향하여 베들레헴을 '떠나왔을' 때 히브리어 동사 '할라크(떠나다, 걸어 나오다)'가 쓰였다고 둘째 날 말씀드렸습니다. 세 남자가 나오미와 함께 걷던 시절, 힘들어도 발걸음은 가벼웠을 것입니다. 그러나 지금은 다릅니다. 세 남자 대신 두 자부가 가족이라는 이름으로 엮여 있는 것입니다. 엘리멜렉이 희망을 가지고 모압 평지에 입성했듯 그 땅에서 베들레헴으로 '떠나오려고(할라크)' 했지만 이제 그 발걸음에는 힘이 넘치지 않습니다. 그들은 남편을 잃은 연약한 세 과부일 뿐입니다. 그럼에도 그들은 어디로 가려 한단 말입니까. 그들은 베들레헴, 하나님의 약속의 땅으로 '돌이켜 돌아가려' 하고 있습니다.
오늘 함께 묵상할 본문의 핵심 단어는 바로 '돌아감'입니다.

내레이터는 '돌아가다'라는 히브리어 동사 '슈브(šûb)'를 오늘 본문에서 여러 번 반복합니다. '남겨진 자' 나오미에게는 남은 희망이 없었습니다. 나오미가 마지막으로 할 수 있는 결정은 풍족한 양식이 있는 '아버지의 집'으로 돌아가는 것 외에 아무것도 없었습니다. 떡을 위해서든 아버지의 집이라는 울타리를 향해서든 어쨌든 나오미의 행선지는 이제 베들레헴입니다.

우리는 이런 처지에 놓인 청년의 이야기를 신약에서도 접한 적이 있습니다(눅 15:11-20). 청년은 당돌하게도 돌아가시지도 않은 아버지에게 미리 유산을 청구합니다. 자신에게 돌아올 분깃을 부여받은 청년은 평소 가고 싶던 먼 나라에 가서 허랑방탕한 생활을 합니다. 유대 지방에서 먼 나라라면 당연히 이방 국가였을 것입니다. 하나님을 섬기지 않는 이방 땅에서 청년의 적지 않은 재산은 순식간에 향락과 유흥으로 사라져 버렸습니다. 청년은 하루하루 근근이 살아가야 하는 존재로 전락해 버렸는데, 설상가상으로 머물던 땅에 기근까지 닥쳤습니다. 이제 청년에게는 남은 것이 아무것도 없었습니다. 홀로 남겨졌습니다. 결국 청년은 주린 배를 채우기 위해 돼지 돌보는 일을 합니다.

정결법을 고수하는 유대인에게 돼지는 불결한 짐승으로 간주되었습니다(레 11:7). 그런 부정한 짐승을 유대인 청년이 이방 땅에서 돌볼 수밖에 없던 것은 그가 얼마나 열악한 상황에 이르렀는지를 시사합니다. 수치와 굶주림을 견디다 못한 청년은 아버지의 집으로 돌아가리라 마음먹습니다. 그가 내릴 수 있는 결정은 풍족한 양식이 있고 자신을 소중하게 여겨 줄 '아버지의 집'으로 돌아가는 것 외에 아무것도 없었기 때문입니다(눅 15:17).

나오미도 청년도 벼랑 끝에서 내린 결정은 다르지 않았습니다. '돌아감'입니다. 이런 맥락에서 기근과 재앙은 온전히 나쁜 것만은 아닌 듯합니다. 남겨진 것이 없는 남은 자가 되어서야 마침내 아버지의 집으로 돌아오기로 결정했으니 말입니다.

자, 오늘의 본문을 집중하여 봅시다. 나오미는 두 자부와 돌아가는 길에 섰습니다. 참고 끝까지만 갈 수 있다면 상당히 고무적인 여행이 될 것 같습니다. 그런데 과부 트리오의 리더 나오미가 흔들리는 듯합니다. 과부 셋이 터벅터벅 걸어가던 중 침묵을 깨고 자부들에게 이렇게 말했으니 말입니다.

"돌아가라(슈브)!"

베들레헴으로 돌아가고 있는데, 다시 어디로 돌아가라는 것입니까? 나오미의 말에는 미로에 갇혀 있는 듯한 어지러움이 묻어납니다. 역회전하는 화두입니다. 나오미의 자부들이 그녀의 병약한 두 아들에게 '들어 옮기워(나싸) 결혼했던' 모압 평지로 돌아가라는 것입니다. 아버지의 집으로 돌아가는 것이 아니라, 그들의 어머니의 집으로 돌아가라는(8절) 뒤바꿈의 운명 같은 '돌아감'을 명령합니다. 나오미의 돌아가야 할 방향과 자부들의 돌아가야 할 방향이 다르다는 것을 말하려는 것 같습니다. 혹은 그녀와 자부들의 정체성을 구분하는 듯도 합니다. 나오미의 아버지의 집(베들레헴)은 자부들의 아버지의 집이 될 수 없다는, 이방인의 허를 찌르는 배타적 암시처럼 느껴집니다. 이제 나오미는 그들에게 더 이상 '어머니'가 아니라는 절연의 선언처럼 냉혹히 들리기도 합니다. 오르바와 룻의 마음이 몹시 아프고 미어졌을 것입니다.

그런데 사실 그렇게까지 차가운 의도로 말한 것은 절대 아니었습니다. 구약에서는 "어머니의 집"이라는 표현이 룻기의 이 부분 외에 단 세 번 나옵니다(창 24:28, 아 3:4, 8:2)[10] 모두 사랑과 결혼 이야기가 오갈 때에 쓰였다는 점을 감안하면, 나오미 역시 자부들이 사랑을 찾아 다시 결혼을 하라는 의미에서 그렇게 말했을 것으로 받아들여집니다. 이어지는 9절에서 "남편의 집"이라고 부연한 것을 통해 나오미의 의도는 자부들을 향한 온전한 염려였음을 알 수 있습니다. 그들의 미래를 위해 자신의 손에서 놓아 주겠다는 선언이었습니다. 나오미가 놓으면 중심축이 흔들려 오르바와 룻은 베들레헴으로 가야 할 목적을 잃어버립니다. 놓아 줌이라는 작별입니다. 8절과 9절에서 나오미는 연거푸 두 번이나 돌아가라고 '슈브'합니다. 시어머니의 간절한 부탁이자 명령이었습니다.

돌아가라는 나오미의 부탁 다음에는 축복이 이어집니다. 에브라임 출신답게 그녀는 축복의 근원을 하나님에게서 찾았습니다. 나오미와 죽은 자들을 선대(헤세드)하셨듯이 자부들도 야웨 하나님께서 선대하시기를 원한다는 내용이었습니다. 모압 지역에는 모압 사람들이 섬기는 신들이 많았지만 국경을 뛰어넘어 상천하지의 유일신은 이스라엘의 언약 가운데 계신 야웨YHWH 하나님이었습니다. ('여호와 하나님'이라고도 합니다. 그렇지만 '야웨'라는 발음이 더욱 히브리 원어에 가깝기 때문에 제가 이 책에서 이 명칭을 즐겨 써도 이해해 주십시오.) 나오미는 하나님의 이름을 들어 자부들을 축복했던 것입니다. 표면상으로 볼 때 야웨에 대한 나오미의 믿음은 굳건하고 깊어 보입니다. 그러나 사실 나오미의 축복은 하나님을 향한 신뢰라기보다 의례적이거나 형식적인 축복일 가능성이 큽니다(참조 룻 1:15, 20-21).

그럼에도 놀라운 점을 발견합니다. 나오미가 의도했든 아니든 그녀는 "하나님께서 선대(헤세드)하시다"라고 함으로써 그녀도 모르게 하나님께서 앞으로 그 가엾은 여인들에게 베푸실 아름다울 계획을 선포합니다.

그렇다면 '헤세드'라는 단어는 어떤 뜻을 품고 있을까요? 저는 어제 여정에서 하나님의 심방은 그의 백성을 도우시기 위하여 전격으로 우리의 삶에 깊이 투입하시는 인애의 행위, 즉 헤세드라고 언급한 바 있습니다. 그렇지만 헤세드라는 단어 안에는 이보다 더욱 심오한 의미가 있습니다. 헤세드는 하나님의 자비와 사랑이며 인애하심이면서도 오래 참으심과 더불어 무궁무진한 긍휼이 묻어 있는 단어입니다. 끊어지지 아니하는 언약 속에서 신실하게 지켜 주시는 신의 선하심faithfulness, loyalty, goodness입니다. 이 단어는 그냥 감정이나 느낌을 나타내는 것이 아닙니다. 반드시 적극적으로 자원하는 행위가 들어갑니다. 어떤 사람을 위해 누군가가 기꺼이 이루는 친절의 행위를 일컫습니다. 그런데 '헤세드'를 이루기 위하여 어떤 사람을 돕는 누군가는 결코 아무 관계도 없는 남이 되어서는 안 됩니다. 헤세드는 이미 성립되어 이루어진 관계 안에서만 베풀 수 있는 행위이기에 그렇습니다. 익명의 사람이 몰래 베푸는 선행은 헤세드가 아닙니다. 자선단체에서 어떤 고아원에 베푸는 일반 은혜 역시 헤세드가 아닙니다. 헤세드는 잘 아는 관계에서 상대방에게 필요한 것을 공급하는 행위를 말하기 때문입니다. 그러므로 이런 하나님의 헤세드를 받으려면 하나님께서 우리를 잘 알고 우리 또한 하나님을 잘 알아야 합니다. 무엇보다 우리 마음이 우리가 알고 있는 하나님께 순응되어야 합니다.[11] 우리를 잘 아시는 하나님께서는 곤고한 우리에게 헤세드 부어 주시기를 간절히 원하십니다. 그렇지만 우리 역시 하나님께 진정으로 순종하며 나아갈 때에만 그 헤세드의 폭포수 안으로 들어갈 수 있다는 것을 기억하십시오(레 26:3-13, 신 28:1-14). 하나님께서 우리에게 헤세드를 보여 주신다는 것은, 우리의 상황에 지극히 선하게 개입하신다는 뜻입니다. 최상의 아름다운 일을 일구어 내시게 됩니다.

그래서 하나님께서 행하시는 헤세드를 경험한 사람들은 하나님의 헤세드의 축복을 다른 이들에게 전달하지 않을 수 없습니다. 그렇게 헤세드는 출렁이며 우리 삶을 투과하는 것입니다.

그런 의미에서 8절에서 나오미가 별 뜻 없이 사용한 헤세드에 다소 회의감이 듭니다. 왜냐하면 그때 나오미는 아직 진정으로 하나님의 헤세드를 경험한 적이 없기 때문입니다. 그녀는 잃음과 아픔 끝에 다시 떡을 찾아 떠나는 가련한 여인 나오미였을 뿐입니다. 당연히 두 자부에게 헤세드의 축복을 선포할 만한 힘 있는 은혜의 경험이 없었습니다. 단지 나오미는 두 자부들이 '돌아가' 새 남편을 얻는 것이 하나님의 헤세드이지 않을까 생각했던 것 같습니다.

나오미는 작별의 의미로 자부들에게 입을 맞춥니다. 그녀는 이제 진실로 혼자가 되려고 마음의 준비를 단단히 한 듯합니다. 그런데 10절을 보십시오. 두 며느리의 반응이 순순하지 않습니다. 그들은 모압 평지로 돌아가지 않겠다며 시어머니 앞에서 목을 놓아 웁니다. 그들의 '어머니의 집'보다 나오미, 즉 시어머니의 땅으로 가겠다는 것입니다. 연약한 세 여인이 돌아갈 곳이 결단코 어디란 말입니까. 모압 평지를 빠져나오는 길목에서 그들은 회전목마라도 탄 듯 돌고 또 돌고 있습니다.
엄밀히 보면 나오미는 왜 베들레헴 땅으로 돌아가야 하는지 진정한 의미를 찾지 못했던 것이 확실합니다. 그랬기 때문에 두 자부에게도 함께 돌아가자고 권할 확신이 없었습니다. 나오미가 진정으로 먼저 했어야 한 일은 '돌이켜' 회개하는 repent 것이었건만, 그녀는 무작정 돌아가고return 자부들은 모압으로 돌아가는 것이 최선의 방책이라고 믿었습니다.

오늘 여러분과 제가 돌이켜야 할 것은 무엇입니까? 돌이켜 우리가 돌아가야 할 대상은 누구입니까? 한번 생각해 보십시오.
여러분은 벌써 나흘이나 저와 함께하고 있습니다. 저의 여행 동반자가 되어 주고 계신 겁니다. '작심삼일'이라는 말이 있습니다. 결심한 마음이 사흘을 가지 못하고 느슨하게 풀어진다는 뜻입니다. 그렇지만 여러분은 저와 벌써 사흘의 여행길을 넘겼고 나흘에 들어섰습니다. 이렇게 날마다 걸어가시다 보면 이 여정을 끝까지 저와 가실 수 있다고 믿습니다. 그런 여러분께 능동적으로 이 여정에 참여하실 기회를 드리고 싶습니다. 아래 괄호 안에 해당하는 단어를 찾아서 적어 보시면 어떨까요? 어떤 번역본이라도 상관없습니다. 영어 성경을 찾아 적어 보시는 것도 도움이 많이 될 것입니다.

> 내가 네 허물을 빽빽한 구름같이, 네 죄를 안개같이 없이 하였으니 너는 내게로 ( ) 내가 너를 구속하였음이니라
>
> —사 44:22

> 그러므로 너는 그들에게 말하기를 만군의 여호와께서 이처럼 이르시되 너희는 내게로 ( ) 만군의 여호와의 말이니라 그리하면 내가 너희에게로 ( ) 만군의 여호와의 말이니라
>
> —슥 1:3

> 너희가 만일 여호와께 ( ) 너희 형제들과 너희 자녀가 사로잡은 자들에게서 자비를 입어 다시 이 땅으로 ( ) 너희 하나님 여호와는 은혜로우시고 자비하신지라 너희가 그에게로 ( ) 그의 얼굴을 너희에게서 ( ) 하였더라 —대하 30:9

만일 내게로 (　) 내 계명을 지켜 행하면 너희 쫓긴 자가 하늘 끝에 있을지라도 내가 거기서부터 그들을 모아 내 이름을 두려고 택한 곳에 돌아오게 하리라 하신 말씀을 이제 청하건대 기억하옵소서 —느 1:9

내가 여호와인 줄 아는 마음을 그들에게 주어서 그들이 전심으로 내게 (　) 하리니 그들은 내 백성이 되겠고 나는 그들의 하나님이 되리라 —렘 24:7

우리가 스스로 우리의 행위들을 조사하고 여호와께로 (　)
—애 3:40

이 구절들은 우리가 왜 돌이켜 돌아가야 하는지 그 이유를 설명하고 있습니다. 여러분과 제가 그렇게 돌이켜 하나님께 돌아가는 은혜가 있기를 간구합니다. 돌이켜 돌아가기를 결심하는 여러분과 저는 내일 다시 이 자리에서 만나겠습니다.

붙좇더라

나오미가 이르되 내 딸들아 돌아가라 너희가 어찌 나와 함께 가려느냐 내 태중에 너희의 남편 될 아들들이 아직 있느냐 내 딸들아 되돌아 가라 나는 늙었으니 남편을 두지 못할지라 가령 내가 소망이 있다고 말한다든지 오늘 밤에 남편을 두어 아들들을 낳는다 하더라도 너희가 어찌 그들이 자라기를 기다리겠으며 어찌 남편 없이 지내겠다고 결심하겠느냐 내 딸들아 그렇지 아니하니라 여호와의 손이 나를 치셨으므로 나는 너희로 말미암아 더욱 마음이 아프도다 하매 그들이 소리를 높여 다시 울더니 오르바는 그의 시어머니에게 입 맞추되 룻은 그를 붙좇았더라(1:11-14)

좋은 아침입니다. 히브리어로 인사할 때는 "보케르 토브"라고 합니다('보케르'는 '아침', '토브'는 '좋은'이라는 뜻입니다). 앞으로 종종 "보케르 토브"라고 인사드리겠습니다. 아침에 커피를 드시면서 하루를 시작하시는 분들 많으시지요? 커피에는 사람의 몸을 깨워 주는 카페인이 들어 있습니다. 오늘 묵상길을 떠나면서 커피와 함께하셔도 좋을 것 같습니다. 커피 향은 언제나 참 좋습니다. 개인적으로

Day 5

저는 커피를 잘 마시지 못하지만요. 어릴 적에 어른들이 남기신 커피를 살짝 맛본 적이 있는데 너무 써서 아주 후회를 했던 기억이 있습니다. 대학에 들어가서 친구가 커피를 사주어 기쁘게(?) 마셨는데, 그날 심장박동이 너무 빨라져서 무척 고생을 했더랬습니다. 그날을 기점으로 커피를 마시지 않기로 했고, 이제는 커피는 즐기지 못하는 사람이 되어 버렸습니다. 커피의 묘한 쓴맛이 갑자기 생각이 날 때도 있지만, 그래도 감히 마시고 싶지 않습니다.

커피 이야기로 오늘 묵상 시간을 연 것은, 혹시 여러분 중에 커피의 쓴맛을 즐기며 아침을 보내고 계신 분이 있을까 해서입니다. 오늘 함께 읽어 볼 본문에 나오미가 '쓰다'라는 단어를 사용합니다. 사람은 혀의 표면에 위치한 미뢰라는 감각기관을 통하여 맛을 느낍니다. 쓴맛은 혀의 안쪽 부분, 즉 설근부에서 느끼게 되어 있다 보니 단맛, 신맛, 짠맛에 비해 느끼기까지 오래 걸리고 혀 안쪽 표면에 오래 남아 그 맛이 이내 가시지 않는 특징이 있습니다. 지금 나오미의 삶을 맛으로 표현하면 바로 그러했습니다.

어제 저는 여러분과 '돌아감'에 대해 긴 이야기를 나누었습니다. 오늘 본문에서는 그 돌아감의 이유가 설명됩니다. 나오미 안에는 가시지 않는 '쓴맛'이 있었습니다. 내레이터가 전달하는 나오미의 말을 들어 보십시오. 가슴 저미는 세 번의 호소는 모두 돌아가라는 내용인데 모두 "내 딸들아"라고 시작됩니다. 보십시오. 첫 번째 호소는 "내 딸들아 돌아가라"입니다(11절). 두 번째는 거의 동일한 표현으로 "내 딸들아 되돌아 가라"입니다(12절). 마지막은 "내 딸들아 그렇지 아니하니라"입니다(13절). 세 번의 호소는 이렇게 마무리됩니다. "여호와의 손이 나를 치셨으므로 나는 너희로 말미암아 (혹은 '너희보다'라고 번역되기도 합니다) 더욱 마음이 아프도다(쓰도다)"(13절).

세 번이나 호소할 만큼 며느리들을 모압으로 돌려보내야 마땅할 이유가 있었을까요. 네, 있었습니다. 유대법은 과부가 된 여인을 특별히 돌보아야 하는 형사취수兄死娶嫂 제도가 있었습니다. 죽은 남편의 형제들이 (아니면 가까운 친족이라도) 과부가 된 여인을 아내로 삼아야 할 의무가 있었던 것입니다. 형사취수의 이유는 죽은 형제의 가계가 끊이지 않도록 하는 데 있었습니다. 또한 동시에 오갈 데 없게 된 여인을 돌보아 주는 데에도 그 이유가 있었습니다(신 25:5-9). 만일 장성한 형제가 없고 어린 남동생만 하나 있다 하더라도 이

법은 유효했습니다. 결국 과부에 대한 책임은 그 남편의 형제가 맡아야 했으므로 여인은 그 동생이 장성할 때까지 기다려야 하는 경우도 있었습니다(참조 창 38). 오르바와 룻의 처지는 이런 유대법에 비추어 본다 하여도 정말 딱했습니다. 나오미에게는 남은 아들이 없었고, 베들레헴을 떠난 지 오래라 이런 절박한 상황에서 도와줄 친족을 당장에 찾아내기도 어려웠기 때문입니다.

나오미는 더 이상 자신에게 소망이 없음을 알리기 위하여 수사적 질문rhetorical question을 자부들에게 두 번이나 던집니다. "어찌 나와 함께 가려느냐?" "내 태중에 너희들 남편 될 아들이 아직 있느냐?" 수사적 질문이란 성경에 자주 쓰이는 기법으로 강조할 때 많이 사용됩니다. 예수님께서도 제자들에게 가르침을 주실 때 수사적 질문을 많이 하셨습니다(마 5:46, 6:27, 막 4:40, 눅 12:51). 이런 질문은 대답을 요구하는 것이 아닙니다. 요점을 간파하고 깨닫도록 할 뿐입니다.[12] 나오미도 그녀의 절망을 자부들이 깨닫도록 자부들에게 수사적 질문을 던졌습니다. 그녀들의 재혼 가능성은 희박하다는 뜻입니다. 또한 나오미만 바라보고 살아간다 해도, 나오미는 다시 결혼하여 자녀를 낳을 수 없는 나이에 이르렀기 때문에 그들에게 남편을 만들어 줄 수 없다는 것입니다. 여기까지 말하고 나니 나오미의 쓴맛은 드디어 그녀의 혓속 깊은 데까지 투입한 듯합니다. 그녀의 하나님은 사랑의 하나님이 아니었습니다. 그녀가 기억하는 하나님은 진노를 쏟아붓는 심판자일 뿐이었습니다. 애굽에 재앙을 내리고(출 9:3), 불순종하는 이스라엘 백성을 그 진영에서 도말했던(신 2:15) 무서운 분이셨습니다. 하나님은 그녀가 살고 있던 사사시대에조차 엄정한 하나님이셨습니다. 방자한 백성에게 재앙을 내리시고 괴로움을 더하셨던(삿 2:15) 하나님이라는 것만 나오미는 기억합니다. 그녀는 한 번도 개인적으로 사랑의 하나님을 경험한 적이 없었습니다. 그래서 이렇게 고백합니다. "나는 너희로 말미암아 (혹은 너희보다) 더욱 마음이 아프도다"(13절). 여기서 '아프다'는 히브리어로 '마라르(mārar)'입니다. '마라르'는 역하게 써서 게워 내고 싶을 때 쓰는 표현입니다.

나오미의 이런 표현은 아직 그리 깊지 못한 그녀의 신앙을 나타냅니다. 자부들 앞에서 하나님의 헤세드를 운운했던 나오미지만, 그녀의 깊은 곳에서 흐르는 신앙이란 전능자에 대한 불만과 섭섭함이었습니다. 이런 나오미의 상처를 어떻게 달래 준단 말입니까. 이에 오르바는 조용히 다시 모압 평지로 돌아가기를 결단합니다. 오르바를 비난할 수는 없습니다. 룻기의 내레이터도 오르바를 표현할 때 아무 평가 없이 평탄하게 그녀의 결심을 기술합니다. 믿고 따라야 할 이스라엘의 신 야웨가 나오미가 표현하는 그런 비정한 신이라면 베들레헴의 여정엔 아무 소망이 없어 보였을 것입니다. 소리를 높여 울었습니다. 처지에 대한 한탄과 비통함입니다. 오르바는 나오미에게 입을 맞춥니다. 작별입니다.

그러나 룻은 붙좇습니다. 쓴맛이 묻어 나오는 나오미, 금방이라도 토해 낼 것 같은 상처 속에서 몸부림치는 나오미를 룻은 힘껏 안아 버립니다. 그가 섬기는 진노의 하나님에 대한 묘사까지도 룻은 흡수해 버립니다. 여기서 쓰인 '붙좇다'라는 히브리어 동사는 '다바크(dābaq)'입니다. 이것을 굳이 문자적으로 번역하자면 '있는 힘을 다하여 좇아가 하나로 뭉쳐지다'입니다. 이 동사는 아주 특별한 동사입니다. 창세기 2장 24절에 쓰인 단어이기 때문입니다. '남자가 부모를 떠나 그의 아내와 합하여 둘이 한 몸을 이루라'고 하나님께서 명령하셨을 때 쓰인 동사입니다.

시편 기자들도 간혹 이 동사를 썼습니다. 하나님을 온전히 꼭 붙들고 그분을 애써 좇아가고자 고백할 때 이 동사가 쓰였습니다(시 63:8). 주의 증거를 매달리고 또 매달리는 심령을 표현할 때도 이 동사가 쓰였습니다(시 119:31). 이 동사는 내가 붙드는 존재와 내가 거의 '하나'가 되는 경지일 때 쓰입니다. 떼려야 뗄 수 없는 언약의 깊숙함으로 들어가는 상태를 말합니다. 어떤 친구는 형제보다 친밀하다고 잠언 기자는 표현했습니다(잠 18:24). 이때의 '친밀함'은 '다바크' 입니다. 진실로 어떤 친구는 마치 나와 하나인 것처럼 동행해 줍니다.

저는 미국 서부에서 살다가 중부로 이사 와서 베쓰Beth라는 자매를 믿음생활 하다가 만났습니다. 저보다는 열 살 정도 위인데 제게는 절친한 친구가 되어 줍니다. 저는 그녀와 일주일에 한 번씩 한 시간도 넘게 걷습니다. 추우나 더우나 벌써 6년을 그렇게 함께 걸었습니다. 제게는 친언니가 없어서 그녀가 언니 같기도 합니다. 그녀도 여동생이 없이 남동생만 네 명이라 그런지 저를 보면 여동생같이 느껴지나 봅니다. 그녀와 이야기를 나누면 세상의 어려운 일들이 갑자기 쉬워집니다. 그녀 앞에서 눈물을 흘리고 나면 마음이 가벼워집니다. 그녀와 손을 맞잡고 기도를 하면 갑자기 세상 살아갈 힘을 얻는 것 같습니다. 그녀와 말씀을 나누면 매우 풍성해지고 자꾸 더 나눌 말이 생각납니다. 요즘은 그녀 눈빛만 보아도 그녀가 어떤 생각을 하는지 대충 알 것 같습니다. 그녀는 제가 만든 볶음밥, 불고기, 김치전, 닭볶음탕을 무척 좋아하고, 저는 그녀가 만들어 주는 샐러드, 블루베리 머핀, 으깬 감자가 맛있습니다. 그 집 그릇이 저희 집에 와 있나 하면, 저희 집 그릇이 그 집에 가 있을 정도로 서로 음식 나누기가 바쁘고 즐겁습니다. 가족 친지와 멀리 떨어진 외국의 삶에서 그녀는 저와 누구보다 가깝습니다. 인종이 다르면 친구하기 어렵다고들 합니다. 그렇지만 그리스도 안에서 형제와 자매로 만나면 친구가 됩니다. 아주 가깝게 사랑할 수 있는 이웃이 됩니다. 그리스도를 사랑함으로 하나가 될 수 있다는 것입니다.

모압 여인 룻은 유대 베들레헴 여인 나오미를 힘껏 포옹하여 하나되기를 표현했습니다. 고목처럼 쓰러져 가는 나오미에게 새싹 같은 동행자로 서겠다는 다짐입니다. 룻의 이름의 어원이 나타내듯이 말입니다. (혹시 잠깐 기억을 더듬고 싶으시면 Day 3으로 돌아가셔서 제가 언급한 룻의 이름의 어원을 참고하십시오.) 그녀는 나오미의 진실한 동행자가 됩니다. 앞으로의 여정이 험난하다는 것을 잘 압니다. 노모를 부축하며 건조한 땅을 걸어야 한다는 것도 잘 알고 있습니다. 그러나 그녀는 나오미와 함께 걸을 것입니다. 뜨겁고 마른 사막의 모래 바람이 칼날처럼 그녀의 젊고 보드라운 얼굴을 그어 대어도 말입니다.

오르바는 물이 흘러 바다로 가듯이 자연스럽게 자신의 행선지를 삶의 흐름에 맡겼습니다. 나오미가 고향으로 회귀해야 하듯이, 오르바도 고향으로 회귀한 것입니다. 그저 순행입니다. 그들은 각자의 눈에 좋은 선택으로의 '돌아감'에 충실했습니다. 그러나 룻은 달랐습니다. 이방 여인이었지만 자신의 행선지를 이방의 세상 가치 흐름에 맡기지 않고, 물살을 거스르는 '역행'을 결심합니다. 그녀가 베들레헴으로 돌아갈 수 있는 오직 하나의 자전축은 무엇입니까? 바람이 불면 겨와 같이 날릴 만한 얄팍한 신앙의 나오미입니까? 아니면 그보다 더한 것을 룻은 이미 믿고 있는 것입니까? 이에 대한 해답은 묵상 여정을 진행해 나가면서 하나씩 풀어 나가려고 합니다. 기억하십시오. 룻이 내린 결정은 선택이 아니라 헌신이었습니다. 그녀야말로 "돌이켜 돌아가고"

있었던 것입니다.
오늘 저와 여러분은 이런 역행의 용기가 필요한 때를 살고 있습니다. 세상의 물살에 맞서서 하나님의 나라를 향하여 걸어가려는 결단으로 그리스도를 붙좇을 때입니다. 내가 그리스도를 '다바크'하면 그분은 우리와 하나가 되어 주십니다. 그럴 때 우리는 힘차게 몰아치는 급류 속에서도 노를 저어 앞으로 갈 수 있는 것입니다. 이런 놀라운 헌신과 용기가 우리 신앙 속에 작용하기를 축복합니다.
글을 마치려는 데 문득 궁금해집니다. 아침에 끓여 놓은 커피가 이미 식어 버리지는 않았는지요? 커피는 온도가 10도 이하로 떨어져 온기를 잃으면 쓴맛이 더해진다고 합니다. 한약도 달여서 뜨거울 때 먹어야 쓴맛이 덜하고, 식으면 두 배나 쓰다고 들었습니다. 쓴맛에는 그런 묘함이 있더군요.
여러분의 삶에 쓴 뿌리를 그냥 남겨 두지 마십시오. 상처를 받으면 차차 마음에 쓴 뿌리가 생기는데, 그 쓴 뿌리를 그냥 놓아두면 더욱 쓰게 되고 맙니다. 나중에는 아무도 그 쓴 마음을 들이켜 마셔 줄 사람이 없습니다. 마음에 온도가 식어 너무 써지기 전에 사랑으로 나를 안아 주시는 그리스도께 그 마음을 토해 내십시오. 한 나무, 그리스도의 십자가 나무 아래 이제 쓴 마음(마라)을 쏟아 놓으십시오. 그분과 하나가 되기를 애쓰며 좇아가십시오. 당신과 저의 마음의 '마라'는 신의 정맥에서 흐르는 그분의 뜨거운 보혈로 달아질 것입니다. 마라의 쓴물이 단물이 되듯(출 15:22).

내일 다시 만나 뵙겠습니다.

나의 하나님이 되리니!

나오미가 또 이르되 보라 네 동서는 그의 백성과 그의 신들에게로 돌아가나니 너도 너의 동서를 따라 돌아가라 하니 룻이 이르되 내게 어머니를 떠나며 어머니를 따르지 말고 돌아가라 강권하지 마옵소서 어머니께서 가시는 곳에 나도 가고 어머니께서 머무시는 곳에서 나도 머물겠나이다 어머니의 백성이 나의 백성이 되고 어머니의 하나님이 나의 하나님이 되시리니 어머니께서 죽으시는 곳에서 나도 죽어 거기 묻힐 것이라 만일 내가 죽는 일 외에 어머니를 떠나면 여호와께서 내게 벌을 내리시고 더 내리시기를 원하나이다 하는지라 나오미가 룻이 자기와 함께 가기로 굳게 결심함을 보고 그에게 말하기를 그치니라(1:15-18)

보케르 토브! 좋은 아침입니다.
오늘은 유난히 아름다운 아침이네요. 아침 햇살이 은은하게 시작되는 걸 보니 겨울치고는 포근한 날이 될 것 같습니다. 벌써 여정 여섯째 날입니다. 여러분들하고 점점 친해지고 있다는 느낌입니다. 내일쯤 저와 여러분 모두 베들레헴에 도착할 것 같습니다. 마음이 들뜹니다.
룻기의 서두부터 우리는 이미 많은 인물을 만났습니다.

엘리멜렉, 나오미, 말론, 기룐 그리고 오르바까지 벌써 다섯 명이나 됩니다. 아쉽게도 그 가운데 셋은 등장하자마자 룻기의 무대에서 퇴장했습니다. 목소리 한번 제대로 들어 보지 못한 채 말입니다. 어제 잠시 목소리를 들려주었던 오르바도 더 이상 등장하지 않습니다. 오르바의 목소리가 들린 것은 룻과 함께 듀엣으로 "우리는 어머니와 함께 어머니의 백성으로 돌아가겠나이다"(10절) 했던 간청과, 모압으로 다시 돌아가기 전의 절규(14절)가 전부였습니다. 나오미의 목소리는 어떻습니까? 그녀의 목소리만큼은 우리 귀에 제일 익숙합니다. 그런데 룻기의 주인공 룻의 목소리는 아직 들어 보지 못했습니다. 기대하십시오. 오늘 묵상할 본문에서 그녀의 솔로가 나옵니다.

자신을 따라 베들레헴으로 가겠다는 룻의 결심이 나오미에게는 선뜻 믿어지지 않았나 봅니다. '설마… 진심은 아니겠지.' 내심 그렇게 생각했을 것입니다. 그래서 나오미는 다시 한 번 룻에게 모압으로 돌아갈 것을 간곡히 설득합니다. "보라 네 동서는 그의 백성과 그의 신들에게로 돌아가나니 너도 너의 동서를 따라 돌아가라"(15절). 그러나 사실 그녀의 마지막 설득은 베들레헴 출신답지 않습니다.

오르바가 자신의 민족에게 가도록 배려해 준 것은 납득이 됩니다만, 모압의 신들에게 돌아가라니요. 유일신을 믿는 베들레헴 출신 나오미의 신앙이 의심스러울 정도입니다. 여기서 모압의 신들을 지칭한 히브리어 단어는 '엘로힘(ĕlōhîm)'입니다. 여러분도 이 단어를 들어 보셨을 것입니다. 이 단어는 '하나님'이라고도 번역될 수 있는 단어입니다. '신'을 지칭하기 때문입니다. 그렇지만 이 단어는 엄밀히 말하면 복수형입니다. 단수형으로 '신'을 표현할 때는 '엘'이 됩니다. 그리하여 '엘로힘'이라고 표기하면 문맥에 따라서 '하나님'이라고도 번역이 되지만 헛된 '신들'을 지칭하는 단어로 번역되기도 한답니다. 물론 모압에는 여러 신이 존재했을 것입니다. 모압의 신을 묘사할 때는 주로 바알브올(민 25:3, 신 4:3, 시 106:28, 호 9:10)과 그모스 (삿 11:24, 열상 11:7, 렘 48:7, 13)가 쓰이는데, 모압 사람들이 '그모스의 백성'(렘 48:46)이라고 불렸던 것을 미루어 보면, 아마도 바알브올이나 그모스는 신성을 공유하는 신(엘로힘)으로 인식되었을지도 모를 일입니다.[13] 나오미는 룻에게 그녀의 '엘로힘'에게 돌아가라고 권하고 있습니다. 바알브올과 그모스를 섬기면서 살아가라는 말이 됩니다. 이스라엘 하나님을 따르지 말고 모압의 신앙을 답습하라는 뜻입니다. 나오미의 모습에는 전도자의 모습이 조금도 없습니다. 실망스럽습니다. 자신이 섬기던 야웨를 신뢰할 수 없던 나오미는 모압의 신이나 이스라엘의 유일신 야웨나 큰 차이가 없다고 생각했겠지요.

한편 나오미의 의중에는 다른 것이 숨어 있었으리라 조심스럽게 추측해 봅니다. 지금 나오미에게는 베들레헴으로 돌아가는 것 외에 어떤 선택도 남아 있지 않습니다. 그런데 모압 며느리를 꼬리표처럼 달고 10년이나 등진 고향에 입성하는 것은 지극히 꺼려지는 일이었습니다. 혼자서 고향으로 돌아간다면 남편과 두 아들을 잃었다고 말하고 그저 동족에게 긍휼과 자비를 입으면 그만이었습니다(참조 레 25:35). 그러나 룻과 함께 간다면 입장이 달라집니다. 아들이 왜 모압 여인과 결혼해야 했는지 설명해야 하고, 적의 땅 모압에 살면서 왜 언약의 하나님의 법도를 지키지 않았는지도 고백해야 할 처지였습니다. 룻을 데리고 간다면, 룻이라는 존재는 베들레헴에서 나오미의 부끄러운 과거의 증거가 될 가능성이 컸습니다. 그래서 더욱 룻을 밀어내려고 애를 썼는지도 모릅니다.

그러나 아무리 밀어내어도 룻은 나오미를 더욱 강하게 붙듭니다. 이제 드디어 룻의 목소리를 들을 시간입니다. 한번 들어 보십시오. 그녀의 음성은 놀라울 정도로 차분하고 그녀의 언변은 체계가 잡혀 있습니다. 그녀의 논리 정연한 발언을 히브리 문학의 구조, 키아즘Chiasm(혹은 카이어즘)이라고 일컫는 교차대조구조를 이용하여 아래와 같이 정리해 보겠습니다.

A **저를 떠나라** 강권하지 마소서
B **어머니 가시는 곳 저도 가고** 어머니 머무시는 곳에 저도 머물겠나이다
C 어머니 백성이 저의 백성이 되고 **어머니의 하나님이 나의 하나님이 되시리니!**
B′ **어머니 죽으시는 곳에 저도 죽고** 어머니 묻히시는 곳에 저도 묻히겠나이다
A′ **제가 떠나면** 야웨께서 심판하소서

보시는 바와 같이, 강조된 표현을 중심으로 대조를 이루는 두 부분을 겹쳐 놓으면 마치 하나가 되는 듯 명료한 구조를

보여 줍니다. 키아즘은 성경에서 전체적으로 빈번하게 쓰이는 구조인데, 이런 구조를 잘 이해하지 못하면 성경은 혼란스럽고 체계 없이 쓰였다고 오해하기 십상입니다.[14]
유대인들에게는 이러한 키아즘이 익숙합니다. 이를 인지하고 성경을 읽으시면 훨씬 와 닿는 부분이 많으실 겁니다. 룻의 목소리는 대칭 병행 구조 가운데 정점을 이룹니다. 이 정점은 룻의 요지입니다. **어머니의 하나님이 나의 하나님이 되시리니!**
성경에 키아즘이 자주 쓰였다고 하였는데, 한 가지 예만 더 들어 보고 다음 장면으로 넘어가겠습니다. 창세기 11장의 바벨탑 사건이 좋은 예입니다. 혼란스러운 바벨탑 이야기가 얼마나 체계적인 구조로 기록되었는지 한번 보십시오.

A 온 땅에 (11:1)
B 언어가 하나요 (11:1)
C 시날땅 평지에 거류를 하며 (11:2)
D 오라, 벽돌을 함께 만들자 (11:3)
E 우리가 건설하는 탑이라 (11:4)
F 성읍과 탑이 하늘에 닿도록 (11:4)

G **야웨께서 내려오셨더라!** (11:5)

F′ 성읍과 탑을 보도록 (11:5)

E′ 그들이 건설하는 탑이라 (11:5)

D′ 자, 우리가 내려가자 거기서 그들의 언어를 혼잡케 하자 (11:7)

C′ 시날땅 거기서 (11:9)

B′ 언어가 혼잡하더라 (11:9)

A′ 온 지면에 (11:9)

여기서도 정점은 가운데 위치한 교차점에 있습니다. **야웨께서 내려오셨더라!** 하나님께서 내려오셨을 때 바벨탑 건설은 저지되고 탑이 무너져 내리면서 언어는 혼잡하게 되어 버립니다. 교만이 하늘 끝까지 치솟았을 때, 와르르 무너져 내리는 구조입니다. 명쾌하게 해석될 수 있습니다. 자, 그럼 룻기의 본문으로 돌아오십시다. 룻의 목소리를 들은 나오미는 아무 말도 할 수 없었습니다. 18절에 "말하기를 그치니라"라고 했습니다. 룻의 언어는 지극히 겸손하면서도 확신에 차 있고 명확합니다. 룻이 무엇을 체험하였기에 그토록 이스라엘의 유일신 야웨를 붙좇겠다고 했는지 지금까지의 내용으로는 알 도리가 없습니다. 그녀가 하나님을 알 수 있었던 통로란, 미리 세상을 떠난 시아버지 엘리멜렉과 남편 말론, 그리고 지금 그녀 옆에서 하나님을 '쓰게' 표현하는 시어머니 나오미가 전부인데 말입니다. 더욱이 나오미는 적극적으로 룻에게 모압의 신에게 돌아가라고 권하고 있지 않았습니까. 그러니 룻의 고백의 근원은 하나님의 헤세드라는 해석이라고 밖에는 결론을 내릴 수 없을 것 같습니다. 모든 것이 그를 대적하는데도 축복을 얻기 위하여 마지막 힘을 다해 씨름하고 있는 먼 옛날의 이스라엘(야곱)의 모습도(창 32:24-28) 그녀에게 보입니다. 나오미가 의례적으로 전달했든 아니든 나오미의 헤세드 축복은(1:8) 룻에게서 벌써 실현되고 있었던 것이 아닐까요? 율법으로 보면 모압 여인 룻은 배척을 받아야 하고, 하나님의 성회에 들어갈 자격도 부여되지 않습니다. 그러나 룻의 간절함은 율법을 뛰어넘습니다. 은혜는 모든 것을 가능하게 합니다. 그리하여 룻기는 하나님의 헤세드가 창일한 책입니다. 이런 하나님의 헤세드가 저와 함께 걸으시는 여러분께 모두 임하기만을 간구합니다.

이제 오늘의 여정을 마칠까 합니다. 키아즘의 문학 구조를 사용하여 저희의 신앙을 고백하면서 마치면 어떨까요?
저희들의 언어가 그리스도 앞에서 겸손하고 그분께 신뢰가 있으며 세상을 향하여서는 명징하게 표현되기를 축원합니다.
골로새서 3장 3-4절입니다.

A 세상 가운데 없어져 버렸습니다, 그리하여
B 제 생명은
C 감추어졌습니다
D 그리스도와 함께
E **하나님 안에서!**
D′ 그리스도께서
C′ 나타나실 때에
B′ 제 생명은
A′ 영광 가운데 나타날 것입니다.

나를 나오미라 부르느냐?

이에 그 두 사람이 베들레헴까지 갔더라 베들레헴에 이를 때에 온 성읍이 그들로 말미암아 떠들며 이르기를 이이가 나오미냐 하는지라 나오미가 그들에게 이르되 나를 나오미라 부르지 말고 나를 마라라 부르라 이는 전능자가 나를 심히 괴롭게 하셨음이니라 내가 풍족하게 나갔더니 여호와께서 내게 비어 돌아오게 하셨느니라 여호와께서 나를 징벌하셨고 전능자가 나를 괴롭게 하셨거늘 너희가 어찌 나를 나오미라 부르느냐 하니라 나오미가 모압 지방에서 그의 며느리 모압 여인 룻과 함께 돌아왔는데 그들이 보리 추수 시작할 때에 베들레헴에 이르렀더라(1:19-22)

오늘은 저와 여러분이 함께 여정을 떠난 지 일주일째 되는 날입니다. 여러분은 정말 신실하신 분들입니다. 이 여정 끝에 진실로 귀한 진리를 발견하시는 놀라운 축복이 함께하기를 기도합니다. 저도 기도하는 심정으로 날마다 무릎을 꿇으며 글을 써 내려가고 있습니다.

이제 장면이 바뀌어 모압 평지를 지나 베들레헴에 도착합니다. 그런데 룻기의 내레이터는 야박하리만큼 이 긴

Day 7

여정을 축약해 버립니다. "이에 그 두 사람이 베들레헴까지 갔더라"(19절). 어떻게 갔는지, 어떤 경로로 갔는지, 그 사이 어떤 일이 닥쳤는지에 대해서 전혀 기술하고 있지 않습니다. 아니, 그런 것은 자세히 설명해 주지 않아도 좋습니다. 그렇지만 저는 나오미와 룻이 어떤 대화를 나누면서 베들레헴까지 걸어갔을지 정말 궁금합니다. 두 여인이 먼 길을 걸어가면서 내내 침묵하지는 않았을 것입니다. 아마 두 사람은 떠나기 전에 세 남자가 안장된 묘지에 들렀겠지요. 모압 땅에 묻힌 엘리멜렉과 말론과 기룐에게 짧게라도 작별 인사를 했을 것입니다. 제 생각에 두 여인은 모압에서의 추억에 대해 도란도란 이야기를 나누었을 것 같습니다. 베들레헴 가까이 들어서는 룻이 베들레헴은 어떤 곳인지 물었겠지요. 유대인의 신앙과 관습을 익히고 싶어 나오미에게 자문을 구했을지도 모릅니다. 평탄한 아스팔트 도로도 아니건만 연약한 두 여인은 무사히 베들레헴에 입성하였습니다. 하나님께서 이 두 사람을 하늘에서 조명하셔서 낮에 해가 그들의 근력을 소진하지 못하도록 그늘을 마련하셨을 것입니다. 밤의 으슥함과 야생동물의 습격으로부터 지켜 주셨을 것도 당연합니다.

식량도 우연의 일치를 가장하여 공급해 주셨을 것 같습니다.
가끔 낙타 상인들이 떨구고 가는 건포도빵 같은 것으로
그녀들은 식사를 대신하지 않았을까요? 여하간 두 여인이
베들레헴으로 무사히 도착한 배후에는 하나님의 특별한
보호하심과 은혜가 머물렀던 것이 분명합니다.
고개를 떨군 채 베들레헴에 입성하였을 때, 나오미는 꿈도
꾸지 못했을 것입니다. 장차 이 땅에서 하나님께서 어떤
헤세드를 베푸실 것인지. 베들레헴에서 마련하신 구원이
어떤 것인지 말입니다. 이 꿈에 대한 내용은 앞으로의 여정
가운데 발견하실 테니 지금은 여지만 남겨 두겠습니다.
나오미에게는 베들레헴으로의 회귀가 떳떳하지 못했습니다.
그러나 룻에게 베들레헴이란 설레기도 하고 두렵기도
한 '새 땅'이었습니다. 두 여인은 긴 도보 여행 끝에 몹시
지쳐 있었습니다. 그래도 나오미의 모습을 알아보는 성읍
사람이 하나둘씩 나타납니다. 나오미의 출현으로 성읍은
이내 들뜨기 시작했습니다. 나오미를 제일 반겨 준(?)
무리는 그녀의 오랜 친구들인 베들레헴 여인들이었습니다.
번역본에는 드러나 있지 않지만, 히브리어 성경으로
읽어 보면 온 성읍을 떠들썩하게 만든 이들은 다름 아닌

여인들이었습니다. "이이가 나오미냐?"(19절) 질문을 던지며 말을 걸어 올 때 쓰인 동사가 삼인칭 여성 복수형이니 말입니다. 나오미의 이름대로 "그녀가 기쁨인가(즐거운가)?" 묻는 것입니다. 나오미는 자신의 이름을 듣자마자 다시 쓴 물이 깊은 곳에서부터 봇물처럼 쏟아지는 것을 느꼈습니다. 그래서 오랜만에 만난 동무들 앞에서 반가움의 웃음은커녕 가시처럼 되받아치며 상처를 전합니다. "나를 나오미(기쁨)라고 부르지 말고, 마라(mārā', 쓰라림, 비통)라 부르라!" 나오미의 대답에 떠들썩하던 성읍은 찬물을 끼얹은 듯 이내 조용해졌습니다. 나오미와 함께 있어야 할 엘리멜렉도 보이지 않고 꽤 장성했을 그녀의 두 아들도 보이지 않는데, 나오미 옆에는 유대인과는 도저히 섞여서는 안 될 젊은 모압 여인이 사뭇 겁에 질린 채 피곤한 기색으로 서 있습니다. 궁금한 눈으로 나오미를 찬찬히 관찰하는 그녀의 고향 사람들 앞에서 나오미는 조롱거리가 되고 싶지 않았습니다. 모압에서의 10년이 비련의 세월이었다는 것을 어떻게 설명해야 한단 말입니까. "내가 풍족하게 나갔더니 여호와께서 내게 비어 돌아오게 하셨느니라 여호와께서 나를 징벌하셨고 전능자가 나를 괴롭게 하셨거늘 너희가 어찌 나를 나오미라 부르느냐!”(21절). 나오미는 그녀의 비통함을 온전히 하나님 탓으로 돌리며 그분께 비난의 손가락질을 하고 있습니다. 언뜻 보면 그 말이 엉겁결에 튀어나온 것 같지만 사실 그렇지 않습니다. 나오미의 설명을 잘 살펴보면 그녀는 사람들에게 지난 10년을 축약할 말을 긴 도보 여행 중에 이미 준비해 왔음을 알 수 있습니다. 그녀의 스피치는 ABBA 패턴으로 설명할 수 있습니다.

A 전능자Shadday가 나를 괴롭게 하셨다(20절)

B 야웨YHWH께서 나를 비우셨다 (21절)

B 야웨께서 나를 징벌하셨다(21절)

A 전능자가 나를 괴롭게 하셨다(21절)

다시 말하여 그녀의 10년 세월의 고통은 하나님 때문이라는 철저한 비난이었습니다. 하나님의 이름name은 ‘야웨(여호와)’입니다. 그러나 하나님의 이름 안에는 여러 가지 직함title이 들어갈 수 있습니다. 샤다이(전능자)로 잘 알려진 이 단어 역시 하나님의 직함입니다. 나오미는 하나님의 직함을 사용하여 그녀의 삶이 쓴 뿌리로 변한 이유를 설명합니다.

아이러니합니다. 그녀는 하나님께서 전능하시다고 인정하면서도 그녀의 쓴 뿌리를 전능하신 하나님께서 회복시켜 주실 거라는 믿음은 없었던 듯합니다. 그녀의 변명에는 또 다른 모순이 숨어 있습니다. 21절에서 그녀는 풍족하게 나갔다고 했지만, 그것은 그녀 중심적인 생각이었습니다. 물론 10년 전 베들레헴을 떠날 때는 자신을 지켜 줄 남편과 가계를 이어 갈 두 아들이 있었습니다. 나오미는 지금보다 훨씬 젊었을 것이고 힘도 좋았을 것입니다. 그런 의미에서 그녀는 풍족했었는지 모릅니다. 그러나 그때의 베들레헴은 기근으로 '비어' 있었습니다. 베들레헴에서 극심한 고통을 겪고 있는 동족에 대한 연민은 조금도 없이 부요함을 찾아 택했던 모압행이었습니다. 그런데 이제 그녀는 자신이 '비어' 돌아왔다고 합니다. 그냥 빈 것이 아니라 야웨께서 비우셨다고 자신의 가련한 운명을 하나님께 책망하는 표현입니다. 그렇지만 이제 베들레헴은 비어 있지 않았습니다. 베들레헴에는 따뜻하고 쫀득쫀득한 떡이 풍성하게 채워져 있었습니다. 나오미의 말에는 'I and It (내가 아니면 그것, 즉 내가 온전히 주체가 되는 세상)'만 존재하고 'I and Thou(나와 더불어 사는 그대, 즉 함께 더불어 연민하면서 사는 세상)'[15]라는 개념이 보이지 않습니다.

나를 나오미라 부르지 말라는 것(20절) 역시 이기적인 명령입니다. 자신이 기쁘지 않으면 세상도 기쁘지 말아야 한다는 것입니다. 친구들마저도 나오미를 나오미라고 부를 수 없도록 저지함으로써 나오미는 세상으로부터 자신을 격리해 버립니다.

우리의 존재란 우리의 이름을 명명해 주는 따듯한 타인으로부터 정체성과 존재 가치를 찾을 수 있습니다. 아무도 내 이름을 정답고 따뜻하게 불러 주지 않는다면 나는 세상에서 부재한 것이나 다름없습니다.

저에겐 미영이라는 친구가 있습니다. 이메일이나 SNS로 이야기를 주고받는 하이테크놀로지 시대에도 이 친구와 저는 여전히 예쁜 편지지에 또박또박 글씨를 써서 소식을 나누곤 합니다. 친구는 제게 서신을 보낼 때, "나의 지영아"라고 부르면서 시작하고 서신을 마칠 때는 "너의 미영이야"라고 합니다. 저도 이 친구에게 서신을 쓸 때는 "나의 미영아"로 시작하고 마칠 때는 "너의 지영이야" 하면서 마칩니다. 이 친구와 편지를 주고받으면 이상하리만큼 마음 깊은 곳에 뭉클한 감동이 있습니다. 친구가 저를 바라봐 주는 그 열정의 온도에 맞추어 세상을 열심히 살아가야겠다고 다짐하게 됩니다. 제 이름을 귀하게 불러 주는 친구 앞에서 제 존재가 가치 있게 여겨지는 것입니다. 그런 친구가 있다는 것이 참으로 감사하고 친구의 고운 마음 앞에 겸손하게 됩니다. 하나님께서도 우리의 이름을 존귀하게 불러 주십니다. 하나님께서는 하늘의 별들도 다 계수하시고 각각의 이름대로 부르십니다(시 147:4). 그런 하나님께서 우리를 지명하여 불러 모으신다는 사실을 잊어서는 안 됩니다. 하나님께서 저와 여러분의 이름을 부르실 때 존귀함을 입으시기를 간구합니다.

이렇게 해서 룻기 1장을 거의 마쳐 갑니다. 그런데 오늘은 룻의 목소리가 전혀 들리지 않습니다. 오늘의 장면에서 룻은 이상하리만치 제외되어 있습니다. 베들레헴 여인 중에 룻의 존재를 물어 본 사람이 아무도 없었습니다. 더욱 슬픈 것은 나오미가 룻을 고향 친구들에게 소개하는 장면조차 기록되어 있지 않다는 사실입니다.

"어찌 나를 나오미라 부르느냐."

나오미의 음성만 메아리처럼 이 장면의 끝을 장식합니다. 나오미 말고 아는 사람이라곤 하나 없는 룻은 꿔다 놓은 보릿자루같이 고개를 조아리며 한구석에 서 있었을까요? 알 도리가 없습니다. 꿔다 놓은 보릿자루 같은 룻이라도 좋습니다. 이제 곧 베들레헴에서는 본격적인 보리 추수가 시작될 것입니다. 떡집에 떡이 더욱 풍성하게 채워질 시간이 다가오고 있습니다. 절망스러운 나오미와 사뭇 두려워하고 있을 룻을 뒤로하고 곧 보리 추수할 때라고 내레이터가 천연스럽게 이야기했던 데는 다 까닭이 있습니다. 룻기 1장 마지막 절에서 그녀들의 몸을 부드럽게 감싸며 지나가는 따뜻한 봄바람을 느낍니다. 대지에 생명이 움틀 징조입니다. 여정에 지치신 분은 책을 덮으시고 잠깐 쉬셔도 좋습니다. 잠시 걸음을 멈추시고 한 주간 읽은 1장을 돌아보며 묵상을 깊이 다져 보시는 것도 좋을 듯합니다. 여기까지 함께 와주셔서 참 기쁩니다. 저는 2장을 펼치며 다시 함께할 여정을 준비하겠습니다. 모압 평지에서 베들레헴까지 왔습니다. 샬롬!

둘째 주 여정

베들레헴 보리밭

'집'을 나서 베들레헴 평지로

나오미의 남편 엘리멜렉의 친족으로 유력한 자가 있으니 그의 이름은 보아스더라 모압 여인 룻이 나오미에게 이르되 원하건대 내가 밭으로 가서 내가 누구에게 은혜를 입으면 그를 따라서 이삭을 줍겠나이다 하니 나오미가 그에게 이르되 내 딸아 갈지어다 하매(2:1-2)

봄바람은 언제 우리를 스쳐갔나 싶게 실크처럼 보드랍게 지나갑니다. 한겨울 날이 선 바람과는 퍽 다른 느낌입니다. 베들레헴에서 보리를 추수할 무렵은 그런 시기입니다. 하나님께서 늦은 비도 넉넉하게 내려 주셨고 밭에는 곡식이 무르익어 수확의 손길을 애타게 기다리는 설레는 시간입니다.
이런 설렘을 배경으로 룻기의 내레이터는 새로운 인물을

Day 8

한 사람 소개합니다. 이름은 보아스로, 나오미의 남편 엘리멜렉의 친족이라고 기록되어 있습니다(1절). 엘리멜렉의 친족이 있다는 소식은 룻을 가엾게 바라보면서 응원하는 우리에게 어떤 기대감을 심어 줍니다. 그 마음에 부응하듯 내레이터는 보아스를 소개하면서 그가 '유력한' 사람이라고 덧붙입니다. "유력한 자"라고 번역된 히브리어 표현은 '기보르 하일(gibbôr ḥayil)'입니다. 이는 사사시대 사람들에게 친숙한 표현이었습니다. '존경받는 뛰어난 용사' 혹은 '영웅'이라는 뜻의 '기보르 하일'은 원래 사사 기드온의 호칭입니다. 사사기 6장 12절을 보면 기드온에게 주의 천사가 나타나서 그를 "기보르 하일(큰 용사여!)"이라고 부릅니다. 대적 미디안의 손에서 이스라엘을 구원해 낸 기드온은 이스라엘 사람들에게 추앙의 대상이었습니다. 그러나 보아스는 다릅니다. 그는 이스라엘 군사로 활동한 적이 없었으니 이스라엘 전장에서 승리를 이끌어 낸 일도 없었을 것입니다. 그런데도 내레이터는 왜 보아스에게 '기보르 하일'이라는 표현을 사용했을까요? '재력과 영향력이 출중한 사람'이라는 뜻도 포함하기 때문이랍니다. 추측해 보건대 보아스는 베들레헴 성읍에서 여러모로 존앙받는 어진 성품의 사람이었던 듯합니다. 그를 통해 이스라엘의 소망을 다시 품어 볼 만한 지도자급의 인물이리라 여겨집니다. 보아스라는 이름에 어떤 뜻이 있는지는 아직 확실치 않습니다만, 칠십인역에 따르면 보아스라는 이름은 '야웨의 힘으로 나는 의지하리라'라는 의미라고 전해집니다.[16]

내레이터는 우리에게 새로운 인물 보아스를 소개하자마자, 룻에게 집중하여 이야기를 풀어 나갑니다. 보리 추수의 기대감이 봄바람에 살랑거리니 당장이라도 나가야 할 것 같은데, 내레이터는 밖으로 인도하기는커녕 가엾은 여인들이 지내고 있는 오두막집으로 우리를 부릅니다. 그렇지만 어디든 좋습니다. 이곳에서 룻의 목소리를 다시 들을 수 있기 때문입니다. 첫 주 여정 때 들었던 겸손과 확신에 찬 룻의 목소리를 아직 기억하시지요?(Day 5) 이번 주 여정에서도 그녀의 목소리를 들으실 기회가 종종 있습니다.

그런데, 룻의 목소리를 들어 보기 전에 여러분과 하고 싶은 일이 있습니다. 그녀들이 사는 집으로 초대받은 김에, 그 집을 잠깐 둘러볼까 합니다. 이 집은 두 여인에게 아주 특별한 장소입니다. 서로의 근심을 공유할 수 있는, 세상에서 가장 편안한 장소였을 테니까요. 바깥에는 이 여인들을 향한 판단과 수군거림이 분명 있었을 것입니다. 베들레헴 여인들이 모여 떡집(베들레헴)의 떡을 입방아로 쿵덕쿵덕 찧을 때마다 룻과 나오미가 등장했겠지요. 그런 따가운 시선을 피할 수 있는 그늘 같은 장소가 바로 두 여인이 거하던 조그만 오두막집입니다.
모압에서 지낼 때 베들레헴 출신 나오미는 주류에 끼지 못하는 소수라는 소외감에 시달렸을지 모르겠습니다. 모압 시절은 그녀와 감성이 다른 타국 사람들과 끊임없이 마주쳐야 하는 긴장의 연속이었으리라 싶습니다. 그래도 처음에는 남편 엘리멜렉이 가지고 간 얼마간의 밑천으로 거처도 마련하고 가축도 거느리면서 자못 당당하게 지냈겠지요. 그런 부분까지는 내레이터가 말해 주지 않으니 추측해 볼 따름입니다.
그러나 이제 상황이 다릅니다. 그녀의 자존심(?)을 지탱해 주던 남편과 두 아들은 세상을 떠났습니다. 나오미는 고향땅으로 돌아와야 했습니다. 언어, 관습, 그리고 감성이 다른 사람들을 대해야 한다는 긴장은 사라졌지만, 그녀는 동족을 만나 새로운 차원의 서러움을 느끼며 스스로 '마라'라고 명명했으니 말입니다(1:20).

고향 베들레헴은 여전했습니다. 아늑하고 정겨운 땅입니다. 봄마다 찾아오는 호도애(멧비둘기)도 여전히 반가웠습니다. 그러나 '사람'은 아니었습니다. 그녀를 오랫동안 알아 왔던 '사람'만큼은 그녀 마음에 반갑지 않았습니다. 그녀에 대해 어떻게들 생각하고 있을지 뻔했기 때문입니다. 고향으로 회귀한 그녀는 또다시 주류에 끼지 못하는 소수로 전락했을지 모릅니다. 모압에서는 서러웠다 해도 타국의 삶이니 상처도 받아 낼 각오가 되어 있었지만, 동족에게 느끼는 소외감이란 나오미에게는 특히나 아픔으로 다가오지 않았을까 생각해 봅니다. 그런 의미에서 자부 룻과 함께 지내는 그녀의 조그만 오두막집은 어쩌면 어머니 자궁처럼 혹은 도피처로 그녀를 품어 주었을 것입니다. 구석 자리라도 세상의 시끄러움과 공격을 차단해 줄 공간이 나오미는 좋았습니다. 또한 룻만큼 자신의 처지를 이해해 줄 룸메이트도 찾아보기 힘들었습니다. 아무리 여인네들이 룻을 손가락질하면서 모압 여인이네 어쩌네 하여도 룻은 적어도 나오미에게는 하나뿐인 그녀의 '남은' 가족, 그녀가 의지할 사람 그리고 그녀의 진정한 **친구**였습니다. 룻의 이름처럼 말입니다.

그러나 룻은 어떠했을까요? 조심스레 제 견해를 꺼내 보건대, 룻은 나오미처럼 이 집을 도피처로 생각하지 않았을 것 같습니다. 그녀에게는 집 안팎의 모든 것이 낯설었겠지요. 시어머니 외에 아는 사람이라곤 없었고, 익숙한 곳도 없었습니다. 곱씹을 만한 추억도 베들레헴에는 없었습니다. 그러니 서러움이나 상처를 깊이 느끼기엔 일렀습니다. 사람들이 룻에 대해 아무리 입방아를 찧는다고 해도, 그들이 할 수 있는 이야기란 모압 여인, 나오미의 며느리, 말론의 아내라는 것 정도였습니다. 그들은 룻이라는 한 개인에 대해서는 아는 것이 없었습니다.
나오미를 붙좇으며 나오미의 백성이 그녀의 백성이 되고 나오미의 하나님이 그녀의 하나님이 될 것이라는 선언을 했던 룻이었으니, 나오미와 집에만 갇혀 있는다면 이스라엘 백성과 이스라엘의 하나님을 알아 가는 데 오히려 장애가 되지 않았을까요?
잠깐, 룻이 무슨 말을 하려는 모양입니다. 집 구경은 이쯤에서 마치고 그녀의 이야기를 들어 보십시다.

"제가 이 **집을 나가** 밭으로 가도록 허락해 주셔요. 누군가의 눈에 제가 긍휼하게 비추어져서 은혜를 입는다면 그 밭에서 이삭을 주울 수 있을 것입니다." (2절을 제가 번역한 것입니다.)

룻이 간청하고 있습니다. 그런데 이상합니다. 그냥 룻이 말했다고 전달하면 그만일 텐데, 내레이터는 굳이 "모압 여인" 룻이 이렇게 말하고 있노라고 강조하고 있습니다. (2절을 다시 보십시오.) 왜 그랬을까요?

이방 여인 룻은 무작정 베들레헴에 입성하여 그저 이스라엘에 접붙여진 삶을 살려는 사람이 아니었나 봅니다. 나오미가 전한 '쓴' 하나님의 이미지를 있는 그대로 받아들이는 귀 얇은 여인도 아니었던 것이 분명합니다. 한마디로 그녀는 진중했습니다. 나오미는 룻에게 '진노'의 하나님을 쏟아붓듯 전했지만, 룻은 분별하여 '긍휼'을 베푸시는 하나님을 말씀 가운데 발견했습니다. 룻의 간청을 통해 우리는 그녀가 비록 모압 여인이지만 그동안 모세의 율법을 나름대로 상고해 왔다는 것을 알 수 있습니다.

모세의 율법에 따르면, 이스라엘 백성은 그들의 땅에 사는 타국인과 고아 그리고 과부에게 관심과 연민 그리고 동정을 반드시 베풀어야 할 책임이 있습니다. 그들도 애굽 땅에서 노예로 종살이하면서 서러운 타국 생활을 했었다는 것을 잊지 말아야 했기 때문입니다(신 24:22). 놀라운 은혜로 구원을 얻고 어엿한 국가를 이루어 독립한 이스라엘 사람들인 만큼 그들도 그들 경지에서 살아가는 이방인을 보살펴야 할 의무가 주어졌습니다. 조금이라도 우월한 위치에 있다고 남을 멸시하고 조롱하는 것은 인자와 긍휼의 하나님을 모독하는 일이었습니다. 그래서 하나님은 그들의 백성이 곡식을 수확할 때에 인색하게 밭모퉁이까지 전부 수확하지 말고 일부러 여지를 남겨두고, 떨어진 이삭도 다 긁어모으지 말도록 하여 가난한 이방인이나 고아 그리고 과부가 (구걸하거나 부끄러운 부탁을 하지 않고도) 곡식을 얼마간 챙겨 갈 수 있도록 율법에서 미리 정하셨던 것입니다(레 19:9-10, 23:22).

하나님의 나라에는 거지가 없어야 합니다. 하나님을 바라보는 그 누구도 비굴함이나 수치를 겪지 않기를 주님은 원하십니다. 항상 우리의 고개를 들어 주시기를 기뻐하시는 하나님이시기 때문입니다(시 3:3). 룻은 이런 하나님을 알고 있을 만큼 영민한 사람이었습니다. 영적으로 성장할 만한 잠재력이 있는 참으로 아름다운 사람입니다.

룻과 나오미에게는 먹여 주고 입혀 줄 만한 가장이 없었기에 그들 스스로 식량을 구하지 않으면 굶어야 할 처지였습니다. 노모를 모시는 자부 룻은 봉양을 위해 미지의 땅을 하나님의 말씀에 근거하여 밟아 보기로 결심했습니다. 밑바닥부터 차근차근 삶을 개척해 나가려는 의지입니다. 저는 룻의 목소리를 대할 때마다 숙연해집니다. 그녀의 말에는 언제나 구도자의 갈망이 있습니다. 짧은 말 속에도 우리에게 던지는 메시지가 항상 있습니다. 그녀는 속이 깊고 용감한 면이 있습니다. 보아스가 무게 있고 존앙받을 만한 성품의 용사 같은 남자였다면, 룻은 그런 사람 곁에 머물러도 전혀 아쉽지 않을 여인이라는 것을 내레이터가 은근하게 드러내는 부분입니다.

그런데 룻의 간청에는 지극한 겸손함이 보입니다. 밭에 이르면 확실히 곡식을 주워 올 수 있다고 젊음과 힘을 과시하는 것이 아니라, 밭의 주인이나 관리자 눈에 그녀가 긍휼하게 비추어지기를 소망했습니다. 왜냐하면 전능자의 눈이 룻을 바라보아 주지 않는다면 소망이 없다는 것을 그녀는 잘 알았고, 그래서 그녀는 온전히 하나님의 은혜를 의지했던 것입니다. 그녀의 시선은 하나님을 향했고, 그런 그녀를 하나님은 잠잠히 하감하실 것입니다.
시편 123편에서 이렇게 주를 간절히 앙망하는 사람의 고백을 만날 수 있습니다. 시편 120편부터 134편은 성전에 올라가는 노래a song of ascents라고 합니다. 123편 역시 성전으로 올라가는 노래 중 하나입니다. 이스라엘 백성은 예루살렘 성지순례를 마무리하면서 성전에 올라갔습니다. 그러면서 시편의 이 노래들을 불렀습니다.[17] 시편 123편의 기자는 마치 상전의 손을 바라보는 종의 눈같이, 여주인의 손을 바라보는 여종의 눈같이 그의 눈이 하나님을 바라보며 은혜 베풀어 주시기를 구한다고 고백했습니다. 이런 간절한 마음은 하나님의 마음을 움직입니다. 하나님은 온 땅을 두루 감찰하시며 전심으로 당신에게 향하는 자들을 위하여 능력을 베푸시기 때문입니다(대하 16:9).

> For the eyes of the LORD run to and from throughout the whole earth, to give strong support to those whose heart is blameless toward him(2 Chon. 16:9, ESV).

룻은 그녀의 온 존재가 그분의 눈에 은혜롭게 맺히기를

바라며 베들레헴 평지, 즉 보리밭을 향해 나가기로 결심합니다. 예전에 그녀의 시아버지 엘리멜렉에게는 모압이 '평지'처럼 넓고 좋아 보였습니다. 그렇지만 룻에게는 하나님이 인도해 주신 베들레헴이 '평지'처럼 보입니다. 하나님의 눈이 지상을 두루 감찰하시다가 이런 룻에게 시선을 고정하실 것입니다. 그런 룻의 간절한 마음을 지켜보며 나오미도 감동받았을 것이라 믿습니다. 어찌하여 룻에게 미안한 마음이 없었겠습니까? 자신을 좇아 먼 길도 마다하지 않고 베들레헴까지 따라온 딸과 같은 며느리입니다. 고목 같은 나오미를 부둥켜안고 걸어왔던 룻에게 나오미는 아무런 행복을 보장해 줄 수 없는 처지였고, 오히려 그녀에게 부담만 주는 시어머니라는 사실이 늘 그녀의 마음을 쓰고 아프게 했을 것입니다.

그러니 "갈지어다" 하는 나오미의 허락(2절)은 절대로 쉽지 않았습니다. 그 허락에는 슬픔과 서러움이 섞인 눈물이 들어 있었습니다. 나오미는 하는 수 없이 룻을 밭으로 보내야 했을 것입니다. 누군가는 나가서 휑하니 비어 있는 집에 곡식을 가지고 와야 합니다. "내 딸아 갈지어다"라며 나오미는 룻을 보내긴 했지만 그녀의 마음은 쓰고 미어졌으리라 짐작할 수 있습니다.
룻은 드디어 '집'에서 나옵니다. 그동안 세상으로부터 자신을 숨겨 주었던 집을 뒤로하고 베들레헴으로 나아갑니다.
그녀의 발걸음은 베들레헴 '평지'로 향합니다. 나오미만 홀로 '집'에 남습니다. 어쩌면 그녀는 룻을 떠나보내고 어두운 구석에 앉아 이렇게 신세 한탄을 했을지 모릅니다. "왜 내 삶은 이렇게도 쓰디쓴 것일까? 나는 진정 나오미(기쁨)가 아니라 마라(쓰라림, 비통)인 것이 분명하도다!" 눈물을 훔치며 창문 너머 룻의 뒷모습을 안쓰럽게 바라보았겠지요.
다시 한 번 기억하십시오. 룻은 모압 평지가 아니라 베들레헴 평지를 향해 발걸음을 옮기고 있다는 사실을! 오늘의 장면은 여기까지입니다. 자, 우리도 이 집을 나섭시다. 내일부터는 룻을 따라다녀야 합니다.
아, 그 전에 여러분께 여쭈어 보고 싶은 것이 있습니다.
여러분은 모압 평지를 떠나길 잘했다고 생각하시는지요?
아니면 모압 평지에 머물렀으면 하고 아직도 뒤를 돌아보고 계신가요? 어떤 마음이시든지 벌써 여기까지 이르렀으니 뒤를 돌아보지 마시고 저와 계속 걸어 나가실 것을 청합니다.
내일은 여러분의 손을 꼭 잡고 가고 싶은 곳도 있습니다.

그녀가 머물게 될 황금 보리밭은 어디일지 궁금하지 않으십니까? 내일 그 밭에 함께 가보실 것입니다. 그녀가 떠나는 뒷모습이 아침노을에 비추어 실루엣으로 남습니다. 그 영상이 사라지기도 전에 어디선가 봄바람이 살랑이며 불어옵니다. 봄바람은 언제 우리를 스쳐갔나 싶게 그렇게 실크처럼 보드랍게 지나갑니다.

베들레헴 평지 중 그 한 밭

룻이 가서 베는 자를 따라 밭에서 이삭을 줍는데 우연히 엘리멜렉의 친족 보아스에게 속한 밭에 이르렀더라(2:3)

룻의 발걸음이 부지런합니다. 저와 여러분이 느릿느릿 좇아가다 보면 그녀를 놓칠 것만 같습니다. 좀 더 민첩하게 그녀를 따라붙어야겠습니다. 이른 아침부터 그녀는 벌써 이 밭 저 밭을 들러 보았다는 것을 미리 알려 드리고 싶습니다. 내레이터가 그런 상세한 부분은 전달하고 있지 않지만, 룻이 나섰다고 아무 밭에서나 이삭줍기 허락이 덜컥 떨어졌겠습니까? 그녀는 다른 베들레헴 여인에

비해 생김새나 말투 그리고 품새도 달랐다는 사실을 잊지 마십시오. 그녀의 존재 자체가 그녀의 이력서라고 한다면, 베들레헴 인력 시장에서 그녀는 이미 자격 미달인 셈이었습니다. 아무도 그녀를 고용할 마음이 없었을 것입니다. 그러니 아무 밭에나 덥석 뛰어들 수도 없었습니다. 떨어진 이삭이라도 밭 주인이나 책임자가 허용하는 기세라도 있어야 일꾼들 뒤를 따라다니며 주울 수 있지, 그들이 눈길도 주지 않는데 뻔뻔하게 비집고 들어갈 수는 없는 일이었습니다. 게다가 당시 관습상 여인의 몸으로는 더욱 당당할 수 없었습니다. 그녀의 존재 자체가 걸림돌이었습니다.

요즘 한국 사회에서는 어떤 분야든 외모와 학벌을 비롯한 외부의 포장지 같은 화려한 경력을 많이 따진다는 이야기를 들었습니다. 겉모습이 이력서라는 말입니다. 그러다 보니 서로를 비교하면서 더 그럴듯한 포장지로 자신을 꾸미려고 애를 씁니다. 누군가를 설명하기 전에 먼저 붙는 여러 수식어들이 있습니다. 어느 대학 출신인지, 키는 얼마나 큰지, 외모는 얼마나 출중한지, 얼마나 젊고 몸매가 좋은지, 집안은 어떤지 등이 사람을 가늠하는 척도가 되니 인격을 살피고 속사람을 인정해 줄 여유가 아쉬운 세상이 되어 가고 있습니다.
우리와 피부색이 다른 외국인 노동자나 다문화가정의 부인, 그리고 그들의 자녀를 대하는 태도는 또 어떠합니까? 그들을 미래의 동반자로 끌어안으며 가족처럼 소중하게 대하는 훌륭한 인격이 많이 있습니까? 그런 그리스도인이 넘치는 대한의 땅이 되기를 기도합니다.
혹시 이 글을 읽으시는 분 가운데 룻처럼 존재 자체가 걸림돌이 되어 베들레헴 평지 같은 세상을 이리저리 배회하는 분이 있으신지요? 제 마음은 오늘 그분께로 향합니다. 오늘의 묵상이 그런 분들께 힘이 되고 축복이 되길 기도하는 마음으로 계속해서 오늘 여정을 진행하려 합니다.
오늘 본문에서 룻은 밭에서 수확하는 자들을 따라나섭니다. 어떻게 그 줄에 서게 되었는지 내레이터는 설명하지 않습니다. 아마도 오랫동안 다리품을 팔아 **우연하게** 서게 된 줄이었을 것입니다. 제가 오늘 여러분과 나누고 싶은 단어는 이 **우연**입니다. 어떤 줄을 따라 이삭을 주울 기회를 찾고 있는데, 룻이 **우연히** 들어가게 된 밭은 다른 누구의 밭도 아니고 보아스의 밭이었습니다.

개역개정 성경에는 룻이 "**우연히** 엘리멜렉의 친족 보아스에게 속한 밭에 이르렀더라"라고 쓰여 있고, 영어 성경 ESV 번역본에는 "**어쩌다** 보아스 밭으로 들어가게 되었다she happened to come to the part of the field"고 적혀 있습니다. KJV 번역본은 "그녀의 **운명**이 바로 보아스의 밭에 있게 하였다her hap was to light on a part of the field belonging unto Boaz"라고 되어 있습니다. NIV 번역본은 "보아스의 밭에 있는 그녀를 (어쩌다 보니) 발견하였다she found herself working in a field belonging to Boaz"라고 하였습니다. 이렇게 수많은 번역본이 '어쩌다가' 혹은 '운명적으로'라고 옮긴 히브리어 단어는 '카라(qārā)'라는 동사인데, '조우하다 혹은 **우연히** (그러나 운명적으로) 만나다'라는 의미입니다. 이 동사는 우리에게 그다지 낯선 단어가 아닙니다. 이 동사에서 파생된 명사가 적확하게 쓰인 사무엘상 6장을 잠시 살펴보겠습니다. 엘리가 이스라엘의 제사장으로 있을 때, 이스라엘 전역은 영적인 침체에 빠져 있었습니다. 사무엘상 4장 18절에 그려진 그의 비둔함은 그의 몸 상태를 묘사한 것이지만, 그의 영적 상태를 은근히 지적하는 것이기도 했습니다. 이스라엘의 지도자가 깨어 있지 못하고 안일함으로 비대해져 있었으니, 말씀이 희귀하여 이상이 보이지 않던 시절이었습니다

(삼상 3:2). 그러던 중에 경각의 나팔처럼 블레셋이 이스라엘을 침입했습니다. 이스라엘은 에벤에셀 곁에서 진을 쳤고 블레셋 사람들은 아벡에 진을 쳤는데, 처음부터 이스라엘에게 불리한 싸움이었습니다. 전쟁에서 죽임을 당한 군사가 4천 명가량 되어 가니 이스라엘 사람들은 급급해졌습니다. 결국 마지막 방법으로 여호와의 언약궤를 실로에서부터 전장으로 옮겨 오기로 결정합니다(삼상 4:3). 언약궤가 있으면 이스라엘의 불순종과는 상관없이 전쟁에서 승리할 것이라는 헛된 갈망을 품었습니다. 다시 말해 하나님의 언약궤를 마치 자신들의 부적처럼 여겼던 겁니다. 하나님께서는 그런 그들의 행위를 기뻐하지 않으셨고 그 전쟁을 축복하실 수 없었습니다. 그러하다 보니 전쟁의 승리는커녕 연약궤를 빼앗기고 맙니다. 이스라엘로서는 큰 충격이 아닐 수 없었습니다. 하나님의 궤는 영광스러운 그분의 임재를 뜻하는 것인데, 그것이 할례받지 못한 백성의 땅, 블레셋 진영으로 옮겨졌다는 사실을 믿을 수 없었습니다. 전쟁은 치열해졌고 엘리의 아들 홉니와 비느하스도 죽음을 맞게 됩니다. 그 충격으로 몸이 **무거운** 엘리도 의자에서 뒤로 넘어져 죽고 맙니다. 여기서 엘리의 몸이 무겁다고 표현한

히브리 단어를 주목해 볼 필요가 있습니다. 엘리의 며느리가 그 와중에 산고를 겪으며 낳은 아들의 이름이 이가봇(참고로 '영광'을 뜻하는 히브리어 '카보드kābôd'에서 '이가봇îkābôd'이 되면 '영광이 떠나다'라고 해석할 수 있습니다)인 것은 사태의 심각함을 잘 말해 주고 있습니다(삼상 4:21). 그러나 숙지하셔야 합니다. '영광'을 지칭하는 히브리어 '카보드'에는 '무겁다'는 뜻도 있습니다. 영광은 중한 것입니다(고후 4:17). 이렇게 중한 영광의 직책을 부여받은 제사장 엘리는 자신의 육신을 **무겁게** 하는 데에만 사용하다가 결국 하나님의 성전(고전 6:19)이어야 할 몸이 무너지며 죽음을 맞이했던 것입니다.

그 이후 하나님의 궤는 블레셋 땅에 일곱 달이나 머물게 됩니다. 그동안 블레셋 백성은 온갖 재앙에 시달렸습니다. 그들이 섬기는 다곤의 신상이 언약궤 앞에 엎드러지고 그다음 날에는 신상이 몸뚱이만 남아 있고 다른 부분은 다 깨지기도 했습니다. 또 아스돗 사람들에게 독종이 퍼져서 곤란을 치루더니 이내 더 큰 독종이 덮쳐 와 죽음의 땅으로 변해 버리기도 했습니다(삼상 5:3-10). 견디다 못한 블레셋 사람들은 이스라엘에서 앗아 온 하나님의 언약궤 때문에 야웨의 손이 자신들을 치고 있다고 생각하게 되었습니다. 그리하여 그것이 **우연인지** 아닌지 시험해 보고자 대책을 강구합니다. 언약궤를 수레에 싣고 소 두 마리가 끌도록 했습니다. 소 두 마리는 한 번도 멍에를 메어 본 적이 없고 갓 새끼를 낳은 어미들이었습니다. 송아지에게 젖을 물리는 어미 소에게서 새끼를 떼어 내고 수레를 끌어 보게 한 것은 운명을 가늠해 보기 위한 그들만의 방법이었습니다. 사람이나 짐승이나 출산한 어미의 심정은 비슷합니다. 아무리 수레에 매였어도 어미로서 새끼를 찾아 배회하는 게 당연한 이치입니다. 만일 순리에 따라 소들이 블레셋 땅을 배회한다면 하나님의 언약궤와 블레셋의 재앙은 아무 연관이 없는 **우연으로** 단정 짓고, 새끼를 잃은 어미 소가 언약궤를 메고 이스라엘 진영으로 곧바로 간다면 이것은 **우연이 아니고** 이스라엘 하나님의 주관하심으로 받아들이기로 합니다. 블레셋 사람들은 수레에 언약궤만 실은 것이 아니라 금쥐와 독종의 형상을 담은 상자도 함께 실었습니다. 그들 나름의 속건제로, 재앙을 거두어 주십사 하는 바람을 담았을 것입니다.

곧 수레를 멘 어미 소 두 마리가 움직이더니 벧세메스 길로 직행하여 이스라엘 땅으로 들어갑니다(삼상 6:12). 이를 보고 블레셋 방백들은 부인할 수 없이 이 모든 사건이 우연이 아니라 이스라엘 신의 주관하심임을 받아들입니다. 이 사건에서 블레셋 사람들이 언약궤를 실은 수레의 동향이 **우연인지** 아닌지 가려 보려 하는 모습이 사무엘상 6장 9절입니다. 여기서 쓰인 명사 '미크레(miqrêh)'가 히브리어 동사 '카라'에서 파생한 '우연'에 해당합니다.

야웨의 손이 우연하게 움직인 적은 한 번도 없습니다. 우리가 기도하면서 하나님을 바랄 때 하나님께서는 우연(미크레)을 통하여 움직이시는 것처럼 보이기도 합니다. 저는 어쩌면 이것이 하나님의 놀라우신 겸손함이 아닌가 생각합니다. 드러내어 일을 하시지 않고 우연처럼 살짝 그들의 백성을 어루만지십니다. 그러나 사실 치밀하게 움직이시는 야웨의 손길은 신의 약속divine appointment입니다. 이것을 경험한 사람들은 하나님의 성실하심과 사랑 그리고 그분의 위대하심을 찬양하지 않을 수 없게 됩니다. 그래서 룻기를 관통하는 주제인 하나님의 인애(헤세드)를 결코 우연으로 보시면 안 됩니다. 잠언에 이런 말씀이 있습니다. "제비는 사람이 뽑으나 모든 일을 작정하기는 여호와께 있느니라(16:33)".

룻이 보아스의 밭에 이르게 된 것이 하나님의 약속과도 같은 도우심이었는데도 어찌하여 내레이터는 룻이 **우연히** 그 밭에 이르렀다고 기술했을까요? 이는 내레이터가 룻의 입장이 되어 이야기를 전달했기 때문입니다. 보이지 않는 야웨의 손이 룻의 손을 잡아 베들레헴에 있는 넓은 평지 가운데 한 밭, 보아스의 밭으로 인도하셨습니다. 그러나 룻에게는 마치 우연처럼 느껴졌습니다.

신의 섭리는 우리의 생각을 뛰어넘는 것입니다. 왜 하필 룻과 나오미가 베들레헴에 도착했을 때가 보리가 희어져 곧 추수를 해야 할 시기였단 말입니까? 두 여인의 도보 여정이 생각보다 늦어져서 추수를 다 마치고 도착할 수도 있지 않았겠습니까? 아니면 비가 늦어 예정보다 추수가 더디어졌을 수도 있었을 텐데, 룻이 베들레헴에 도착한 시기는 정확하게 추수할 시기였습니다. 그리고 룻이 수확하는 자들의 줄에 서서 따라가다가 이르게 된 밭이 바로 시아버지 엘리멜렉의 친족인 보아스의 밭이었습니다. 그 밭에 이르게 된 그 섭리, 결코 우연이 아닙니다.

신약에도 이와 유사하게 볼 수 있는 사건이 하나 있습니다. 사도행전 27장에서 바울이 로마로 압송되는 우연함은 절대로 우연이 아니라 하나님의 작정하심과 섭리God's providence 그리고 그분의 약속divine appointment이었습니다. 바울이 탄 배는 항해에 어려움을 겪었습니다. 배 안의 모든 사람이 생명의 위협을 느낍니다. 바울은 죄수의 신분으로 승선했지만, 그가 표명한 것처럼 바울은 하나님 나라의 대사(고후 5:20)로 여행길에 올랐습니다. 그런 바울은 죽음의 기운이 스멀스멀 밀려드는 배에서도 승선한 사람들에게 생명을 전합니다.
"아무 걱정 마십시오. 아무도 생명을 잃지 않을 것입니다. 잃는 것이 있다면 배뿐일 것입니다. 하나님께서 제게 말씀하셨습니다. 저는 로마로 가서 가이사 앞에 서야 하므로 저와 함께 이 배에 승선하신 여러분도 저와 함께 무사히 도착하게 될 것입니다. 풍랑으로 배가 깨어진다 해도 우리를 안전하게 받아 줄 **한 섬**에 우리는 걸리게 될 것입니다(행 27:22-26, 저의 번역입니다)."
그 한 섬, 멜레데Malta 섬은 진실로 사도 바울 일행에 걸렸습니다. 그리고 생명을 더불어 건졌습니다. 어쩌면 많은 사람에게 그 사건은 우연처럼 느껴졌겠지요. 그러나 그 한 섬은 우연이 아니었습니다. 하나님의 섭리와 약속이었습니다. 그 한 섬에 사도 바울과 일행이 걸리어 생명을 얻고 로마로 갈 수 있었듯이, 룻은 한 밭에 걸리게 되어 이제 생명을 얻고 엘리멜렉의 가계를 이어 나갈 것입니다. (앞으로의 묵상 여정에서 더욱 자세하게 다루어야 할 내용입니다.)

룻처럼 존재 자체가 이력서인 탓에 걸림돌이 된다고 생각하시는 분이 있다면, 한 섬 혹은 한 밭에 소중하게 걸리기를 기도하십시오. 그리스도의 손을 잡고 그 줄에 서십시오. 그분과 일행이 되십시오. 그리한다면 풍파가 밀려오고 기근이 밀려온다 하여도 나를 안아 줄 그 '한 곳'에 **우연처럼** 이르게 될 것입니다. 그러나 결코 우연이 아닙니다. 거기서 당신을 스카우트할 '한 사람'을 만나실 수도 있습니다. 힘을 내십시오. 하나님께서는 눈을 떼지 않고 당신의 헤세드를 갈망하는 자를 두루 찾고 계십니다.

오늘 여정은 여기까지입니다.

아 참, 집에 남아 있는 외로운 나오미가 갑자기 생각납니다. 잠깐 나오미의 집으로 가 그녀가 잘 있는지 살짝 보고 가십시다. 나오미는 지금 가슴 졸이며 룻의 안부를 궁금해하고 있겠지요. 어두운 집을 차마 벗어날 생각도 못한 채…. 사랑하는 자부 룻을 생각하며 기도하고 있을지 모릅니다. 룻이 한 발에 이르렀음을 일러 줄 수 있으면 좋으련만. 그렇지만 이처럼 좋은 소식은 룻이 직접 전해야 옳습니다.

저는 내일 다시 여러분과 여정을 계속하겠습니다.

그토록 오래 그 밭에 서서

마침 보아스가 베들레헴에서부터 와서 베는 자들에게 이르되 여호와께서 너희와 함께하시기를 원하노라 하니 그들이 대답하되 여호와께서 당신에게 복 주시기를 원하나이다 하니라 보아스가 베는 자들을 거느린 사환에게 이르되 이는 누구의 소녀냐 하니 베는 자를 거느린 사환이 대답하여 이르되 이는 나오미와 함께 모압 지방에서 돌아온 모압 소녀인데 그의 말이 나로 베는 자를 따라 단 사이에서 이삭을 줍게 하소서 하였고 아침부터 와서는 잠시 집에서 쉰 외에 지금까지 계속하는 중이니이다(2:4-7)

보케르 토브! 좋은 아침입니다.

어제 룻을 쫓아다니느라 참 많이 걸으셨지요? 피곤하셨을 겁니다. 그런데 오늘은 그렇게 많이 걸으실 필요가 없답니다. 오늘은 룻이 걸어 다니는 시간보다 서 있는 순간이 훨씬 많습니다. 그 까닭은 함께 묵상하시면서 발견하실 것입니다. 내레이터는 룻이 머물게 된 보아스의 밭에서 움직일 기색을 보이지 않습니다. 여러분도 일찌감치 좋은 자리를 찾아

향긋한 흙 내음과 싱그러운 보리 냄새가 밴 바람을 마음껏 즐기십시오.
지난번 내레이터가 살짝 소개하고 지나간 유력한 용사 같은 보아스가 오늘 이 밭에 등장합니다. 보아스가 어떤 사람인지 살펴볼 좋은 기회입니다. 그런데 보아스의 목소리를 들어 보기 전에 잠시 시간을 내어 2장 에피소드들이 어떻게 구성되는지 살펴보았으면 좋겠습니다.
4절부터 16절까지 여러분은 계속 보아스를 만나게 됩니다. 그런데 보아스가 대화의 장을 열어 가는 에피소드는 세 단락으로 구분할 수 있습니다. 세 단락은 ABA′ 패턴입니다.

A 보아스와 보리 수확하는 사람들의 대화(4-7절)

B **보아스와 룻의 대화**(8-14절)

A′ 보아스와 보리 수확하는 사람들의 대화(15-16절)

주목되는 바와 같이, 정점에 있는 B 대화가 2장의 핵심입니다. 그러나 A와 A′ 대화가 없으면 B는 두각을 드러내지 못합니다. 그러니 오늘은 A 대화를 깊이 묵상해 보십시다. 보아스와 보리 수확하는 사람들과의 첫 번째 대화입니다.

자, 볼까요? 한글 번역본에는 드러나 있지 않지만, 룻기의 내레이터는 4절을 좀 특별하고 재미있는 히브리어 동사로 시작합니다. "힌네(hinnēh)!!" 하고요. '힌네'는 청중의 눈길을 끌기 위해 강조할 때 쓰이는, 감탄사에 가까운 동사입니다. 우리말로 옮기자면 "보라!" 혹은 "어머, 이것 좀 보세요" 정도의 표현이라 보면 무리가 없을 듯합니다.

'힌네'로 문장을 시작하면 이야기의 반전이나 강조라고 보셔도 거의 틀리지 않습니다. 구약에는 이렇게 시작하는 구절이 많습니다. 여러분께서 잘 아시는 야곱과 레아의 혼인 장면에서도 "힌네!" 하고 재미있게 쓰였습니다. 한번 보시겠습니다.

야곱은 삼촌 라반의 집에서 거의 종노릇하며 성실하게 열심히 일했습니다. 신부를 얻기 위해서였지요. 라헬을 품에 품어 보기 위해 야곱은 7년이라는 세월을 힘든 줄 모르고 일했습니다. 7년을 꼬박 일하면 딸 라헬을 주겠노라고 라반이 약조했으니까요. 드디어 7년을 채워 때가 이르렀습니다. 야곱은 삼촌 라반에게 신부를 요구합니다. 그런데 약삭빠른 라반은 달아 있는 야곱의 마음을 교묘하게 이용합니다. 야곱을 위하여 잔치를 베풀어 그를 거나하게 취하게 한 다음, 그날 밤 야곱의 처소에 들여보낸 여인은 라헬이 아니었습니다. 큰딸 레아였습니다. 레아는 안력이 약하고 라헬만큼 고운 여인이 아니었습니다. 아마도 레아는 원함을 받지 못한 여인이었나 봅니다. 라반은 그런 레아를 성실하고 야무진 야곱에게 주면 평생 안정적으로 살 것이라 여겼겠지요. 그래서 레아를 신부로 꾸며 야곱의 방에 들어가게 합니다. 깜빡 속은 줄도 모르고 야곱은 그토록 바라던 라헬을 얻었다고 굳게 믿고 아내를 사랑스레 안아 주며 고대하던 첫날밤을 치렀습니다. 어슴푸레하게 새벽 미명이 밝아 올 때까지 설렘으로 잠을 못 이루던 야곱은 사랑하는 신부 얼굴을 찬찬히 바라보았습니다. 그런데 **힌네!!** 창세기 내레이터의 감탄사입니다. 이크! 이를 어쩌나. 이것 좀 보세요. 이게 누굽니까. 그녀는 레아입니다. 레아! (창 29:25) 반전을 가져오는 말입니다. 야곱의 놀란 심정이 묻어나는 표현입니다.

오늘 본문에서도 '힌네!'라는 말로 보아스의 등장을 알립니다. "마침 보아스가 베들레헴에서부터 와서…"라고 밋밋하게 시작되고 있지만, 원래 내레이터의 목소리는 흥분이 가득함을 알아주십시오. 보아스의 출현을 앞두고 내레이터가 "힌네!"를 외친 것을 볼 때 어둡던 룻의 운명에 희망찬 반전이 있다는 암시가 느껴집니다.

우연처럼, (그러나 우연이 아니라고 어제 말씀드렸습니다) 룻이 그 밭에 머물 때 기다렸다는 듯이 보아스가 등장합니다.

보아스가 등장하자마자 내레이터는 보아스의 목소리부터 우리에게 들려줍니다.

"하나님께서 여러분과 함께하시기를 원합니다" 하고 정감 있는 인사를 그가 고용한 일꾼들에게 격려하며 건넵니다 (4절). 보아스의 인사에서 우리는 보아스와 일꾼의 관계를 엿봅니다. 고용자와 피고용자인 비즈니스 관계가 아니라, 함께 일하는 가족 같은 관계라는 것을 금방 알 수 있습니다. 자신을 위해 일해 주기로 한 일꾼들을 신실한 언약으로 지켜 주려는 리더의 모습입니다. 그에게서 하나님의 헤세드(인애)가 느껴집니다. 보리 수확하는 자들의 응답도 이를 뒷받침합니다. "하나님께서 당신에게 복 주시기를 원하나이다."

이 보리밭은 여느 일터와는 다르게 활력이 있는 곳이었습니다. 일꾼이 주인을 신뢰할 수 있고, 주인이 일꾼을 신뢰할 수 있는 일터로 보입니다. 그런데 보아스가 얼마나 겸손한 주인인가를 알려 주는 증거가 이어 들려오는 그의 목소리에 또 나타납니다.

보아스는 “저 소녀는 누구의 소녀입니까?”라고 사환에게 묻습니다(5절). 자기 밭에서 일하는 사람들을 살펴보고, 혹시 처음 보는 얼굴이 있으면 그가 누구인지 관심을 보이는 따뜻한 주인입니다. 보아스는 그의 밭에서 일하는 일꾼을 그저 일꾼으로 대하지 않았던 것입니다. 그에게 다가오는 한 사람 한 사람을 소중한 타인으로 여기고 있음을 알 수 있습니다. 보아스는 허름한 옷을 입은 이방 여인 룻에게까지 시선을 둘 필요는 없었지만 그는 **룻에게조차** 따뜻하게 시선을 둡니다.

이때 ‘사환’이라고 번역된 히브리어 명사는 ‘나아르(na‘ar)’입니다. 젊은이 혹은 청년이라는 뜻을 포함합니다. 일반적으로 일꾼이나 종을 지칭하는 히브리어 ‘에베드(‘ebed)’라는 말을 써도 될 텐데, 내레이터가 세심하게 고른 이 ‘나아르’라는 단어에서 보아스의 나이를 짐작해 볼 수 있습니다. 아마도 보아스는 장년을 넘어 중년의 남자였던 것 같습니다. 마을의 장로 정도 될 만큼 나이가 지긋했을 수도 있습니다.[18] 룻을 소녀(히브리어로는 나아라na'arāh)라고 이른 것도 내레이터가 보아스 입장에서 사용한 표현으로, 그녀가 어린 소녀로 보일 만큼 보아스와 룻의 나이 차이는 상당했다는 뜻이 됩니다.

그런데 보아스는 사실 그저 누구냐고 물어보지 않았습니다. '누구의 소녀'인지 물었습니다. 이 질문은 여러 의미를 함축합니다. 어느 주인에게 속한 일꾼인지 물어보는 동시에 누구의 딸인지, 어느 친족에 속한 사람인지도 물어보려는 의도가 있었다고 여겨집니다.

그러나 사환은 여느 마을 사람들이 룻에 대해서 알고 있는 만큼도 아는 것이 없습니다. 1장 22절에 "나오미가 모압 지방에서 그의 며느리 모압 여인 룻과 함께 돌아왔는데"라고 기록되어 있는데, 오늘 본문에서의 사환의 대답도 크게 다르지 않습니다. "나오미와 함께 모압 지방에서 돌아온 모압 소녀"라는 겁니다(6절). 꼬리표처럼 룻에게 붙어 다니는 '모압 여인'이라는 수식은 베들레헴에서 통용되는 (보이지 않는) 룻의 신분증 같은 것이었습니다. 나오미의 자부로 모압 여인이라면 베들레헴에서는 룻 말고는 없었으니까요. 모압 땅에서 온 룻이 이곳에 속한 가족이 하나 있다면 소망 없이 쓰러져 가는 고목 같은 나오미 한 사람뿐이었습니다.

사환이 보아스에게 줄 수 있는 룻에 대한 정보는 이것이 전부지만, 아침에 잠깐 룻을 만난 일을 보고하는 사환의 목소리에 룻이 어떤 여인인지 짐작할 만한 은근한 단서가 숨어 있습니다. 7절을 보시겠습니다. "그의 말이 나로 베는 자를 따라 단 사이에서 이삭을 줍게 하소서 하였고 아침부터 와서는 잠시 집에서 쉰 외에 지금까지 계속하는 중이니이다." 룻이 아침부터 지금까지 얼마나 그를 고민스럽게 했는지 보아스에게 털어놓는 것 같습니다. 잠시 쉰 것 외에는 **계속하는 중**이라고 하였습니다. 무엇을 계속하였다는 것일까요? 번역본만 봐서는 이삭줍기 일을 계속했으리라 추측하기 쉽습니다. 그런데 히브리어 성경을 읽어 보면 그녀가 계속해서 일을 했다는 말이 없습니다. 오히려 계속해서 '서 있다'라는 동사 '아마드('āmad)'만 있을 뿐입니다. 계속 서 있었다는 것입니다. 물론 **서서** 일을 하긴 합니다. 그러나 굳이 서서 일했다고 해석할 까닭도 없습니다. 그래서 많은 학자들이 이 부분을 룻이 그때까지 이삭 줍는 일을 하지 못하고 사환에게 간청하며 **서서 기다리고** 있는 것이라고 주장합니다.[19] 왜 일을 하지 못하고 룻은 아침부터 그때까지 서서 기다려야 했을까요? 그 '한 밭'에 이르렀으면 신나게도 일감이 우수수 떨어졌으리라는 우리의 기대가 무너집니다. 그녀가 줄곧 서 있었다는 것에는 두 가지 해석이 가능합니다. 먼저 그녀가 간청하는 이삭줍기를 선뜻 허락해 줄 만한 책임자가 그 밭에 없었을 경우입니다. 과연 그랬을까요? 보아스처럼 철저하고 유능한 주인이 책임자도 세워 두지 않고 밭을 방치하지는 않았을 것입니다. 그렇다면 남은 해석은 하나뿐입니다. 룻이 간청했지만 사환들은 모압 여인 룻에게 일을 주고 싶지 않아 끝끝내 눈길을 회피한 것이지요. 그래도 룻은 허락을 받아 이삭을 줍기 위하여 뜨거운 봄볕을 쪼이며 갈라질 듯한 마른 목을 침을 삼켜 축여 가며 서 있었던 것입니다.

반나절 가까이 그 밭에 서 있으면서 룻은 무슨 생각을 했을까요? 어머니의 땅, 모압을 떠올렸을지도 모릅니다. 어머니의 집으로 가면 시원한 자리에 앉아 배불리 먹고 목도 축였을 룻입니다. 그녀도 자기 집에서는 사랑받는 딸이 아니었겠습니까? 아니, 남편 말론이 살아 있을 때 그의 그늘 밑에서 보호받으며 지낸 기억이 가슴을 불현듯 스치고 갔을지도 모릅니다. 그녀도 누군가의 아내였으니 말입니다.

"슈브(돌아가라)!" 나오미가 모압 평지를 떠나 베들레헴으로 오기 전에 했던 말도 귓전을 다시 울렸을 것 같습니다. 땀으로 범벅이 되어 거칠어진 그녀의 가무잡잡한 두 뺨 위로 핑그르르 서러운 눈물이 흘러내렸을 것은 말할 것도 없습니다. 그렇게 여러 감정과 싸우면서도 그녀는 인내하며 서서 기다렸습니다.

룻은 스스로를 연민으로 몰아넣지 않고, 말씀 속에서 만난 긍휼의 하나님을 붙듭니다. "상천하지의 야웨 이스라엘의 하나님은 분명 율법에서 곡식을 거둘 때 밭모퉁이까지 다 거두지 말고 떨어진 이삭도 줍지 말라 하셨어. 그것을 가난한 자와 거류민을 위하여 남겨 두라고 하셨는데…"(참조 레 19:9, 23:22).

자존심을 세우며 집으로 '돌아갈(슈브)' 수 있는 룻이었지만, 율법에 의거하여 '남기로' 결정합니다. 그렇게 끈질기게 서 있는 룻은 군중 속에서도 못나게 티가 나는 타국인이었습니다. 젊은 일꾼들은 슬금슬금 음흉하게 그녀를 쳐다보곤 했지만 말을 걸어 주는 친근한 여인도, 그녀를 이웃으로 대하며 눈을 마주쳐 주는 이도 없었습니다.

룻이 그렇게 서 있었다는 이야기를 보아스는 사환에게

들었습니다. 듣기만 한 것이 아니라 보아스의 눈은 이미 룻에게 머물고 있었습니다.
자, 조금 아쉽지만 오늘은 여기서 여정을 마치겠습니다. 룻이 가엾습니다. 이런 룻을 정이 많은 여러분이 꼭 안아 주고 싶어 하신다는 것, 저도 압니다. 그렇지만 그녀에게 가장 합당한 사람이 나타나 그녀를 보듬어 주도록 해줍시다.

여러분에게는 부끄럽고 수치스럽지만 돌아가지 못하고 그곳에 서 있어야 했던 순간이 혹 있으신지요? 여러분의 이야기를 언젠가 꼭 듣고 싶습니다. 그런 이야기를 서로 나누며 위로하시는 하루가 되기를 원합니다.
저는 남편이 유학하던 시절에 푸드뱅크food bank에서 음식을 받아 와야 했습니다. 미국에는 음식을 마음껏 살 만한 여유가 없는 가난한 서민들을 위해 교회나 일부 사회단체에서 매주 음식을 나누어 주는 푸드뱅크가 마을마다 있습니다. 학생 신분이라 정식으로 직업을 가질 수 없기도 했지만, 두 살배기 세 살배기 어린 자녀들이 올망졸망 제 곁에 밤낮으로 붙어 있던 때라 생활이 늘 빠듯했습니다. 그러니 어쩔 수 없이 푸드뱅크를 이용해야만 했지요.

배급을 받으려고 줄을 서면 제 앞뒤로 키가 가로수처럼 큰 흑인 분들이 서 있곤 했습니다. 그 사이에서 창백한 얼굴의 저는 못나게 티가 나는, 얼핏 조그만 아이 같은 동양인이었습니다.

자존심 때문에 그냥 집으로 돌아갈까도 생각했지만 일주일치 식량이라는 희망 때문에 그럴 수 없었습니다. 아이들이 다리 아프다고 울어 대면 이 아이 한번 안았다 저 아이 한번 안았다 하면서 달래기도 지치는 나날이었습니다. 그러던 어느 날의 일입니다. 오랜 기다림 끝에 꽤 묵직한 일주일치 식량을 받으니 감사했습니다. 그런데 좀 벅찼나 봅니다. 한참을 지루해하던 아이들이 서로 장난을 치면서 저를 따라 걸어 나오다 실수로 저를 밀었는데, 제가 그만 손에 들고 있던 계란 박스를 놓치고 만 것입니다. 여지없이 시멘트 바닥으로 떨어지는 아홉 개의 계란을 보면서 저는 나머지 계란이라도 챙기려다 보니 얼굴이 빨개졌습니다. 무슨 큰일이나 난 듯이 사람들이 웅성웅성 제 주변으로 몰렸고, 괜히 무안해진 딸아이가 엉엉 울어 댔습니다. 덩달아 작은아이도 누나를 따라 더 크게 울어 대니 그곳에 모인 사람들의 구경거리가 된 셈이었습니다.

떨어진 계란을 치우고 아이들을 달래 가며 허둥지둥 허름한 중고차가 주차된 주차장으로 돌아와 안도의 한숨을 쉬었습니다. 아이들을 한 명씩 자리에 앉히고 받아 온 음식을 트렁크에 실으려는 찰나에 우연히 와이퍼에 끼워져 있는 라벤더 한 묶음을 발견했습니다.

향기 그윽한 라벤더를 누가 제 차에다가 두고 갔는지 알 도리는 없었지만, 라벤더 묶음을 가슴에 안아 보고 숨을 깊게 들이쉬면서 그 그윽한 향기를 맡아 보았습니다. 아까 배급받으려고 서 있으면서 자존심 상했던 순간, 아까운 계란이 깨지던 순간, 아이들이 울어 대면서 힘들게 했던 순간이 향기 속에서 사르르 녹아져 버리는 것을 느꼈습니다. 이윽고 어깨를 들썩이며 흐느끼는 제 자신을 발견했습니다. 마음이 치유되었습니다. 그리고 행복했습니다. 바람이 곱게 훅- 지나가면서 흐르던 눈물마저 씻어 냈습니다.

지금도 저는 누가 그 라벤더를 제게 선물했는지 모릅니다. 아마 천사였을 거라고 그날을 추억하며 아이들에게 이야기합니다. 그러면 “엄마, 정말?” 하고 딸아이가 묻곤 합니다. 천사가 선물한 것이 아니라면 우연히 제 차에 그 꽃묶음이 떨어졌을까요?

우연? 이 말에 여러분이 빙긋이 웃으실 것 같습니다.

내일 여정에서 만나겠습니다. 오늘 만났던 그 밭으로 다시 오시면 됩니다.

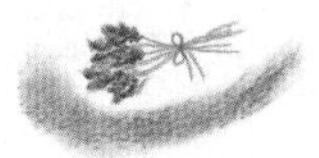

길어 온 물을 마실지라

보아스가 룻에게 이르되 내 딸아 들으라 이삭을 주우러 다른 밭으로 가지 말며 여기서 떠나지 말고 나의 소녀들과 함께 있으라 그들이 베는 밭을 보고 그들을 따르라 내가 그 소년들에게 명령하여 너를 건드리지 말라 하였느니라 목이 마르거든 그릇에 가서 소년들이 길어 온 것을 마실지니라 하는지라(2:8-9)

오늘은 2장의 두 번째 에피소드, 즉 보아스와 룻의 대화를 살펴보는 날입니다. 보아스와 룻의 대화를 오늘 하루에 다 묵상하지 못합니다. 내일도 이어서 찬찬히 묵상해야 할 대목입니다. 그들의 대화는 계속해서 '한 밭'에서 이루어집니다. 참, 오늘 이 밭을 찾아오시느라 힘들진 않으셨나요? 내일도 이 밭으로 찾아오셔야 하니 논두렁 밭두렁 길을 좀 익혀 두시면 좋을 것 같습니다. 사실

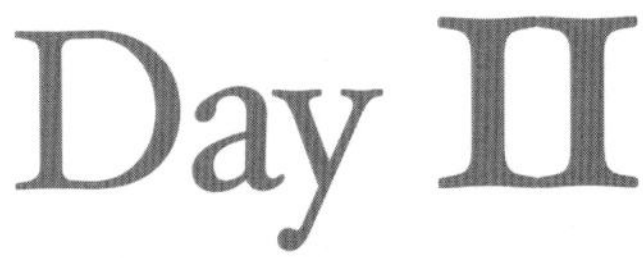

보아스의 밭은 베들레헴 성문 근처 우물이 있는 곳에서 별로 멀지 않습니다. 우물을 지나 조금만 오면 이 밭이 보입니다. 그러니 우물의 위치를 확인해 두시면 내일 찾아오실 때 훨씬 수월하실 겁니다. 어떤 우물이냐고요? 오늘 묵상 가운데 그 대답이 있습니다. 우물가에 난 길도 익힐 겸 오늘 여정을 마치면서 그 우물로 같이 가서 물도 한번 길어 보며 헤어지는 걸로 하시지요.

자, 일단 여정을 시작하십시다. 고대했던 룻과 보아스와의 첫 대화입니다.

룻이 그 밭에 오랫동안 서 있었다는 말을 들은 보아스는 룻에게 다가가 말을 건넵니다. 지난 시간에도 말씀드렸지만 베들레헴에서 룻의 주민등록번호는 네 자리였습니다. '모압 여인'입니다. 가끔 다섯 자리로 통하기도 합니다. '나오미 자부'. 아무도 룻을 더 알고 싶어 하지 않았고, 그녀를 사랑스럽게 불러 볼 생각도 하지 않았습니다. 그런 룻에게 오늘 새로운 이름이 하나 더 부여됩니다. 기대하셔도 좋습니다. 보아스는 룻을 이렇게 부릅니다.

"내 딸아."

시어머니 나오미를 제외하고(2:2) 베들레헴에서 그녀를 이렇게 불러 준 사람은 아무도 없었습니다. 보아스가 룻을 이처럼 애정 어리게 불러 준 이 대목은 성서 역사상 길이 남을 이정표 같은 호칭입니다. 보아스는 룻을 이렇게 부름으로써 유대인과 이방인 사이의 막힌 담을 허물어뜨리는 역사를 일으킵니다. 네, 여러분의 성경책에 예쁘게 동그라미를 그려 놓으셔도 좋을 하이라이트입니다. 보아스가 장차 오실 그리스도의 모습을 예견하는 대목입니다(참조 엡 2:11-19).

물론 보아스가 딸이라고 부를 만큼 룻은 젊었고 보아스는 나이가 지긋했습니다. 그러나 그가 그렇게 부른 데는 룻을 딸처럼 여기는 부성애 외에도 모압 여인 룻을 가족처럼 부둥켜안겠다는 의지가 담겨 있습니다.

룻을 딸이라고 부른 뒤에 보아스는 그녀를 그의 밭에 일꾼으로 채용합니다. 룻의 존재 자체가 이력서라고 말씀드린 적이 있지요. 그녀의 모습 자체가 베들레헴에서는 걸림돌이라고 했습니다. 일을 거절당하여 오전 내내 멀뚱하게 서 있었던 룻입니다. 그런 룻이 보아스에게 전격 공개 채용이 되는 순간입니다.

그냥 채용된 것이 아니라 네 가지 혜택까지 제안받습니다.

제가 그 네 가지 사항을 요약해 드린 다음에 하나씩 함께 살펴보도록 하겠습니다.

룻이 보아스에게 제안받은 혜택 네 가지

1. 다른 밭으로 가지 말 것
2. 보아스 밭의 소녀 일꾼들 곁에만 있을 것
3. 젊은 사환들의 짓궂은 학대를 걱정하지 말 것
4. 목이 마르면 얼마든지 다른 보리 수확자들이 떠다 놓은 물을 마실 것

정말 괜찮은 제안입니다. 그런데 이 네 가지 제안에는 놀라운 진리가 숨어 있습니다.
첫째로 룻이 다른 밭으로 가지 말아야 할 이유가 있었습니다. 보아스는 룻이 다른 밭에 가면 이방 여인이라 차별당하며 더 많은 상처를 입을 수도 있다는 사실을 잘 알았습니다. 그렇기에 룻은 보아스의 밭에 머물러야 합니다. 한마디로 다른 밭에는 구원이 없다는 이야기입니다. 사도행전 4장 12절이 떠오릅니다. 베드로와 요한은 "다른 이로써는 구원을 받을 수 없나니 천하 사람 중에 구원을 받을 만한 다른

이름을 우리에게 주신 일이 없음이라"라고 고백했습니다. 진실로, 그분의 이름 외에 우리에게 임할 다른 구원은 없습니다. 룻이 다른 밭으로 가지 말아야 하듯이, 우리는 다른 이름을 찾아서는 안 되는 것입니다. 룻이 머문 한 밭에서 구원을 경험하게 되듯, 우리가 찾는 그 한 이름, 그리스도 안에서 구원을 경험하게 될 것입니다.

둘째로 룻은 나오미 외에 베들레헴의 어떤 여인과도 교제가 아직 없었습니다. 룻의 이름에 '친구'라는 뜻이 있다고 했는데(Day 3을 보십시오), 정작 룻에게는 아직 베들레헴 친구가 없었습니다. 친구가 되려면 함께 시간을 보내야 합니다. 보아스는 룻이 베들레헴 여인들과 어울리고 친구를 만들어 가도록 제안했습니다. 함께 지내면서 이스라엘 하나님에 대해 배우고 알아 가길 권한 것이지요. 룻을 위한 배려였습니다. "나의 소녀들과 함께 있으라." 여기서 쓰인 히브리 단어를 주목할 만합니다. 소녀 일꾼들과 **꼭 붙어 있으라**고 할 때, 베들레헴으로 돌아가는 나오미를 룻이 붙좇겠다고 할 때 썼던 단어 '다바크(dābaq)'를 사용합니다 (Day 5를 보십시오). 이방 여인으로 살지 말고 베들레헴 여인들과 애써 '하나가 되라(다바크)'는 보아스의 귀한 충고였습니다. 그는 룻이 이방 여인으로 살아가는 것을 원치 않았습니다. 오히려 베들레헴에서 당당하게 하나가 되기를 원했습니다. 하나님께서는 저와 여러분도 영적인 이방인이나 외인이 아니라 하나님의 백성으로 '하나'가 되기를 간절히 원하십니다.

셋째로 보아스는 룻에게 고용보호법을 제시합니다. 아무도 룻을 건드리지 못하도록 젊은 사환에게 명령을 내려 둔 상태였습니다. 보아스의 시선이 룻에게 머물러 있었습니다. 룻을 건드리면 보아스의 눈을 건드리는 것입니다. "너희를 범하는 자는 그의 눈동자를 범하는 것이라"라는 스가랴 2장 8절이 생각납니다. 그 당시 여인들은 자신을 보호해 줄 소속이 없으면 부당한 취급을 당하여도 호소할 곳이 없었습니다. 룻을 아무도 건드리지 못하도록 할 수 있는 권위는 이제 보아스에게 있습니다. 보아스에게 '속하면' 안전했다는 말입니다.

룻이 보아스의 소속됨으로 안전을 보장받듯이, 하나님의 소유가 될 때 비로소 우리는 안전합니다. 하나님께서는 "너는 내 것이라"(사 43:1) 하셨습니다. 저와 여러분은 이 놀라운 선포를 기뻐하고 있습니까? 이스라엘 백성이 애굽 땅에서 종살이하던 시절에는 그들 모두가 바로의 소유물이었습니다. 바로의 보호를 받아야 했으므로 바로가 시키는 일을 허리가 휘어져라 했습니다. 저는 강아지를 키우면서 비슷한 경험을 했습니다. 강아지는 자신을 먹여 주고 입혀 주는 주인을 위해 헌신합니다. 주인이 슬프면 강아지도 슬프다는 듯 곁에 앉아 주인을 위로하려 하고, 앉으라 하면 앉고, 악수하라 하면 악수합니다. 어쩌다 말을 듣지 않아 야단을 치느라 언성을 좀 높이면, 주인을 기쁘게 하지 못했다는 사실이 미안해서인지 구석에 가서 숨어 버립니다. 다시 안아 주며 그러지 말라고 주의를 주면 금세 좋아서 손등이며 얼굴을 핥느라 정신이 없습니다. 강아지가 저를 그렇게 따르는 것은 저의 소유이기 때문입니다. 이스라엘 백성은 바로의 억압 아래서도 바로가 그들의 주인인 줄 알고 신음하면서 견뎠습니다. 바로에게 충성을 다하고, 바로가 그들을 기뻐하지 않으면 오히려 근심하였습니다.
그 신음소리를 그들의 참 주인 하나님께서 들으셨습니다. 하나님께서는 긍휼하심으로 헛된 주인 바로의 속박을 푸십니다. 하나님의 구원하심은 어떻게 임했을까요?

그저 바로의 억압을 풀어 주는 것이었겠습니까? 그렇지 않았습니다. 바로의 억압을 풀어 주면 어리석은 이스라엘 백성은 또다시 헛된 다른 주인을 찾아 소속될 것을 하나님은 아셨습니다. 소위 말하는 노예근성입니다. 누군가에게 소속되어 비굴한 보호라도 받아야 하는 심리입니다.

그러므로 하나님께서는 이스라엘을 구원하시되 억압자의 손에서 풀어 주는 것으로 마치지 아니하시고, 핏값을 치르면서까지 당신의 '소유'로 삼으셨던 것입니다. "너희를 내 백성으로 삼고, 나는 너희의 하나님이 되리니." 이는 출애굽기를 관통하는 주제입니다. 이스라엘이 온전히 하나님의 백성이 되어 그분의 소유가 될 때 그들에게 진정한 독립과 자유가 있었으며 안전했습니다. 참 구원이 임했던 것입니다.

룻의 안전은 단지 젊은 사환들이 룻을 건드리지 않는 것에 있지 않았습니다. 보아스는 룻이 자신의 소유라 밝힌 것입니다. 보아스에게 속한, 그의 딸 같은 존재를 감히 어떤 청년이 건드리겠습니까? 룻을 건드린다면 보아스에게 대적하는 일이 되지 않겠습니까?

네 번째로 룻은 이제 더 이상 목마르지 않아도 되었습니다.

목이 마르면 젊은 사환들이 떠다 놓은 물을 얼마든지 마셔도 된다는 허락이 떨어졌습니다. 놀라운 것은, 그 당시 물을 떠 오는 일은 원래 이스라엘 경내 이방인이나(수 9:21) 여인들이 하던(창 24:10-20) 일이었습니다. 그런데 보아스는 오히려 젊은 사환들이 떠 온 물을 이방 여인 룻이 마실 수 있다고 역으로 명령을 내림으로써 룻의 존재를 승격시킵니다. 사환들이 떠 오는 물의 근원지는 어디겠습니까? 베들레헴 성문 곁 우물을 말하는 것입니다. 오늘 여정을 마치면 저와 들르실 장소입니다. 이후에 그 우물에서 어떤 일이 일어났는지 잠시 말씀드리겠습니다. 다윗이 블레셋과 맞서서 어려운 시간을 보낼 무렵이었습니다. 다윗이 왕으로 등극한 초창기(삼하 5:17)라고 가늠할 수도 있겠지만, 아직 왕이 되기 전 망명 시절일 가능성이 높습니다(삼상 22:1). 그는 베들레헴에서 12마일도 더 떨어진 아둘람 굴을 진지로 삼아 머물고 있었습니다(삼하 23:13). 그때 블레셋 세력은 강대했습니다. 그들은 베들레헴에서 멀지 않은 르바임 골짜기에 진을 치고 그들의 영채는 베들레헴에 주둔시킨 상태였습니다. 아둘람 굴에서 다윗은 애잔하게 사랑하는 고향, 베들레헴이 적의 손에 넘어가 있다는 것이 안타까웠습니다. 그렇지만 베들레헴을 마음대로 드나들기에는 위험한 상황이었습니다. 힘을 내어 걸어가면 이내 닿을 듯한 그곳이 그리웠겠지요. 다윗에게 베들레헴은 어떤 땅입니까? 소중한 추억이 가득한 아버지 집입니다. 어린 시절 힘차게 뛰어놀다가 목이 마르면 우물에 달려가 시원한 물을 들이켰을 것입니다. 그런 베들레헴의 우물이 금방이라도 손에 잡힐 듯하건만, 선뜻 가볼 수 없다는 것이 믿기지 않았습니다. 그래서 다윗은 사모하는 탄식이 절로 나왔습니다. "베들레헴 성문 곁 우물물을 누가 나로 마시게 할까!"(삼하 23:15) 다윗이 이토록 베들레헴 우물을 갈망하는 것을 눈치챈 그의 충성스러운 세 군사는 적진을 뚫고 베들레헴 우물로 향합니다. 죽으면 죽으리라는 각오였습니다. 가서 가죽 부대에 철렁이며 물을 담아 봅니다. 그들에게 이 물은 어떤 물이란 말입니까? 귀한 베들레헴의 물, 곧 이스라엘의 왕이 되실 그분이 사랑하시는 물입니다. 그 물을 존애하는 다윗에게 바칠 수 있다는 감격으로 얼마나 위험한지도 잊어버리고 세 군사는 베들레헴 우물물을 길어 왔습니다. 다윗은 그 물을 받고는 그 물이 베들레헴의 우물물이라는 사실에도 감동했지만, 포로처럼 갇혀 있는 자신을 왕처럼 신임하여 위험을 무릅쓰고 물을 떠 온 군사의 사랑과 용맹스러움에 오히려 더욱 깊이 감동합니다.
그래서 물을 마시려다 말고 다윗 자신의 영원한 왕 야웨 하나님께 그 물을 쏟아부어 드립니다(삼하 23:16-17). 전제, 즉 물을 붓는 제사였습니다(참조 창 35:14, 레 23:13).
우리도 다윗의 세 용사 같은 그리스도의 군사가 되지 않으시겠습니까? 영원한 생명을 전달하지도 못할 지상의 왕에게도 이처럼 충성했던 군사들이 있었는데, 생명의 수원지가 되시는 만왕의 왕께 우리가 부어드릴 진정한 전제물이 있는지요?
요한복음에 예수님께서 선포하신 생명의 물에 대한 설명이 나옵니다(요 7:37-38). 이스라엘 3대 절기 중 하나인 초막절을 마쳐 갈 무렵에 행해야 하는 절차가 몇 가지 있었습니다. 성전에서 기혼의 샘물까지 가보는 것도 그중 하나입니다. 제사장은 금주전자에 물을 채우고 이사야 12장 3절을 노래하며 걸어갑니다. 그리고 샘물에서 물을 길은 후에 다시 성전 제단으로 돌아와 길어 온 물을 부으며 전제를 드렸습니다. 이는 이스라엘 백성이 광야에서 지낼 때 반석에서 물이 솟구치게 한 하나님의 이적을 기억하기 위해

치렀던 의식입니다(참조 민 20:8-11, 시 78:15-16). 또한 장차 오실 그리스도를 예표하는 의식이기도 했습니다.[20] 생수가 예루살렘에서 솟아나는 것은 그리스도가 전하는 생명을 말하는 것입니다.

초막절 이레 동안은 야웨께 화제를 드렸고 여덟째 되는 날은 거룩한 대회라고 하여(레 23:36) 노동하지 않고 성결하게 지켰습니다. 예수께서 지상에 계실 때, 이 여덟째 되는 날 당신의 백성에게 주신 말씀이 있습니다. 이날에 예수님께서는 여느 제사장이 하듯 가르치는 상석에 앉지 않고 겸손히 서서 외치셨습니다. 메시지는 하나였습니다. 바로 요한복음 7장 37절입니다 . "누구든지 목마르거든 내게로 와서 마시라."

생명의 근원이신 그리스도께만 생수가 솟아납니다. 그리스도께 가서 마셔야 합니다. 그분이 제공하는 물입니다. 룻은 보아스의 밭에서 구원을 경험할 것이고, 믿음의 여인들과 교제를 나눌 것이며, 보아스의 소유가 되어 보호를 받을 것입니다. 무엇보다 룻은 이제 목마르지 않아도 됩니다. 젊은 사환들이 제공하는 물을 값도 치르지 않고 언제든지 마셔도 괜찮습니다. 더 이상 그녀가 기근을 겪지 않고 '생명'

을 기대해도 좋다는 뜻입니다. 룻이 머문 '한 밭'에 쏟아진 하늘의 축복이었습니다. 나오미의 기도처럼 하나님의 인애(헤세드)가 출렁이며 룻에게 구체적 축복으로 임했습니다. 룻은 보아스의 제안에 대하여 어떻게 응답할까요? 내일 다시 이 밭으로 찾아오셔서 저와 함께 살펴보시지요. 내일도 좀 오래 이 밭에 머물러야 한답니다. 참, 돌아가실 때 저와 베들레헴 우물에 잠시 들려서 시원하게 목을 축이고 가는 것, 잊지 마십시오.

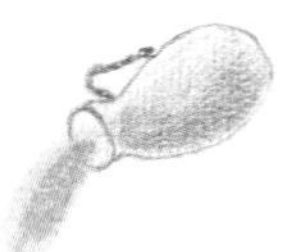

전능자의 날개 밑

룻이 엎드려 얼굴을 땅에 대고 절하며 그에게 이르되 나는 이방 여인이거늘 당신이 어찌하여 내게 은혜를 베푸시며 나를 돌보시나이까 하니 보아스가 그에게 대답하여 이르되 네 남편이 죽은 후로 네가 시어머니에게 행한 모든 것과 네 부모와 고국을 떠나 전에 알지 못하던 백성에게로 온 일이 내게 분명히 알려졌느니라 여호와께서 네가 행한 일에 보답하시기를 원하며 이스라엘의 하나님 여호와께서 그의 날개 아래에 보호를 받으러 온 네게 온전한 상 주시기를 원하노라 하는지라(2:10-12)

오늘은 밭으로 찾아오시기가 어제보다는 쉬우셨지요? 우물에서 조금만 돌아 나오니 밭이 보이셨을 겁니다. 그래서 그런지 모두들 잘 찾아오셨습니다. 오늘은 여러분과 보내야 할 시간이 좀 길어질 것 같습니다. 어제처럼 편안한 자리를 찾아 앉으십시오.

어제 보아스가 룻에게 건넨 네 가지 제안을 아직 기억하셔요? 갑작스럽지만 여러분께 깜짝 퀴즈를 내볼까

Day 12

합니다. 쪽지시험입니다. 시험은 반갑지 않으시겠지만, 여정 가운데 꼭 필요하니 한번 치러 봅시다. 채점자는 여러분입니다. 여러분을 믿겠습니다.
보아스가 룻에게 제안한 네 가지를 적어 보십시오.

1. ______________________________
2. ______________________________
3. ______________________________
4. ______________________________

모두 맞습니다. 잘하셨습니다! 이 네 가지 제안에 숨어 있는 진리도 잘 아시겠지요? 쪽지시험을 잘 통과하셨습니다. 자, 그럼 오늘은 룻이 보아스의 제안에 어떻게 반응했는지부터 살펴보겠습니다.
룻은 보아스의 제안을 받고 우쭐거리지 않았습니다.
"그럼 그렇지. 내가 얼마나 오래 서럽도록 줄에 서 있었던가. 당연히 이 정도 대가는 있어야지. 나는 시어머니를 위해 모압 평지를 떠나 베들레헴까지 온 사람이 아닌가!" 이렇게 생각할 수도 있었지만, 룻에게는 그런 교만이 전혀 없습니다.

룻은 보아스의 자애로운 제안을 받고 얼굴을 땅에 대고 절을
합니다. 이 자세를 표현한 히브리어는 '히스타하와(hištaḥăwâ)'
인데, 매우 경건하고 겸손한 경배의 자세를 나타냅니다. 사실
저는 이 부분을 읽으면서 적이 놀라고 감동받았습니다. 룻이
'히스타하와'한 것은 오랫동안 예배를 익혀 온 신실한
신앙인의 모습이라는 것을 드러내기 때문입니다.
베들레헴이라는 낯선 곳에 와서 그녀가 할 수 있는 유일한
일, 겸손히 하나님을 붙들며 경배하는 일이 아니었을까요?
야웨 하나님께서 언젠가 그녀에게 응답해 주실 것을 믿으며.
온전히 보아스 앞에 엎드러져 있었던 그녀는 축복을 받을
때 무릎 꿇는 것보다 더 겸손하고 숙연한 자세를 보여
주었습니다. 예배자의 모습은 하루아침에 이루어지지
않습니다. 예배도 훈련입니다. 오랜 시간 해야 하는 이
훈련은 억지로는 되지 않습니다. 마음에 갈망이 생겨야
가능합니다. 룻의 경배 자세는 그녀가 홀로 있을 때 야웨
하나님께 무릎 꿇으며 얼굴을 땅에 대고 경배했던 시간이
얼마나 많았는지를 보여 주는 태도라 볼 수 있습니다. 그런
훈련이 되어 있지 않는데 갑자기 보아스 앞에서 그렇게
엎드렸을 리는 절대 없습니다. 그녀의 행동은 매일매일

반복된 소중한 습관에서 나온 거룩한 발로였습니다. 아무도 막을 수 없는 하나님의 영, 성령님의 강권이기도 했을 겁니다. 룻은 그렇게 보아스 앞에 엎드리며 이스라엘의 하나님께 감사드렸던 것입니다.

이 모습만으로도 보아스가 큰 감명을 받았을 터인데, 그다음에 룻이 보아스에게 응답하는 언어들은 더욱 감탄을 자아냅니다.

"나는 이방 여인이거늘 당신이 어찌하여 내게 은혜를 베푸시며 나를 돌보시나이까"(10절). 언뜻 들으면 평범한 듯하지요? 사실 이 대답에는 언어유희word play가 살아 있습니다.[21] 히브리 문학에서 언어유희가 종종 쓰이곤 하는데, 번역본에서는 제대로 드러나기 어렵습니다. 이해를 돕기 위해 Day 4에서 설명드린 히브리어 동사 '슈브'로 잠시 설명을 드리겠습니다. 슈브의 뜻을 기억하시지요? '돌이키다, 돌아오다'라는 뜻입니다. 예레미야 선지자는 그의 책에서 언어유희를 많이 사용합니다. 예를 들어 예레미야 3장 1절에서 4장 1절에 동사 '슈브'가 무려 열한 번이나 쓰였습니다. 특히 3장 22절에서는 세 번이나 반복합니다. "배역한 자식들아 돌아오라 내가 너희의 배역함을 고치리라 하시니라"라고 번역되어 있는데, 이 부분을 히브리어 성경으로 보면서 문자적으로 해석하면 언어유희가 드러납니다. "나를 **돌이켜 떠난**(슈브) 나의 자녀들아 **돌아오라**(슈브)! 내가 너희의 **돌이켜 떠난**(슈브) 죄를 고쳐 주리라."

룻의 응답에도 언어유희가 쓰입니다. 저는 룻의 목소리가 좋습니다. 그녀의 목소리가 들릴 때마다 어떤 힘과 재치가 느껴집니다. 룻은 참으로 지혜로운 여인이었던 것 같습니다. 왜 그런지 그녀의 대답을 살펴볼까요? 히브리어로 어떤 사람을 '알아채다' 혹은 '인정하다'라는 동사는 '나카르(nākar)' 입니다. 그런데 이 동사에서 파생된 명사 '노크리(nāḵrî)'는 '잘 모름'이라는 의미입니다. 그래서 '노크리'라는 말은 이방인 혹은 타국인을 뜻하기도 합니다. 룻은 이를 토대로 재치 있게 보아스에게 답했던 것입니다.

"제가 **노크리(이방 여인)**인데 어찌 **나카르(인정하다)해** 주시는지요. **노크리(이방 여인)**에게 어찌하여 헤세드를 베푸시는지요"라고 말입니다. 그녀를 **모른다(이방인이므로)** 하여도 마땅한데 어찌 **인정하여(이방인으로 취급하지 않는지)** 주는지, 그 감사함을 겸손하면서도 사뭇 효과적으로

나타냅니다. 그러면서 자신을 덮어 놓고 천박하게
묘사하지도 않았습니다. 멋있습니다!
그때 보아스가 룻의 이름을 알고 있었는지 아니면 모르고
있었는지는 모르겠습니다. 그러나 보아스에게 룻은 적어도
다른 베들레헴 사람들처럼 '모압 여인'이 아니었습니다.
룻은 보아스 앞에 서 있는 한 인격체, 사랑받아야 할 딸,
보호받아야 할 소중한 여인이었던 것입니다.
다시 보아스의 대답이 이어집니다. "왜 저를 인정하여
주십니까?"라는 룻의 질문에 대해 보아스는 이렇게
말합니다. "네 남편이 죽은 후로 네가 시어머니에게
행한 모든 것과 네 부모와 고국을 떠나 전에 알지 못하던
백성에게로 온 일이 내게 분명히 알려졌느니라"(11절).
사실 베들레헴은 나오미와 룻의 소문으로 어지러웠습니다.
나오미와 룻의 소문을 모르면 베들레헴 사람이 아니라고
해도 과언이 아닐 만큼 온통 그녀들 이야기뿐이었을 겁니다.
10년간 사라졌던 나오미가 돌아온 것만도 베들레헴이
들썩일 만한 뉴스였는데, 그 세월이 어떠했는지 보여 주듯
모압 여인이 며느리로 함께 왔다는 것은 더욱 충격적인
사건이었습니다. 여인들이 모이면 심심치 않게 이야기할

대단한 화젯거리였을 겁니다. 원래 소문이라는 것은 말에 말이 붙으면서 눈덩이처럼 커지고, 좋게 나기보단 흉하게 나기 마련입니다. 룻의 소문도 처음부터 좋게 나진 않았을 겁니다. 그랬다면 룻이 그토록 오랫동안 밭에 서서 이삭줍기를 간청하며 기다렸을 리 없습니다. 그럼에도 보아스는 룻의 소문을 최대한 옳게 긍정적으로 해석하여 받아들이고 있었습니다. 마음이 정결한 보아스에게 혼탁한 것이 들어오지 않았습니다. 그는 룻이 '역행'하여 시어머니 나오미를 붙들어 베들레헴으로 입성한 것과 시어머니를 '버리지' 않기 위해 그녀 어머니의 땅 모압을 등진 것을 고귀하게 평가했습니다. 사실 룻의 베들레헴행 결정은 세상의 견지에서 해석한다면 무모하고 감정적인 것처럼 보일 수 있습니다. 그러나 믿음의 실행은 언제나 비논리적이고 위험스러울 만큼 급진적 요소를 포함합니다. 아브라함이 친척과 아버지의 집을 떠나 하나님께서 지시하시는 땅으로 가야 했을 때, 그의 믿음의 실행은 비논리적이고 위험스러울 만큼 급진적이면서도 모험적이었습니다(창 12:1). 그러나 본토를 떠나지 않았더라면 그는 축복의 근원으로 살아갈 수 없었을 것입니다. 믿음의 조상도 될 수 없었을 겁니다. 룻과 아브라함의 선택은 세상의 지식으로는 풀 수 없는 비밀 같은 것입니다. 원래 믿음이란 상식으로는 이해할 수 없는 것입니다.

그리스도의 제자가 되기 위하여 우리 역시 모험적이고도 비논리적으로 믿음을 행해야 할 때가 참 많습니다. 예수님께서는 “자기 부모와 처자와 형제와 자매와 더욱이 자기 목숨까지 미워하지 아니하면 능히 내 제자가 되지 못하고”(눅 14:26)라고 하셨습니다. 언뜻 보기에는 하나님의 가르침에 상반되고(출 20:12) 지극히 급진적이며 비논리적으로 느껴집니다. 그래서 그런지 이 구절 때문에 마음 상하신 분을 간혹 만납니다. 사실 저도 어린 시절 이 구절을 읽고 화가 났던(?) 적이 있습니다. 제게는 3년 터울의 오빠가 있습니다. 둘만 자라 유독 친했고, 지금까지도 남매치고는 친밀하고 마음도 곧잘 털어놓는 편입니다. 그래도 어릴 때는 여느 남매처럼 자그락자그락 다툴 때도 있었지요. 그러던 어느 날 이 구절을 읽고 생각했습니다. ‘오빠하고 싸워서 오빠가 미워지면 그리스도의 제자가 되는 건가?’ 얼토당토않은 저의 해석이었습니다.

여기서 '미워하다'는 문자 그대로 증오한다는 의미가 전혀 아닙니다. '우선순위에 두지 않다'가 적절한 해석입니다.[22] 같은 맥락에서 쓰이는 것을 창세기 29장 30-31절, 신명기 21장 15-17절 그리고 사사기 14장 16절에서 찾아볼 수 있습니다. 여러분께서 찾아보실 것으로 알고 살펴보지는 않겠습니다. 물론 강한 비교의 표현입니다. 그래서 이제 갓 믿음을 꽃피우시는 분들은 이런 구절로 마음이 상하실 수도 있습니다. 혹시 제 글을 읽는 분 가운데 그런 분이 계시다면 알아주십시오. 아무도 당신을 판단하거나 정죄할 수 없다는 것을. 그러나 단연코 말씀드리겠습니다. 그리스도의 말씀으로 인해 실족하지 아니하신다면 복이 있을 겁니다 (눅 7:23).

주님이 먼저 우리를 사랑하여 주셨습니다(요일 4:19). 그런 주님을 누구보다도 사랑하면, 하나님의 사랑이 우리에게 부어집니다(롬 5:5). 그럴 때 우리는 거짓 없이 형제를 사랑하면서 마음으로 뜨겁게 사랑할 수 있게 되는 것입니다 (벧전 1:22).

저희 막내아이가 아주 어렸을 때 일입니다. 제가 한참 말씀을 읽고 있는데 문득 제게 다가와 이렇게 물었습니다.

"엄마, 엄마는 내가 더 좋아요, 아니면 하나님이 더 좋아요?" 순진한 질문에 저는 아들을 꼭 안아 주면서 이렇게 대답했더랬습니다. "엄마는 세상 그 누구보다도 하나님을 사랑해. 그런데 엄마가 하나님을 가장 사랑함으로 우리 막내를 진심으로, 꽉 차게 사랑할 수 있어."
아이는 제 말에 충격을 받았나 봅니다. 눈망울 가득 눈물이 고이더니 이불 속에 들어가 얼굴을 덮어 버렸습니다. 저와 더 말하지 않고 잠들어 버렸습니다. 그날 마음이 무척 아팠습니다. 어린 아들에게는 너무 어려운, 솔직한 대답을 한 것 같아서 내내 괴로워 주님께 지혜를 주십사 정말 많이 기도했습니다.
그런데 아이가 제법 자라서 제게 위대한 복수(?)를 했습니다. 미국 서부에 오랫동안 살다가 중부로 이사 온 지 얼마 되지 않은 날이었습니다. 아마 추석쯤이었던 것 같습니다. 이곳에도 정말 둥글고 큰 보름달이 떴으니까요. 아이와 손을 잡고 나가 달구경을 하고 들어와 재우려고 축복 기도를 해주었습니다. 기도를 마치자마자 아이가 느닷없이 말했습니다. "엄마, 엄마! 내가 엄마한테 할 말이 있어요. 나도 이제는 엄마보다 하나님을 더 사랑해요. 그렇지만 여전히 엄마를 이~만큼 아주 많이 사랑해요. 내가 엄마보다 하나님을 더 사랑하니까 엄마 섭섭해요?" 제 반응이 아주 궁금하다는 듯 아이 얼굴은 홍조를 띠고 있었습니다.

저는 예전 그날처럼 아들을 꼭 안아 주며 아주 기쁘게 웃어 주었습니다. 아이도 제 품에 안겨서 웃었습니다. 커다랗고 둥근 보름달의 웃음처럼 그렇게 서로 환하게 웃었습니다.

"엄마, 사랑해요." "엄마도 너를 많이 사랑해." 그날 참 행복했습니다.

우선순위에 두지 않는다고 해서 미워하는 것은 아닙니다. 예수님의 말씀은 그분을 따라 제자가 되는 일이 '첫사랑'에서 출발한다는 것을 알려 주시는 것입니다. 믿음에는 출발점이 있습니다. 첫사랑이 깊어지면 혼인하게 됩니다. 가장 중요한 관계로 맺어집니다. 언약 가운데 하나가 되는 것입니다.

제자가 되는 길입니다. 죽을 때까지 혼인 관계가 이어져야 하듯, 믿음의 첫사랑 그 출발점부터 그리스도와 하나되는 관계의 여정은 세상 마지막 날까지 지속되어야 합니다.

그분과의 관계 맺는 여정이 곧 믿음입니다. 다시 말해 믿음은 끊임없는 역동적 실행이어야 합니다. 그래서 사도 바울은 "믿음의 선한 싸움을 싸우라"(딤전 6:12)라고 격려했습니다.

믿음은 단지 결심이 아닙니다. 결심을 넘어서는 것입니다. 나의 온 존재를 통해 일생동안 표출되는 마음과 행위입니다. 골로새서 2장 6-8절을 읽으면 조금 더 명료해집니다.
"그러므로 너희가 그리스도 예수를 주로 받았으니 그 안에서 행하되 그 안에 뿌리를 박으며 세움을 받아 교훈을 받은 대로 믿음에 굳게 서서 감사함을 넘치게 하라 누가 철학과 헛된 속임수로 너희를 사로잡을까 주의하라 이것은 사람의 전통과 세상의 초등학문을 따름이요 **그리스도를 따름**이 아니니라."
제가 이 구절을 좀 더 풀어서 번역해 보겠습니다.[23] "예수님을 주로 받으신 그 순간부터 여러분은 끊임없이 그리스도를 닮기 위하여 철저하게 그분 안에서 하나가 되어 동행하셔야 합니다. 그리스도께서 여러분의 흔들리지 않는 기초가 되셨다면 이제 감사함으로 시공부터 준공까지 부지런히 굳게 서서 말씀으로 다지고 세워 가셔야 합니다. 세상의 헛된 욕망의 바람이 불고 물질의 빗줄기가 쏟아지면서 유혹을 하여도 주의하십시오. 사람의 생각을 좇으면, **그리스도를 우선순위에 두고 좇아갈 수** 없습니다."
그래서 믿음 생활하는 것이 날마다 행복하고 즐겁지는

않습니다. 쉽지도 않습니다. 그러나 '복된' 것입니다. 그분을 우선순위에 두고 세상을 그분보다 더 사랑하지 아니하면 그분의 복된 제자가 되어 갈 수 있습니다.

나오미의 하나님이 룻의 하나님이 될 수 있도록 룻은 야웨, 이스라엘의 하나님을 좇았습니다. 그 하나님을 우선순위에 두기 위하여 부모를, 고국을, 그모스의 신을 떠나야 했던 룻이었기에(11절), 긍휼의 율법을 따라 이삭을 줍기 위하여 보아스의 밭에 서 있어야 했습니다.

그래서 보아스는 자신이 룻에게 보인 은혜와 친절은, 룻이 베들레헴에 보여 준 놀라운 믿음의 본에 대한 '보답'이라고 답했던 것입니다. 보아스의 마음을 이렇게 움직인 것은 적극적인 신의 개입, 즉 하나님의 헤세드입니다. 보아스의 마음이 룻을 온전히 받아들이도록 하나님의 헤세드가 임하였던 것입니다.

이제 보아스는 룻을 향하여 두 가지 축복을 합니다 (12절). 먼저 룻의 행위를 하나님께서 갚아 주시기를 축원하였습니다. 히브리어로 '되갚아 주다'는 '샬레임(šālēm)' 입니다. 여러분이 잘 아는 '샬롬'은 이 단어에서 파생된 말입니다. 모든 것이 하나님의 우주 속에서 질서를 잡아

가는, 흔들리지 아니하는 평강을 말합니다. 하나님께서 룻이 행한 대로 반드시 되갚아 주실 것을 축복하는 내용입니다. 우리는 종종 이런 말을 듣습니다. "네가 나한테 한 대로 **되갚아 주지.**" 그렇지만 여기서는 부정적인 의미가 전혀 아닙니다. 우리가 아름다운 행위를 할 때 하나님께서 보상해 주신다는 것입니다. 이를 기복적으로 받아들이실 필요는 없습니다. 오히려 아주 성경적입니다(잠 13:21, 25:22).

룻이 나오미에게 행하는 아름다운 행위는 잠언 19장 17절로 조명하여 해석하시면 좋습니다. "가난한 자를 불쌍히 여기는 것은 여호와께 꾸어 드리는 것이니 그의 선행을 그에게 갚아 주시리라." 룻은 가난하고 소망이 없는 시어머니를 내버려 두고 떠날 수 있었지만 그 선택을 포기했습니다. 도리어 나오미를 끌어안고 그를 봉양하기 위해 베들레헴 땅까지 왔습니다. 본인도 모르게 룻은 야웨 하나님께 '꾸어' 드리게 되었습니다. 그러니 그녀는 이제 다시 되돌려 받게 될 것입니다.

보아스가 전한 두 번째 축복은, 이스라엘 하나님이 룻에게 온전한 상을 주시기를 원한다는 것이었습니다. 이때 보아스는 룻기 전체를 통틀어 가장 아름다운 비유로 룻을 축복합니다. “이스라엘의 하나님 여호와께서 그의 날개 아래에 보호를 받으러 온 네게”(12절)가 바로 그것입니다. 룻이 그모스의 신을 미워하기로 작정하고 야웨를 좇았다는 것은 이제 더 이상 그모스의 신이 룻을 보호하는 후원자가 아니라는 뜻입니다. 이제 이스라엘의 하나님만이 룻을 책임져 주실 수 있습니다. 룻을 보호하는 하나님의 모습을 보아스는 새의 ‘날개’로 표현했습니다. 야웨 하나님을 모성으로 그린 것입니다. 어미 새를 떠나 살아갈 수 없는 새끼들은 어미가 틀어 준 둥지만을 의지합니다. 어미가 물어다 준 먹이를 먹고 어미의 날개 아래 잠이 듭니다. 여기서 ‘날개’는 커다란 독수리 날개처럼 널따란 장막을 비유한다고 볼 수도 있습니다. 그 안에 들어가면 세상의 풍파를 능히 이겨 낼 만큼 안전한 곳입니다. 히브리어로 날개를 ‘카나프(kānāp)’라고 합니다. 이 단어를 계속 기억하시기 바랍니다. 룻기 묵상 여정 중에 다시 나올 겁니다.

자, 아래 말씀 중에 ‘날개’라는 단어에 동그라미를 그리거나 형광펜으로 표시해 보십시오.

마치 독수리가 자기의 보금자리를 어지럽게 하며 자기의 새끼 위에 너풀거리며 그의 날개를 펴서 새끼를 받으며 그의 날개 위에 그것을 업는 것같이 여호와께서 홀로 그를 인도하셨고 (신 32:11-12b)

새가 날개 치며 그 새끼를 보호함같이 나 만군의 여호와가 예루살렘을 보호할 것이라 그것을 호위하며 건지며 뛰어넘어 구원하리라 하셨느니라(사 31:5)

하나님이여 주의 인자하심이 어찌 그리 보배로우신지요 사람들이 주의 날개 그늘 아래에 피하나이다(시 36:7)

하나님이여 내게 은혜를 베푸소서 내게 은혜를 베푸소서 내 영혼이 주께로 피하되 주의 날개 그늘 아래에서 이 재앙들이 지나기까지 피하리이다(시 57:1)

내가 영원히 주의 장막에 머물며 내가 주의 날개 아래로 피하리이다(시 61:4)

오늘 저는 마음을 다하여 여러분 모두가 주님의 그늘 아래 거하는 축복이 임하기를 간구합니다. 세상을 좇지 않고 '미워함'으로 그리스도를 우선순위에 두신 여러분이 거하실 곳은 주의 날개 밑입니다. 거기서 저와 여러분 모두 안식하는 하루가 되기를 바랍니다.

아래 찬양(새찬송가 419)이 오늘 여러분과 저의 고백이기를 바라는 마음으로 전합니다. 샬롬!

1. 주 날개 밑 내가 편안히 쉬네 밤 깊고 비바람 불어쳐도
   아버지께서 날 지켜 주시니 거기서 평안히 쉬리로다
2. 주 날개 밑 나의 피난처되니 거기서 쉬기를 원하노라 세상이
   나를 위로치 못하나 거기서 평화를 누리리라
3. 주 날개 밑 참된 기쁨이 있네 고달픈 세상 길 가는 동안 나
   거기 숨어 돌보심을 받고 영원한 안식을 얻으리라

(후렴) 주 날개 밑 평안하다 그 사랑 끊을 자 뉘뇨 주 날개 밑 내
   쉬는 영혼 영원히 거기서 살리

당신의 하녀 중의 하나와도 같지 못하오나

룻이 이르되 내 주여 내가 당신께 은혜 입기를 원하나이다 나는 당신의 하녀 중의 하나와도 같지 못하오나 당신이 이 하녀를 위로하시고 마음을 기쁘게 하는 말씀을 하셨나이다 하니라(2:13)

보아스의 축복을 듣고 룻은 응답합니다. "내 주여 내가 당신께 은혜 입기를 원하나이다." 개인적으로 저는 개역개정 성경이 이 부분을 정말 잘 번역했다고 생각합니다. 사실 히브리어 성경을 문자 그대로 해석하면 이렇습니다. "주여, 저는 당신의 눈에서 은혜를 발견하기 원합니다. May I continue to find favor in your eyes, my lord." 어떻습니까? 어색하십니까 아니면 좀 더 와닿습니까? 여러분이 느끼시는 데 달려 있습니다. 그런데

Day 13

이 표현은 성경에 자주 등장하는 관용구랍니다.[24] "당신의 눈에서 은혜 혹은 총애를 발견하다"라는 표현은 은혜를 입은 자가 은혜 베푸는 자에게 지극히 감사할 때 쓰는 표현입니다. 대홍수가 일어나기 전에 노아는 야웨 하나님 눈에서 '은혜를 발견'합니다(창 6:8, '은혜를 입었다'라고 번역되어 있습니다). 사무엘을 낳기 전에 기도의 확신을 얻은 한나는 엘리 제사장의 눈에서 '은혜 발견하기를' 원했습니다(삼상 1:18, 역시 은혜 입기를 원한다고 번역되어 있습니다). 룻도 그렇게 표현하고 있는 것입니다. 보아스의 눈에서 '은혜를 발견하리라는 것'은 은혜를 입은 그녀가 은혜를 베푼 보아스에게 깊이 감사하고 있음을 표현하는 것입니다. 지극히 감사하고 있는 이유, 즉 보아스의 눈에서 은혜를 발견했던 이유는 두 가지입니다. 보아스가 전하여 준 '위로'와 '기쁨'입니다.

첫 번째 이유, '위로'부터 살펴보겠습니다. 여기서 쓰인 '위로하다'라는 히브리어 동사는 '나함(nāḥam)'입니다. 이 동사를 자세히 살펴보고자 합니다. 이 구절에서는 히브리어 동사 어간 중에 동작의 결과(상황)를 묘사하는 피엘Piel 형태로 쓰였습니다. '위로해 주다' 혹은 '근심을 덜어 주다'

라고 해석됩니다. 그런데 이 동사가 재귀형 동사 니팔$_{\text{Niphal}}$의 형태로 쓰이면 '후회하다, 회개하다' 혹은 '고통 내지는 슬픔을 겪다'가 됩니다. 어떻게 위로와 후회가 공존하는지 좀 아이러니하지요?

잠시 창세기 6장 6절을 보십시오. 이 구절을 보면 하나님께서 땅 위에 사람을 지으신 것을 '한탄'하셨다고 나옵니다. 혹은 '후회'하셨다고 나옵니다. 영어 성경 중 ESV 번역본에는 이렇게 되어 있습니다. "The LORD **regretted** that he had made man on the earth." 여기서 쓰인 'regret(후회하다)'도 역시 '나함'입니다. 여기서 많은 이들이 논란을 벌입니다. 하나님은 인생이 아니시니 후회가 없으시다고 말씀에 나와 있기 때문입니다(민 23:19; 참조 삼상 15:29, 시 110:4).

'하나님도 후회하시나?' 이 말씀을 읽으면서 하나님께서 변덕을 부리시는 것이 아닌가 싶기도 합니다. 전통 신학자들은 이 구절의 '후회하심'은 사람의 입장에서 표현한 감정이지 하나님의 감정은 아니라고 주장합니다.[25] 루터는 여기서의 하나님의 후회 내지 한탄은 하나님이 아니라 악한 세대에 남겨진 노아 같은 거룩한 자가 느낀 감정이라고 주장했습니다.[26] 숙고할 만한 연구들입니다.

저는 이렇게 생각합니다. 비록 제가 묵상하고 연구한 것은 소박한 수준이겠지만 친구에게 나누듯 편안하게 여러분과 나누고자 합니다. (나중에 여러분의 의견도 제게 들려주십시오.) 노아 시대에는 죄악이 가득하여 사람들은 '고통 가운데' 있었습니다. 사람을 지으신 하나님께서는 죄악 가운데서 신음하는 인간의 '고통을 느끼시고' 가슴 아파하셨습니다. 하나님의 가슴 저밈, 저는 이것을 하나님의 '나함'이라고 생각합니다. 창세기를 보신 김에 창세기 5장 29절을 보시겠습니다. "이름을 **노아**라 하여 이르되 여호와께서 땅을 저주하시므로 수고롭게 일하는 우리를 이 아들이 **안위하리라** 하였더라." 노아의 이름을 주목해 보겠습니다. 몇 가지 뜻으로 해석할 수 있습니다. '한숨을 돌리다'라는 의미의 히브리어 '누아흐(nûaḥ)'나 '쉼, 안식'이라는 의미의 '노아흐(nōaḥ)'에서 비롯된 이름이라고 추측할 수 있지만, '나함'에서 유래했을 것이라고도 추정해 볼 수 있습니다. 저는 모든 풀이가 다 마음에 와 닿습니다. 하나님께서 '나함'하실 때 (고통과 슬픔을 느끼셨을 때), '노아흐(쉼, 안식)'를 남겨 두셨다면 하나님의 '나함'은 분노 속 후회가 아니라 세상을 위로하기 위하여 고통을 체휼하셨던 '나함'이 아니셨을까요? (이건 제 묵상일 따름입니다.)

자, 이쯤에서 창세기에 쓰인 '나함' 관찰은 잠시 접어두고, 룻기로 돌아오겠습니다. 룻은 베들레헴에서 보아스의 은혜를 입기 전까지 줄곧 **고통과 슬픔** 가운데 있었습니다. 그런데 보아스는 그런 룻의 고통을 **체휼**하여 줍니다. 그래서 룻은 보아스에게 **위로**를 입었다고 고백하는 것입니다. 저는 이것이 그녀가 고백하는 '나함'이라고 생각합니다.

이번에는 두 번째 이유, '기쁨'을 살펴보려고 합니다. 룻은 보아스에게 "마음을 기쁘게 하는 말씀"을 하였다고 합니다. 그런데 히브리어 성경에서 "기쁘게 하다"를 직역하자면 "마음 위에 말을 얹어 두다"입니다.[27] 역시 관용구입니다. 룻의 '마음 위에 올려놓은 말'이 왜 '기쁘게 하는 말'이 될까요? 룻을 긍휼히 여기는 보아스의 말이 룻의 마음 '위에' 있습니다. 룻의 마음이 보아스의 말을 받들었다는 것입니다. 보아스의 친절에 감당하지 못할 만큼 감사하다는 표현입니다. 생각해 보십시오. 상처를 남기는 말은 대부분 마음의 정곡을 찌르고 가슴을 관통합니다. 혹은 그 신랄한 말에 가슴이 철렁 내려앉습니다. 그런데 우리를 기쁘게 하는 말은 마음 위로 붕붕 뜹니다. 아마도 보아스의 말이 룻의 마음결에 고운 나뭇잎처럼 떠 있었나 봅니다.

룻은 자신이 보아스의 하녀라고 하면서도 그의 하녀 중 하나와도 같지 못한 존재라고 말합니다(13절을 계속해서 보십시오). 어떤 사람에게 종속된 신분의 여인, 즉 여종을 일컫는 세 가지 히브리어가 있습니다. 나아라(naʻărâ), 쉬프하(šipḥāh), 아마(ʼāmâ)입니다. 제가 왜 자꾸 이렇게 지루한 설명을 할까 싶으시지요? 여정을 계속하다 보면 오늘 공부한 부분이 도움 될 순간이 온답니다. 물론 이들 단어를 지금 다 숙지하실 필요는 없지만, 대강이라도 살펴 두십시다.

보아스가 밭에 서 있는 룻을 보고 사환에게 "이 소녀가 누구의 소녀인가?"라고 물었을 때(5절), 이때 소녀에 해당하는 단어는 '나아라'였습니다. '나아라'는 여주인 수하에 있는 하인을 일컫기도 하지만, 아직 결혼하지 않은 젊은 처녀를 지칭하기도 합니다. 창세기 내레이터가 "그 소녀는 심히 아름답고"라고 리브가를 처음 소개할 때도 '나아라'라고 했습니다(창 24:16).

'아마'는 다릅니다. 종속된 여인을 일컫는 말이기도 하지만, 순응의 마음으로 스스로를 겸허하게 낮추고 싶을 때도 쓰입니다. 그래서 계급과 상관없이 상징적이고 비유적인 표현으로 겸양할 때 사용되기도 합니다. 사극을 보면 스스로를 겸양하고 싶을 때 '소인'小人이라고 칭하곤 하는데, 이와 비슷한 맥락입니다. 그래서 '아마'는 한 남자의 아내되는 입장에서도 쓰일 수 있습니다.[28] 아비가일이 다윗을 처음 만나 자신을 소개할 때 이렇게 말했습니다. "이 여종의 말을 들으소서"(삼상 25:14). 여기서 여종이 '아마'입니다. 스스로를 '아마'라고 지칭하면서 은근한 암시를 담았는지는 모르겠습니다. 다만 아비가일의 남편 나발이 죽었을 때, 다윗이 아비가일을 아내로 맞이했다는 사실만은 우리가 알고 있습니다(삼상 25:39-42). 다윗 왕 앞에서 밧세바는 늘 '아마'였다는 사실도 알아 두시면 좋습니다. 가령 열왕기상 1장 17절 "내 주 왕이 이 여종에게 맹세하시기를"에서의 여종도 역시 '아마'입니다.

마지막으로 함께 살펴볼 단어는 '쉬프하'인데, 여종 가운데 가장 낮은 계급을 지칭합니다. '쉬프하'는 자신의 권리나 주장이 거의 없습니다. 여인이 시집갈 때 선물로 주어지는 존재이므로 평생 여주인을 모시고 살아야 하는 운명입니다. 만일 여주인이 결혼해서 아이를 낳지 못한다면 대신 아이를 낳는 일까지 감당해야 하는 경우도 있었습니다.

그래도 죽는 날까지 신분이 바뀌지 않습니다. '쉬프하'는 영원한 종일 뿐입니다. 가령 애굽에서 데리고 온 사라의 여종 하갈은 쉬프하였습니다. 그녀는 이스마엘을 낳았지만 그는 공식적으로 사라의 소유였을 겁니다. 하갈이 사라의 소유였으니 말입니다.

룻은 보아스 앞에서 자신을 '쉬프하'라 칭합니다. 그러나 보아스의 여느 쉬프하 하나와도 같지 못하다고 더 겸양함으로써 자신을 더욱 낮춥니다. 보아스의 긍휼이 지극히 낮고 낮은 존재에게 이르렀다는 표현이자 극한 감사입니다.

그에 대한 보아스의 응답이 이어지면 흥미진진할 것 같은데 내레이터는 더 이상의 진전을 보여 주지 않습니다. 이렇게도 겸손한 룻에게 친절한 보아스는 한마디쯤 다시 건넸을 것만 같은데 말입니다. 아마 대화를 마치고 부지런히 룻은 이삭 줍는 일을 시작했을 것입니다. 보아스는 사환에게 지시할 일들이 있으니 밭 이편저편을 살피며 오전을 보냈을 것이라고 상상만 해봅니다. 어찌됐든 아쉽게도 더 이상의 묘사 없이 두 사람의 대화가 끝났으니 더욱 궁금합니다. 룻은 보아스에게 '쉬프하'보다 못한 존재이고, 보아스는 룻에게 상전보다 높은 사람이라는 사실만 우리에게 인지시켜 놓은 채 말입니다.
그런데 내레이터는 우리에게 식사 초대를 하고 싶어서 두 사람의 대화를 거기서 급히 마무리 지었던 것 같습니다. 다음 장면이 보리밭에서의 점심식사입니다.
아쉽지만 저도 오늘 여정은 여기에서 마치렵니다. 여러분도 오늘 참 수고 많으셨습니다. 내일은 즐거운 보리밭 점심시간에 만나 뵙겠습니다. 정오쯤 만나 해가 뉘엿뉘엿 질 무렵까지 머물기로 하지요. 오실 때 점심 도시락도 가지고 오십시오. 룻 옆에 앉아서 식사하실 기회가 있으실 겁니다.

내게로 오라, 나와 더불어 먹자

식사할 때에 보아스가 룻에게 이르되 이리로 와서 떡을 먹으며 네 떡 조각을 초에 찍으라 하므로 룻이 곡식 베는 자 곁에 앉으니 그가 볶은 곡식을 주매 룻이 배불리 먹고 남았더라 룻이 이삭을 주우러 일어날 때에 보아스가 자기 소년들에게 명령하여 이르되 그에게 곡식 단 사이에서 줍게 하고 책망하지 말며 또 그를 위하여 곡식 다발에서 조금씩 뽑아 버려서 그에게 줍게 하고 꾸짖지 말라 하니라(2:14-16)

이제 장면이 바뀌고 시간이 지나 보리밭 점심시간입니다. 봄볕이 제법 따듯하다 못해 오래 앉아 있으면 따가울 지경입니다. 사람들은 그늘진 자리를 찾아 점심 먹을 채비를 하고 있습니다. 여러분도 가지고 오신 도시락을 꺼내 시원한 자리로 앉으십시오. 아, 룻이 보이지 않는다고요? 맞습니다. 룻은 따가운 햇살 아래에서 이삭을 줍느라 여전히 바쁜 듯합니다. 허기지고 피곤할 텐데 식사 자리에 오지 않습니다.

Day 14

고대 근동 지역의 사람들에게 함께 식사한다는 것은 단지 허기를 채운다는 의미가 절대 아닙니다. 마음을 나누는 교제를 의미합니다. 우리나라 문화와 아주 비슷하지요? 자, 그럼 성경적으로 그 의미를 살펴보겠습니다. 우선 식사를 대접하는 것은 주인의 후한 접대와 친절한 마음을 드러내는 가장 귀중한 절도였습니다(창 18:1-8). 아주 기쁜 일이 있어서 축하하고 싶을 때에도 식사를 나눌 잔치를 베풀어야 했습니다(시 23:5, 마 22:1-14, 눅 12:36, 14:8, 15:22-23, 요 2:1-11). 그뿐 아니라, 어떤 계약을 맺어 계약의 성사를 서로 힘껏 동의하고자 할 때에도 식사를 함께해야 합니다(창 31:54, 출 24:11, 눅 22:14-20). 그런데 무엇보다 서로의 신분이 맞아야 함께 식사할 수 있으며, 식사 자리에는 사회적 계급에 따른 상석上席과 하석下席이 있었습니다(창 43:33-34, 눅 14:7-11, 16:21). 그러니 룻의 입장에서는 보아스의 점심 식탁에 자신의 자리가 있을 거라곤 감히 상상할 수 없었습니다. 그의 하녀 하나와도 같지 못한 존재인데, 어찌 보아스와 더불어 먹는단 말입니까? 그러므로 모두가 식사한다고 한자리에 모여 있을 때에도 룻은 혼자서 조용히 밭모퉁이를 돌면서 이삭줍기에 여념이 없었습니다. 사람들도 룻의 존재 따위는 안중에 없었겠지요. 모압 여인 룻이 먹든지 말든지 상관하고 싶지 않았을 겁니다.

그때 룻에게 초청장이 도착합니다. 그것도 보아스의 음성으로 말입니다.

"이리로 오라!"는 보아스의 초청에는 '나가쉬(nāgaš)'라는 히브리어 동사가 쓰였는데, '가까이 오라'는 뜻이 있습니다. 적극적으로 나아오는 행위를 가리킵니다. 보아스가 멀리 있는 룻을 직접 초대했을 때, 아마도 그곳에 모인 보아스의 사환들과 보리를 수확하던 일꾼들은 충격을 받았을 것입니다. 남자들끼리 모여 식사를 하려는 자리에 여인을 부르는 주인의 목소리가 무슨 뜻이란 말입니까? 그것도 그냥 여인이 아니라, 가장 천한 이방 여인 룻을 부르는 주인 보아스가 과연 제정신인가 싶었을 겁니다.

이리로 오라는 것도 충격적인데, 그다음 초청은 더욱 충격적입니다. 길게 서술되어 있지만, 한마디로 '나와 더불어 먹자'고 보아스가 이야기하고 있는 것입니다.

잠시 이 구절(14절)을 펼쳐서 자세하게 보겠습니다.

"이리로 와서 떡을 먹으며 네 떡 조각을 초에 찍으라"라며 드디어 보아스가 베들레헴의 '떡'을 룻에게 권합니다. 떡이 있다는 소식에 나오미가 돌아왔던 베들레헴(떡집)입니다.
그 나오미를 붙들어 함께 이곳까지 왔던 룻이지만, 룻과 나오미가 함께 지내는 베들레헴의 오두막집에는 아직 떡이 없었습니다. 굶고 있는 시어머니를 봉양할 떡을 얻기 위해 룻은 아침부터 보아스의 보리밭에 머물렀습니다. 그리고 오늘 드디어 룻은 베들레헴의 떡을 손에 쥡니다.
그런데 보아스가 그녀에게 떡만 주었던 것이 아닙니다. 그는 떡 조각을 초에 찍어 먹으라고 합니다. 이 '초'에 해당하는 히브리어는 '호메츠(ḥōmeṣ)'입니다. 그것이 어떤 음식인지 정확하게 알기는 힘듭니다. 단지 이 단어가 민수기 6장 3절에도 쓰였다는 것을 참고해 보면 도움이 됩니다. 이것은 포도식초 같은 소스인데 알코올 성분이 들어간 것이 아닌가 싶습니다. 그렇다면 포도주에 가까울 수도 있겠습니다.
보아스가 룻에게 술을 권했다기보다는 점심시간까지 밖에 놓아두었던 떡이 말랐거나 딱딱해진 것을 소스에 적셔 촉촉하게 먹으라는 뜻이라 여겨집니다.
룻이 떡을 초에 찍어 먹었을 때, 아마도 처음으로 기근에서 해방되는 자유함을 느꼈을 것입니다. 모압 평지에서 베들레헴으로 걸어왔던 긴 여행길의 곤비함이 사라지고,

과거의 슬픔들이 희석되고, 베들레헴에서 겪은 갖은 설움을 위로받는 순간이었을 것이라 여겨집니다. 그녀의 입안으로 들어온 그 떡이 초의 감미로움으로 적셔지면서 '생명'을 경험했겠지요. 보아스가 건넨 떡과 초는 단지 그녀의 허기를 달래 주는 음식이 아니라, 영원한 구원이 느껴지는 소망이었으리라 믿습니다.

보아스는 그 떡을 감격과 감사로 먹는 룻을 보았습니다. 금방이라도 떨어질 듯 두 눈에 잔뜩 고인 눈물을 보았는지도 모릅니다. 사랑스럽습니다. 지치고 야윈 어린 딸을 보는 듯 보아스의 마음이 뭉클합니다.

이제 보아스는 볶은 곡식을 룻에게 손수 건넵니다. 원래 음식은 낮은 사람이 높은 사람에게 권하는 것이 일반적인데, 보아스가 룻에게 음식을 권한 겁니다. 한마디로 평범하지 않은 보리밭 점심식사였습니다. 곁에 있던 사환들이 식사하다가 너무 놀라 체했을지도 모르겠습니다. 모든 사람의 시선이 룻에게 화살처럼 꽂혔을 겁니다.

곁의 시선은 아랑곳없이 점심시간 내내 보아스는 룻을 먹이느라 몹시 바빴던 것 같습니다. 룻이 배불리 먹고도 남았다는 것은(14절), 룻이 배불리 먹을 때까지 보아스는 볶은 곡식을 룻에게 권하고 또 권했다는 것입니다. 룻의 처지에 권하지도 않은 음식을 스스로 더 가져다가 허겁지겁 먹었을 리가 없습니다. 룻이 배불리 먹어서 더 이상 먹을 수 없을 때까지 보아스는 내내 권했고, 그가 권한 음식이 룻 앞에 남을 정도였습니다. 보아스는 진정 아비의 마음으로 룻을 먹였던 것 같습니다. 아이를 키우신 부모라면 그 심정을 다 아실 겁니다. 어린아이를 둔 부모는 식사 때마다 아이들을 다 먹이고 나서야 마음이 놓여 그제야 한 수저 떠서 먹을 수 있습니다. 아이가 배고파하는 걸 알면서 혼자만 맛있게 먹는 부모는 한 사람도 없습니다. 아이 입에 음식이 들어가면 부모는 먹지 않아도 배부르고 행복합니다. 아이가 배불리 먹고 '남아야' 부모는 흡족합니다. 보아스 역시 룻이 배부르게 먹은 것을 보고 만족했습니다.

보아스가 보리밭에서 룻을 위하여 마련한 점심식사는 그리스도의 식탁을 예견하는 아름다운 자리였습니다. 보아스가 권한 떡은 그리스도의 살을 예표하고, 보아스가 권하여 떡을 찍어 먹으라는 초는 그리스도의 피를 예표한다고 저는 감히 믿고 싶습니다. "내가 진실로 진실로 너희에게 이르노니 인자의 살을 먹지 아니하고 인자의 피를 마시지 아니하면 너희 속에 생명이 없느니라"(요 6:53). 어떻게 하면 우리가 그분의 살을 먹고 피를 마시는 특권을 누립니까? 그분의 초대에 우리가 인격적으로 응답할 때만 이루어집니다. 마치 룻이 보아스의 초대에 인격적으로 응했을 때 보리밭의 점심식사가 이루어지듯이 말입니다. "볼지어다 내가 문 밖에 서서 두드리노니 누구든지 내 음성을 듣고 문을 열면 내가 그에게로 들어가 그와 더불어 먹고 그는 나와 더불어 먹으리라"(계 3:20). 우리가 문을 열어야 그리스도께서 들어오십니다. 그분과 더불어 먹을 수 있는 특권이 주어집니다. 그뿐 아닙니다. 그분의 식탁에는 풍성에 풍성을 더한 생명이 있어서 우리를 날마다 그냥 먹이시는 것이 아니라, 배불리 먹여 주셔야 흡족해하십니다. 주님은 이렇게 말씀하셨습니다 "내가 온 것은 양으로 생명을 얻게 하고 더 풍성히 얻게 하려는 것이라"(요 10:10b). 매일 묵상 여정을 함께하시면서, 저와 여러분 모두 이렇게 '배불리' 먹여 주시는 주님의 식탁을 경험하기를 기도합니다. "골수와 기름진 것을 먹음과 같이"(시 63:5) 여러분과 제가 말씀의 풍요로움 가운데 만족하게 되기를 축복합니다. 세상에서 가장 존경받는 명망 높은 왕이 어느 날 식사를 같이하자고 하면 여러분은 어떻게 반응하실 것 같습니까? 그 초대를 무척 영예롭게 여기시겠지요. 그렇다면 역사를 주관하시고 온 세상을 다스리시는 만왕의 왕이 더불어 먹자 하시는 초대가 임했습니다. 거절하시겠습니까? 거절할 만큼 우리가 그분보다 높을까요? 절대 그렇지 않습니다. 그 식탁에 생명이 있고 생명의 풍성함이 있는데 다른 어디에서 만족을 구하시렵니까?

먼 옛날 므비보셋이라는 사람이 있었습니다. 그는 사울 왕의 손자이자 요나단의 아들이었습니다. 전쟁에서 할아버지와 아버지를 모두 잃은 그는, 어릴 적에 유모의 손에 구출되었습니다. 그런데 유모가 그를 안고 급하게 달리다 떨어뜨리는 바람에 그만 두 다리를 모두 절게 되었습니다(삼하 4:4). 몰락한 왕가에서 혼자 살아남은 것은 자랑스러운 일은 아니었습니다. 게다가 다리를 절었기 때문에 제대로 노동일을 하면서 밥벌이를 하기도 힘들어 평민 중의 평민으로 살고 있었습니다. 역사에서 까마득하게 잊혀진다 해도 누구 하나 개의할 것 없는 존재였지만 그의 아비 요나단은 사실 다윗과 절친한 친구지간이었습니다(삼상 18:3, 20:42, 23:18). 다윗 왕은 요나단과의 맹세를 기억하여(삼상

24:21-22), 므비보셋을 찾아냅니다. 헤세드를 베풀어야 할 책임이 다윗에게 있었기 때문입니다.

므비보셋이 다윗 왕을 알현할 때 그의 온몸이 떨렸습니다. 절름거리며 제대로 걷지 못하니 거의 기다시피 왕 앞으로 나아가야 했을 것입니다. 그런 므비보셋은 다윗 왕 앞에서 자신을 '죽은 개'라고 묘사했습니다(삼하 9:8). 그러나 다윗은 절름거리는 천한 므비보셋을 본 것이 아니라, 므비보셋에게서 자신이 사랑했던 고귀한 친구 요나단의 모습을 봅니다. 자신이 천한 신분이었을 때 요나단은 그에게 아낌없이 화려한 왕실의 겉옷을 벗어 주었고 군복을 지급하고 용사의 칼과 과녁을 맞출 만한 활도 주었을 뿐더러, 그의 허리의 띠도 벗어 주었습니다. 그에게 요나단은 순백색의 아름다운 마음을 가진 친구였습니다.

지금의 므비보셋을 요나단이 본다면 가슴 찢어질 것입니다. 다윗도 요나단의 입장이 되어 므비보셋을 바라봅니다. 그리고 자기 앞에 엎어져 있는 므비보셋을 친히 일으켜 세웁니다. 이윽고 그런 므비보셋에게 초대장을 건넵니다.

"너는 항상 내 상에서 떡을 먹을지니라"(삼하 9:7).

이 영광스러운 초대를 므비보셋이 거절했겠습니까? 아니,

감히 거절할 수 있었겠습니까? 므비보셋은 그날 이후로 왕의 식탁에서 떡을 먹는 자가 됩니다.

다시 한 번 부탁드립니다. 그리스도의 초대가 임하면 그 영광스러운 초대에 응하시고 영원히 왕의 식탁에 거하는 여러분이 되시기를 축복합니다.

룻의 보리밭의 점심식사는 하나님의 헤세드였습니다. 이제 식사를 마쳤습니다. 룻이 이삭을 주우러 나가자 보아스는 그녀를 위해 사환들에게 단단히 명령을 내려놓습니다 (15-16절). 명령을 요약하면 두 가지입니다. 첫째, 룻이 이삭을 쉽게 줍도록 배려하라는 것입니다. 곡식단에서 조금씩 뽑아 일부러 길에 흘리는 아름답고 친절한 낭비를 의미합니다. 둘째, 룻을 책망하거나 꾸짖지 말라는 것입니다. 룻의 감정까지 깊이 생각하는 보아스의 지시였습니다. 여기서 쓰인 '책망하다'라는 히브리어 동사는 '칼람(kālam)'인데 '당황스럽게 하거나 수치스럽게 하다'라는 의미가 있습니다. 아무리 룻이 이삭을 줍는 가난한 여인이라도 보아스의 밭에서만큼은 수치를 느끼지 않기를 그는 원했습니다. 또한 '꾸짖다'라는 히브리어 동사는 '가아르(gāʿar)'인데 말을 함부로 하면서 모욕을 주거나 상처를 주는 것을 이릅니다.

룻은 보아스가 그의 보리밭에서 일하는 동안 자존심 상하지 않고 마음 다치지 않기를 원했던 것입니다.
룻은 보아스의 밭에 초대받지 않은 채 무작정 들어와 있던 낯선 여인(모압 여인 룻)이었습니다. 그러나 이제는 그렇지 않습니다. 그녀는 이미 보아스의 식탁에 '초대'받은 존귀한 친구(룻이라는 이름에는 친구라는 뜻이 있다고 하였습니다)로 신분이 바뀌었습니다.
보아스의 밭에서 룻은 이제 안전합니다. 그리스도 안에서 저와 여러분이 안전하듯이 말입니다.
룻은 그날 오랫동안 보아스의 밭에 머물렀습니다. 저녁까지 이삭을 줍고 나서 타작을 해보니 보리 한 에바가 나왔다고 기록되어 있습니다(17절). 에바는 십분의 일 호멜입니다. 에스겔 45장 11절을 보면 에바라는 단위와 밧이라는 단위는 동일하다고 나와 있습니다. 사실 지금도 학자마다 에바의 정확한 무게에 대한 추정은 다릅니다. 다만 오늘날의 기준으로 말한다면 30~50파운드 정도 될 것이라고 의견이 모아집니다. 옛날에는 당나귀 한 마리가 몸에 지고 갈 만한 무게라고 했습니다.
정확히 무게를 추정할 수는 없지만, 하루 일한 대가치고는 어마어마한 수확이라고 할 수 있습니다. 룻이 어떻게 그걸 다 이고 지고 홀로 걸어갈 수 있을지 궁금합니다. 다만 나오미가 애타게 기다리고 있을 것을 생각하면 그녀의 걸음이 결코 느리지 않을 것을 우리는 압니다.
베들레헴으로 돌아왔을 때 나오미는 자신이 비어 돌아왔다고 쓴 고백을 했습니다(1:21). 베들레헴은 풍족했으나 나오미와 룻의 집은 베들레헴에서 홀로 '비어' 있던 것입니다. 그러나 오늘은 아닙니다. 룻의 커다란 보릿자루가 뿌듯합니다.
룻은 앞으로 날마다 이렇게 시어머니의 비어 있는 공간을 하나님의 헤세드로 채우게 될 것입니다. 룻의 이름에는 '친구'라는 뜻 외에도 '새롭게 되다'라는 의미가 있다고 제가 Day 3에 언급한 바 있습니다. 기억하실 겁니다. 이제 나오미의 집이 새로워지는 순간입니다.

오늘로써 둘째 주 여정을 마칩니다. 저는 여러분의 신실하심에 감격합니다. 벌써 여정의 반이 지나갔습니다. 여러분은 어떠신지 몰라도 저는 하루하루가 아쉽습니다. 이제 우리 중에 모압 평지로 돌아가고 싶은 사람은 아무도 없습니다. 베들레헴 작은 고을, 이 작은 보리밭이 사랑스럽고 좋습니다. 여기에서 우리는 생명의 감격을 맛보고 있습니다. 이제 좀 쉬면서 보리밭을 쉬엄쉬엄 걸어 보는 시간을 가져 보십시오. 저도 그렇게 하려고 합니다.

해가 뉘엿뉘엿 집니다. 노을이 붉고 애잔하게 황금 들녘을 비추는군요. 저 멀리 룻이 보릿자루를 메고 걸어가는 뒷모습이 보입니다. 그런데 오늘은 홀로 걷는 그녀의 뒷모습이 그렇게까지 처량하거나 외로워 보이지 않습니다. 여러분도 그렇게 느끼시겠지요.

셋째 주 여정에서 뵙겠습니다. 나오미의 집으로 곧장 찾아오십시오. 성읍 안으로 들어오셔야 합니다. 성읍에 들어오시면 곧 저녁이 되니 촛대에 초를 하나씩 꽂고 불을 밝히고 들어오셔야 합니다. 준비해서 오십시오.

샬롬.

셋째 주 여정

타작마당, 그 은혜의 자리

아이처럼 꿈을 꾸며

그것을 가지고 성읍에 들어가서 시어머니에게 그 주운 것을 보이고 그가 배불리 먹고 남긴 것을 내어 시어머니에게 드리매 시어머니가 그에게 이르되 오늘 어디서 주웠느냐 어디서 일을 하였느냐 너를 돌본 자에게 복이 있기를 원하노라 하니 룻이 누구에게서 일했는지를 시어머니에게 알게 하여 이르되 오늘 일하게 한 사람의 이름은 보아스니이다 하는지라 나오미가 자기 며느리에게 이르되 그가 여호와로부터 복 받기를 원하노라 그가 살아 있는 자와 죽은 자에게 은혜 베풀기를 그치지 아니하도다 하고 나오미가 또 그에게 이르되 그 사람은 우리와 가까우니 우리 기업을 무를 자 중의 하나이니라 하니라 모압 여인 룻이 이르되 그가 내게 또 이르기를 내 추수를 다 마치기까지 너는 내 소년들에게 가까이 있으라 하더이다 하니 나오미가 며느리 룻에게 이르되 내 딸아 너는 그의 소녀들과 함께 나가고 다른 밭에서 사람을 만나지 아니하는 것이 좋으니라 하는지라(2:18-22)

셋째 주 여정의 시작입니다. 오늘 여러분을 다시 뵈니 오랜 지기를 만난 것처럼 제 마음이 정말 설렙니다. 보고 싶었습니다. 오늘은 저와 저녁 늦게까지 베들레헴 성읍에 머물러 주실 수 있는지요? 밤 여정이 조금 길어질 것 같습니다. 약간 힘에 부치셔도 조금만 참으시면 이번 주에는

Day 15

새로운 장소에 저와 함께 가실 수 있답니다.
베들레헴의 저녁은 금방 어두워집니다. 우리처럼 가로등이나 상점에서 나오는 불빛이 없기 때문입니다. 준비한 촛대에 초를 꼽으시고 불을 밝히신 후에 저를 따라 오십시오.
이쪽입니다. 불이 꺼지지 않게 조심조심 걸어오십시오.
나오미의 집을 찾아가겠습니다.
나오미의 집은 성읍으로 들어오자마자 금방 눈에 띈다는 것을 이내 아실 겁니다. 그녀의 집에서 새어 나오는 외로운 불빛이 애처롭게 느껴지니 말입니다. 작게 난 창문 사이로 보이는 나오미를 만납니다. 룻이 언제나 돌아오려나, 애타게 기다리는 나오미의 모습입니다. 룻이 이런 나오미의 심정을 모를 리 없건만 생각만큼 그녀의 걸음은 빠르지 못했습니다. 제법 묵직한 보릿자루가 그녀의 다리를 지그시 붙잡았던 겁니다.
나오미는 은근히 걱정이 되었습니다. 하루 종일 이 밭 저 밭 기웃거리다가 아무 수확도 얻지 못한 채 신세를 한탄하면서 터덜터덜 걸어오면 어쩌나… 마음이 불안해지던 차에 저 멀리 걸어오는 룻이 보입니다. 어? 그런데 정말 룻이 맞습니까? 분명 빈손으로 나갔는데, 이제 손이 비어 있지 않다는 사실에 나오미는 믿기지 않아 눈을 한번 비벼 봅니다. 자신은 비어서 들어왔던 떡집 베들레헴인데(1:21), 집으로 돌아오는 룻의 손에는 풍족함이 있어 보입니다.
룻의 내레이터는 들려주지 않은 이야기지만, 저는 여기서 즐거운 상상을 해봅니다. 룻이 걸어오는 것을 보고서 나오미는 '비어 있는' 집을 박차고 룻을 향해 거의 달리다시피 다가갔을 것 같습니다. 그리고 룻이 무겁게 들고 오는 보릿자루를 맞들어 주지 않았을까요? 그랬을 것만 같습니다. 행복했을 겁니다. 베들레헴에서 다시는 고개를 못 들고 살 것 같았는데, 룻과 보릿자루를 맞드는 순간 어깨에 힘이 실리고 당당해지는 것을 나오미는 느꼈을 겁니다.
시어머니와 자부가, 아니 두 모녀가 함께 들어와 보릿자루를 놓는 순간, 나오미의 집은 비로소 '베들레헴(떡이 있는 집)'이 됩니다. 풍성합니다. 나오미는 '마라'가 아닙니다. 이제 그녀의 이름처럼 '기쁨'입니다.
나오미가 얼마나 기뻤는지 우리도 이내 알 수 있군요. 오늘의 본문에서는 나오미가 꽤 수다스럽습니다. 기뻐서 입을 다물지 못하고 있음을 금방 알 수 있습니다. 룻이 가지고 온 보릿자루뿐 아니라, 밭에서 받아 온 볶은 곡식 등

먹을거리를 보여 주자마자 나오미는 참았던 질문을 룻에게 쏟아 놓습니다.

"오늘 **어디서** 주웠느냐? **어디서** 일을 하였느냐?" 나오미의 질문입니다(18절). 얼핏 보면 룻이 어디서 일했는지 무척 궁금했던 것 같은데, 찬찬히 읽어 보면 룻이 일한 밭의 위치가 궁금했던 게 아니라는 걸 눈치챌 수 있습니다. 잇단 질문 뒤에 "너를 돌본 자에게 복이 있기를 원하노라"(19절)라고 축복의 말을 쏟은 나오미가 제일 관심을 보인 것은 룻이 일한 **장소**가 아니었습니다. 룻이 과연 **누구**를 만났는지였습니다. 이들의 문화에서는 사실 '어디서'는 '누구'와 거의 교차 가능한 질문입니다. 베들레헴은 작은 고을이었고 서로가 모르는 사람이 없을 정도로 밀착된 가족 공동체였으니까요.

'어디서'가 '누구'인 문화는 우리나라 시골 마을도 마찬가지입니다. 저희 시가는 제주도 협재입니다. 협재해수욕장이 있는 작은 마을이 남편의 고향입니다. 모두가 가족처럼 지내는 공동체 사회입니다. 제가 마을에 들어서면 어른들 대부분이 누구네 며느리가 인사 왔다고 하실 정도로 서로가 서로의 사정을 잘 압니다. 이웃 어른도 삼촌이 되는, 서로 친척처럼 가까운 곳입니다.
어머님 댁에 인사를 가서 며칠 지내던 때였습니다. 우리 아이들이 아직 걷지 못할 때였으니 결혼해서 몇 년 안 되었을 즈음이었지요. 여름날이었는데, 어머님은 밭에 둘러볼 것이 있어 나가신다며 점심때나 돌아오신다고 하셨습니다. 솔직히 저는 시골 살림이 손에 익지 않아 자신이 없었습니다. 그렇지만 어머님이 돌아오실 때를 맞추어 된장국이라도 맛있게 끓여 대접하고 싶었습니다. 그래서 멸치 국물을 낸 다음 이런저런 채소를 넣고 된장을 풀어 보글보글 끓이려는데, 마침 두부가 없었습니다. 제 딴에는 두부를 넣어야 맛있겠다 싶어 남편에게 아기를 봐달라고 부탁하고 나섰습니다. 남편은 차를 타고 읍내에 나가야 슈퍼마켓다운 곳이 한 군데 있다고 했지만, 두부 때문에 거창하게 읍에까지 나갈 수 없어 바닷가 민박집 근처에서 반찬거리를 파는 임시 가게에 가보기로 했습니다.
"안녕하셔요. 두부 있어요?" 하니 그곳 아주머니가 대뜸 "그럼 두부 없겠어?" 하셨습니다. 아주머니는 뒤쪽으로 가서 두부를 한 모 잘라 신문지에 둘둘 말더니 "500원!" 하셨습니다. (거의 15년 전의 일이니, 당시 물가를 헤아려

주십시오.) 저는 어떤 두부를 싸셨는지도 궁금했고, 두부 한 모치고는 좀 비싸다 싶기도 했습니다. 무엇보다 어머님 상에 올릴 두부니까 직접 보고 냄새도 한번 맡아 신선한지 확인하고 싶었습니다. 그래서 "신문지 열고 한 번만 볼 수 있을까요?" 여쭈었더니 아주머니가 버럭 화를 내셨습니다. "아니, 육지에서 온 학생들은 두부를 본 적이 없나? 깐깐하게 굴기는! 무슨 두부를 보고 산다고 하는지…. 두부는 다 두부다. 다 똑같은 두부야!" 하면서 "500원!" 또 이렇게 두부 값만 부르면서 투덜대셨습니다. 서울 말씨인 저를 도시에서 놀러 와 민박집에 머무는 학생 중 하나라고 생각하셨던 모양입니다.

조그만 협재 마을은 여차여차하면 서로가 다 아는 공동체 사회라는 것을 잘 알기에 죄송하다고 사죄를 하면서 '보지도' 못한 두부를 건네받아 값을 치르고 나서 먼 길을 돌아 시댁으로 돌아왔습니다. 두부를 깨끗하게 씻어 된장국을 끓여 냈는데 집에 돌아오신 어머님께서 된장국이 아주 맛나다면서 좋아하셨습니다. "어디서 두부를 샀냐?" 어머님이 제게 물으셨습니다. 그러자마자 남편이 오전에 있었던 일들을 저 대신 말씀드렸습니다. 물론 제게서 건네들은 이야기였지요. 그랬더니 어머님께서 "어, 그 사람 내가 잘 아는데… 어허, 우리 집 며느리인 것을 모르고 그렇게 야박하게 대했구나. 공짜로도 줄 만한 두부 한 모 가지고 하림 엄마를 그리 대했으니…. 걱정 마라. 내가 내일 가서 한마디 해주고 야단 좀 치면 된다. 그 사람 나한테 언니, 언니 하는 가까운 사람이다" 하셨습니다. 어머님 생각에 협재 마을 '어디'는 바로 '누구'였던 겁니다.

이 일은 그저 에피소드지만, 그 이후로 협재에서 "어머님, 어디어디에 가서 인사드리고 오겠습니다"라고 말씀드리는 것은 바로 '누구누구 댁에 가서 인사 올리고 오겠다'는 말과 동일하다는 것을 압니다.

룻과 나오미의 대화도 이런 문화를 잘 나타냅니다. 나오미가 '어디'에 갔냐고 물었는데, 룻은 '어디'에 갔었는지 지리적 위치를 설명하기보다 일하도록 허락해 준 사람의 **이름**, 즉 그가 누구인지를 나오미에게 알립니다.

룻은 '보아스'라고 정확하게 말합니다(19절). 그런데 어떻게 보아스의 이름을 알았을까요? 룻과 보아스의 대화를 우리가 직접 들어 보지 않았습니까? 둘은 통성명을 한 적이 없습니다. "저는 보아스라고 합니다." "네, 반갑습니다. 저는 룻입니다." 서로 이렇게 말한 적이 없단 말입니다. 그런데도 룻은 보아스의 이름을 정확히 알고 있었습니다. 이 점에서 룻이 밭에서 일하는 일꾼들의 대화를 아주 주의 깊게 들었다는 결론을 얻습니다. 보아스의 눈이 룻에게 머물러 있었다면, 룻의 귀는 보아스를 향해 열려 있었다는 뜻입니다. 보아스의 이름을 듣자마자 나오미의 눈은 희망으로 반짝입니다. 곧 나오미가 이렇게 말합니다. "그가 여호와로부터 복 받기를 원하노라! **그가** 살아 있는 자와 죽은 자에게 은혜 베풀기를 그치지 아니하도다!"(20절) 아름다운 축복사입니다. 그래서 언뜻 상투적인 축복의 말처럼 들립니다. 그렇지만 과연 **누가** 살아 있는 자와 죽은 자에게 은혜를 베푼다는 것일까요? 나오미가 말한 **그**는 누구를 지칭하는 걸까요? 여기서 '그'를 어떻게 해석하느냐에 따라서 나오미의 심령을 가늠해 보는 우리의 해석에도 차이가 나타납니다. 그래서 여러분과 잠시 살펴보고 지나가겠습니다.

이 문장을 히브리 원문으로 읽어 보면 나오미가 말한 '그'는 관계대명사 '아쉐르('ăšer, who, which, that)'로 받고 있다는 것을 알 수 있습니다. 그래서 아래와 같이 두 가지 해석이

가능합니다.

1. 그(보아스)가 살아 있는 자와 죽은 자에게 은혜(헤세드)를 저버리지 아니하도다!
2. 그가(야웨께서) 살아 있는 자와 죽은 자에게 은혜(헤세드)를 저버리지 아니하도다!

개역개정 성경을 읽어 보면 마치 첫 번째 의미로 번역해 놓은 것 같기도 하고, 두 번째 해석의 뉘앙스를 담은 것도 같아서 애매합니다. 영어 성경으로 보아도 애매하긴 마찬가지입니다.

사실 이 부분에서 고민을 참 많이 했습니다. 여러 번 읽어 보고 다시 찬찬히 분석해 보기도 했지만 어렵더군요. 히브리어를 공부한 교수님들께 조언을 구해 보기도 하고 나름대로 여러 주석도 참조해 보았더랬습니다. 그렇지만 확실한 결론을 내리기가 쉽지 않았습니다. 그래서 오늘은 조심스럽게 제가 얻은 깨달음만 나누려고 합니다. 먼저 첫 번째 해석도 문맥에 맞습니다. 나오미는 계속해서 보아스를 칭하며 축복을 간구하고 있으니 말입니다. 또한 '헤세드'를

'친절과 관용'이라고 해석한다면 헤세드를 베풀 수 있는 주체로 사람도 가능합니다. 예를 들어 아브라함은 사라에게 "나를 그대의 오라비라고 해주시오. 이것이 그대가 내게 베풀 은혜(헤세드)입니다"라고 말한 바 있습니다(창 20:13). 사라가 아브라함에게 베푼 지극한 관용은 헤세드입니다. 또 다른 예도 있습니다. 여호수아 시대에 여리고 정탐꾼을 숨겨 준 이방 여인 라합은 이스라엘 사람들에게 은혜를 구했습니다. "이제 청합니다. 제가 당신들을 선대(헤세드) 하였으니 당신들도 내 아버지의 집을 선대(헤세드)하도록 야웨 하나님께 맹세하고 증표를 주십시오"(수 2:12). 라합과 여리고 정탐꾼에게 베푼 것도 헤세드였지만, 여리고 성 함락 당시 이스라엘 사람들이 라합의 집에 베푼 선대 역시 헤세드였습니다. 이상의 예는 사람이 사람에게 베풀 수 있는 헤세드를 말해 줍니다. 따라서 보아스가 헤세드를 베푸는 주체가 된다는 데 반문을 제기할 수 없습니다.

그렇지만 저는 두 번째 해석에 마음이 더 기웁니다. 무엇보다 나오미는 이 구절에서 '아자브 헤세드('āzab ḥesed)"라는 표현을 사용했습니다. 이는 '헤세드를 저버리다(은혜 베풀기를 그치다)'라는 뜻입니다. 그런데 나오미는 앞에 부정$_{\text{no, not}}$을 나타내는 히브리어 '로(lō')'를 삽입하여 '로 아자브 헤세드' 라고 말했습니다. 즉, '헤세드(은혜)를 저버리지 아니하다' 라는 뜻입니다. 참고로 '아자브 헤세드'가 들어간 구절은 구약을 통틀어 이곳 외에 두 군데밖에 없습니다.[29] 창세기 24장 27절과 요나서 2장 8절입니다. 창세기 24장 27절은 특히 오늘 본문과 문장 구조가 아주 비슷합니다. 읽어 보시겠습니다. "나의 주인 아브라함의 하나님 여호와를 찬송하나이다. (그가, 즉 하나님 여호와께서) 나의 주인에게 주의 사랑과 성실(헤세드)을 그치지 아니하셨사오며(로 아자브 헤세드), 또한 (여호와께서) 길에서 나를 인도하사 내 주인의 동생 집에 이르게 하셨나이다 하니라." 번역본에는 나타나지 않지만, 이 부분도 히브리어 성경에서는 관계대명사 '아쉐르'로 두 문장이 연결되어 있는데, 분명 '그'를 지칭하는 것이 여호와 하나님이라는 것을 알 수 있습니다. '아자브 헤세드(은혜를 저버리다)'를 역逆할 수 있는 주체는 오직 한 분뿐입니다. 사람은 아무리 도량이 넓다 하여도 은혜를 저버릴 만한 소지가 누구나 있습니다. 제아무리 능력이 많다 해도 우리는 헤세드의 오롯한 주체가 되기엔 여전히 부족합니다. 슬프게도 우리는 배신을 당할 수도 있고 누군가를 배역할 수 있는 연약함이 있습니다. 그러나 우리 하나님은 그렇지 않으십니다. 그분은 '로 아자브 헤세드' 하십니다. 하나님께서는 절대로 은혜를 저버리지 않으십니다. 아니, 그분의 신실하신 성품 안에서 그렇게 하실 수도 없습니다. 저는 헤세드를 진정으로 베풀 수 있는 근원과 주체는 하나님 외에는 아무도 없다고 믿습니다. 이를 참작하여 여기서 나오미가 지칭한 '그'는 '야웨 하나님'이라고 받아들이고자 합니다.

이 해석으로 본문을 살핀다면, 드디어 나오미 삶의 전환점을 목격하는 순간이라고 말씀드릴 수 있습니다. 이제 나오미의 언어에는 예전처럼 하나님을 대적하는(1:13, 21) 쓴 기운이 없습니다. 입만 벌리면 야웨의 손이 자신을 치셨다고 불평하던 그녀는 사라졌습니다. 나오미가 언급한 '살아 있는 자'와 '죽은 자'는(20절) 누구를 말하는 것이겠습니까? 나오미의 가족을 말합니다. 살아 있는 자는 남겨진 자입니다. 남겨진 기쁨 나오미와 남겨진 동반자 룻입니다. 죽은 자는 엘리멜렉과 말론, 기룐을 말합니다. 기둥같이 살아서 가계를 이어 갈 남편과 아들들이 세상을 먼저 등졌습니다. 기업을 이어 갈 구원이 모두 사라진 셈인데 나오미는 '죽은 자'와

'남은 자'에게 하나님께서 동일하게 은혜를 베푸신다고 말합니다. 여기서 나오미는 히브리 문학에서 자주 쓰이는 양단법merism(혹은 분할법이라고도 합니다)을 쓰면서 나오미의 온 가족을 향한 하나님의 헤세드를 힘써 강조하고 있습니다. 참고로 양단법은 양 극단의 의미를 갖는 두 단어가 쌍을 이룸으로써 모든 존재를 포괄하는 강조법인데, 구약에서 자주 쓰입니다. 참고로 시편 121편의 몇 구절을 함께 보면서 양단법을 익히고 지나가도록 하겠습니다.

> 나의 도움은 **천지**를 지으신 여호와에게서로다(2절)

> **낮의 해**가 너를 상하게 하지 아니하며 **밤의 달**도 너를 해치지 아니하리로다(6절)

> 여호와께서 너의 **출입**을 **지금**부터 **영원**까지 지키시리로다(8절)

이렇듯 시편 기자는 양단법을 사용하여 하나님께서 이스라엘을 어떻게 보호하고 지키시는지 극대화하여 강조하고 있는 것입니다. 나오미도 이렇게 하나님의 헤세드를 힘있게 강조합니다. 그녀의 고백은 진실입니다. 예전에 건성으로 말하던 하나님의 헤세드가 결코 아닙니다(참조 1:8). 나오미가 왜 이렇게 변했을까요? 단지 룻이 들고 온 보릿자루 때문일까요? 집에 떡이 풍성하게 찼기 때문에 갑자기 하나님의 헤세드를 이야기했을까요? 그렇지 않습니다. 나오미가 하나님의 헤세드를 진정으로 느낀 것은 '보릿자루' 때문이 아니라, 보릿자루를 건넨 '구원자'의 이름을 들었기 때문입니다.

첫 주 여정에서 나오미가 남편과 두 아들이 없이 남겨졌다고 했습니다(Day 3). 히브리어로 두 아들이라고 복수형을 표현하려면 '바님(bānîm)'이라고 해야 옳은데, 그 자리에 생명의 기운이 소록소록 자라는 어린아이들을 지칭하는 '옐라딤(yĕlādîm)'이 쓰였다고 말씀드렸습니다. 그 깊은 의도와 함축은 앞으로 여정을 계속해 나가면서 풀어 보자고 하였지요. 오늘이 그날입니다.

'옐라딤', '아이들'이라는 뜻입니다. '옐레드'라고 하면 '아이'라는 뜻이 됩니다. 옐레드는 꿈을 꿉니다. 어른들도 옐레드를 보면서 꿈을 꿉니다. 여러분에게도 어릴 적 꿈이 있으셨겠지요? 저도 꿈이 참 많았고, 어른들도 저를 보면서 꿈을 꾸셨던 것 같습니다. 저를 보면서 화가를 꿈꾸는 어른도 계셨고, 피아니스트를 꿈꾸는 어른도 계셨습니다. 참고로 저는 지금 화가도 아니고 피아니스트도 아닙니다. 그저 여러 꿈 가운데 하나였습니다. 비록 이루진 못했어도 저는 꿈이 있어 행복했고, 저를 보며 꿈을 꾸는 어른들이 곁에 계셔서 든든했습니다. 꿈을 꾸며 자라던 어린 시절이 있었음에 지금도 감사합니다. 여러분은 어떠셨습니까? 꿈을 꾸지 않는 어린 시절을 보내신 분은 없을 겁니다. 우리는 꿈을 먹고, 꿈은 우리를 품으면서 살아가도록 되어 있습니다. 꿈과 상상은 아이의 특권이자 성장의 힘입니다. 어른이 되어도 아이처럼 꿈을 꿀 수 있다면 우리의 내적 성장은 훼손되지도 멈추지도 않습니다.

오늘 이 글을 읽는 분 중에 꿈이 완전히 말라 버린 분이 계십니까? 더 이상 어떤 꿈도 꿀 수 없고 무슨 꿈을 꾸어야 할지도 모르는 분이 있다면 오늘 저는 그런 분들께 '꿈의 축복'을 전하고 싶습니다. 오늘, **아이처럼 꿈을 꾸십시오.** 하나님의 백성이라면 누구나 꿈을 꿀 수 있습니다. 그리고 꿈은 이루어집니다.

"너희 자녀들이 장래 일을 말할 것이며 너희 늙은이는

꿈을 꾸며 너희 젊은이는 이상을 볼 것이며." 요엘 2장 28절 말씀입니다. 나이나 처지와 상관없이 하나님의 영, 즉 소망의 영이 임하면 우리는 꿈을 꾸게 됩니다.

내레이터가 나오미에게 '옐라딤'이 없다고 했던 것은 나오미에게 꿈 혹은 소망이 없었음을 함축한 것이었습니다. 다음 세대를 바라보며 아름다운 소망을 품어 볼 만한 가능성이 차단된 상태였습니다. '내일'이 없고 '오늘'만 존재하는 삶입니다. 꿈은 오늘의 고통을 이겨 내도록 촉매 작용을 합니다. 그러나 꿈을 잃으면 오늘을 견디는 것도 고통입니다.

오늘 본문에서 나오미는 다시 **옐라딤**을 꿈꾸어 봅니다. 고목같이 말라붙은 나오미가 꿀 수 있는 최고의 꿈을 꾸고 있습니다. 엘리멜렉과 말론, 기룐이 세상을 떠나면서 엘리멜렉 가계를 이어 나갈 귀한 씨앗, '아이' 하나 남기지 않고 떠나 버렸습니다. 남겨진 기쁨 나오미에게는 룻이 남았습니다. 이 룻이 오늘 보리밭에서 룻을 구원해 줄 수 있는 보아스를 만났습니다.

저는 Day 5에서 형사취수 관습에 대해 잠시 언급한 적이 있습니다. 죽은 형제의 이름을 잇게 하기 위하여 남편의 형제가 그의 아내를 취해야 하는, 이스라엘의 합법적인 관례입니다. 이를 어기면 그는 공동체에서 모욕을 받게 되어 있었습니다(신 25:5-10). 과부가 된 친족의 여인을 취하여 보금자리를 제공하고, 또한 죽은 자의 이름이 끊어지지 않도록 구원해 주는 것은 형사취수의 범주로 해석할 수 있습니다.

나오미의 희망은 성급한 것이었을까요? 나오미가 꿈을 꾸는 것이 지탄받을 일이었을까요? 자신에게 헌신적인 며느리에게 안정된 처소가 마련되리라는 꿈, 그리고 먼저 떠난 남편의 가계가 끊어지지 않고 이어질 수 있다는 꿈. 이런 꿈이 나오미를 흥분케 했습니다. 아이처럼 꿈을 꾸는 나오미가 우리 눈에 유치하거나 어리석어 보이지 않습니다. 나오미에게 이런 꿈을 다시 불러일으킨 것은 야웨의 손길이 아니었을까요? 나오미의 꿈은 벌써 풍선처럼 둥그렇게 부풀었는데, 룻은 아직 그 꿈을 이해하지 못하는 듯합니다. 내레이터는 나오미의 '딸' 같은 룻의 반응이 아니라, '모압 여인' 룻의 반응을 들려줍니다(21절). 룻의 주민등록번호는 아직도 바뀌지 않은 것입니까? 왜 모압 여인 룻이 다시 나오는 것인가요.

아마도 내레이터는 룻이 보아스의 '연혼'蓮婚의 대상이 되기에는 아직도 '이방 여인'이라는 장애가 있음을 은근히 알리는 것 같습니다. 나오미는 벌써부터 '옐라딤'을 꿈꾸는데 '모압 여인' 룻은 이스라엘의 긍휼의 법을 아직 다 이해하지 못했을 수도 있습니다. 감히 그럴 자격이 될 것이라고는 '꿈'도 못 꾸었을지 모릅니다. 어쩌면 룻은 매일 품삯으로 부지런히 양식을 받아 와 시어머니를 잘 봉양하면서 살면 그만이라는 소박한 꿈만 가졌는지도 모릅니다.

그러나 하나님의 헤세드는 어떻게 어디까지 이르게 될지 아무도 모릅니다. 룻이 어떻게 생각하든 나오미는 오늘 꿈을 꿉니다. 아이와 같이….

나오미의 꿈은 그녀를 예전에 베들레헴에서 살던 나오미로 되돌립니다. 쓴 물을 토해 내는 '마라'가 아니라, 웃음이 퐁퐁 솟아나는 '기쁨'으로 변합니다. 진실로 야웨는 살아 있는 자와 죽은 자에게 헤세드를 베푸시리라는 것을 이제 그녀는 확신하고 있는 듯합니다.

내레이터가 전하는 두 여인의 대화는 이제 거의 마무리되어 갑니다. 룻은 나오미에게 보아스가 그의 사환들(남성 대명사는 일반적 일꾼을 가리킵니다) 곁에 있는 것이 좋다고 했다며 고용 조건을 이야기합니다만, 나오미는 얼른 룻의 말을 바꾸어 말합니다. "그의 **소녀**들과 함께 나가고 다른 밭에서 사람을 만나지 아니하는 것이 좋으니라"(22절). 나오미는 룻을 친딸처럼 보호하고 아껴야 한다는 생각이 더욱 강해졌던 듯합니다. 보아스의 마음에도 그런 뜻이 분명히 있었으니까요(2:8).

더 이상 내레이터가 두 여인의 음성을 우리에게 들려주지 않습니다. 밤이 깊었습니다. 그러나 오늘 나오미 집의 촛불은 꺼질 것 같지 않습니다. 도란도란 나눌 이야기가 많을 테지요. 이제 우리는 밖으로 나갑시다.

어두워진 베들레헴을 좀 거닐다 헤어지면 어떨까요? 봄밤이라 그런지 싸늘하지 않습니다. 걸어 볼 만합니다. 흙길도 부드럽습니다. 여러분이 들고 있는 촛불이 여러분의 발등을 비추어 주니 안전합니다.

오늘 밤 나오미의 집에서 새어 나오는 불빛은 다른 집 불빛보다 훨씬 밝아 보입니다. 룻은 오늘 긴 하루를 보냈으니 피곤이 밀려와 금방 잠이 들 텐데 나오미는 흥분하여 잠을 못 이룰 것 같습니다. 잠이 든다면 **아이처럼** 새록새록 꿈을 꾸면서 자겠지요. 고목같이 말라 버린 나오미가 이제 새싹의 꿈을 꿉니다.
여러분도 꿈을 꾸십시오. 꿈이 없다면 여러분 삶에 꿈을 그려 주시기를 구하십시오. 하얀 도화지에 담대하게 크레파스 선을 긋는 아이처럼 말입니다. 이번 주 여정은 나오미와 함께 꿈을 꾸며 그 꿈을 이루어 가는 시간이기를 바랍니다.
이제 하늘을 보세요. 베들레헴의 하늘에 별이 쏟아질 듯 많이 박혀 있습니다. 그 별 가운데 한 별은 나중에 우리 모두가 기뻐할 큰 별이 될 것입니다(마 2:10). 왜 갑자기 별 이야기를 하는지 궁금하시지요?
헤어지기 전에 베들레헴의 별을 꿈처럼 여러분 가슴에 간직하시라고 말씀드리고 싶습니다. 그 이유는 나중에 말씀드리겠습니다. 이 별로 인하여 작은 마을 베들레헴은 유대 고을 중에 결코 작지 않다고만 말씀드리고 저는 내일 여정에서 뵙겠습니다.

네 입었던 옷을 던지라!

이에 룻이 보아스의 소녀들에게 가까이 있어서 보리 추수와 밀 추수를 마치기까지 이삭을 주우며 그의 시어머니와 함께 거주하니라 룻의 시어머니 나오미가 그에게 이르되 내 딸아 내가 너를 위하여 안식할 곳을 구하여 너를 복되게 하여야 하지 않겠느냐 네가 함께하던 하녀들을 둔 보아스는 우리의 친족이 아니냐 보라 그가 오늘 밤에 타작마당에서 보리를 까불리라 그런즉 너는 목욕하고(2:23-3:3a)

보케르 토브! 베들레헴의 좋은 아침입니다. 어제 베들레헴의 별은 여전히 여러분 가슴 속에서 반짝이는지요? 아이처럼 꿈을 꾸는 나오미의 소망이 영글 때까지 여러분도 그 별을 가슴 호주머니에 잘 감춰 두십시오.
그런데 오늘 여러분은 어떤 옷을 입으셨는지 궁금합니다. 요즘 우리나라 사람들은 옷을 참 멋지게 잘 입으십니다. 감각이 뛰어난 패션 디자이너가 많아서 그런지 거리를

Day 16

지나는 분들이 눈부시게 보일 때가 많습니다. 저는 오늘 점퍼 스타일의 회색 스웨터와 청바지를 입었습니다. 제가 집에서 자주 입는 옷입니다. 윗도리 아랫도리 모두 우리 딸아이가 입다가 작아졌다고 해서 제가 물려 입기(?) 시작한 옷이지요. 체구가 작다 보니 언제부턴가 아이들이 못 입는 옷을 제가 입습니다. 그런데 이상하게도 물려받아 입는 옷이 제게는 제일 편안합니다.

오늘은 무슨 옷을 입을까, 아침마다 고민하신 적 있으신지요? 특히 출근하는 여성들은 옷에 신경이 많이 쓰인다고들 합니다. 오늘 룻은 어떨까요? 보리밭으로 정식 출근하는 첫날인데 어떤 옷을 입었는지 궁금하지 않으세요? 어서 나오미의 집으로 가봅시다.

베들레헴의 새벽 미명이 밝아 올 무렵 룻은 벌써 보아스의 밭으로 일을 나갑니다. 룻의 걸음은 여전히 씩씩해 보이는군요. 당연합니다. 그녀는 이미 요르단 계곡 쪽으로 돌아 모압에서 베들레헴까지 나오미를 부축하여 걸어온 경력이 있는 여인입니다. 그 거리는 약 50마일 정도 되었을 겁니다.[30] 그 정도 거리면 건강한 사람의 경우 16~18시간쯤 걸린다고 합니다만, 아무리 건강하여도 든든히 먹지 않고 적당한 쉼 없이 줄곧 걷는 것은 불가능할 것입니다. 룻과 나오미의 경우 슬픔에 젖은 연약한 다리로 힘겨운 도보 여행을 했을 테니 적어도 닷새 내지는 일주일 정도 걸렸을 것이라고 봅니다. 거친 천으로 만들어진 아주 불편한 상복을 입고 있었을 기간입니다. 유대인들은 다른 문화권에 비해 상복을 오래 입는 편은 아니지만, 과부의 경우 상복을 벗은 뒤에도 언제나 정해진 의복을 입어야 했습니다(참조 창 38:14, 신 24:17).[31]

아… 그렇습니다. 오늘 첫 출근하는 그녀가 입은 옷은 과부의 의복입니다. 절대로 벗을 수 없는 숙명과도 같은 그 옷을 걸치고 밭을 향해 걸어가고 있습니다. 내일도, 그다음 날도, 또 그다음 날도 룻은 그 옷을 벗을 수 없습니다.

내레이터는 담담하게 말합니다. "이에 룻이 보아스의 소녀들에게 가까이 있어서 보리 추수와 밀 추수를 마치기까지 이삭을 주우며 그의 시어머니와 함께 거주하니라"(23절).

그렇다면 그 밭에서 적어도 7주에서 8주 가까이 머물렀다는 이야기입니다. 초여름 무렵까지 이삭을 주웠다는 이야기인데요. 길다면 긴 시간입니다. 룻은 계속해서 그 옷을 입고 베들레헴 성읍에서 보리밭 사이를 부지런히 걸었을 것입니다. 그렇지만 그간 무슨 일이 있었는지 내레이터는 침묵해 버립니다. 아마도 우리의 상상에 맡기는 것 같습니다. 옐라딤(아이들)처럼 '꿈'을 꾸라고 하는 것일까요?

꿈을 꾸는 나오미는 차차 베들레헴의 부드럽고 좋은 흙처럼 마음이 변해 갑니다. 깊은 모성애가 룻을 향하여 자라 갑니다. 예전에는 나오미 자신 외에는 아무도 없는 세상이었는데 I and It (1:20-21), 이제는 그녀와 '그대'가 존재하는 I and Thou 세상이 되어 갑니다. 날마다 룻이 들고 오는 곡식도 나오미의 마음을 풍요롭게 하였지만, 무엇보다 룻의 한결같은 헌신과 섬김이 그녀의 마음을 온전히 녹혀 버렸습니다. 이제 나오미는 진정 '어머니'로서의 역할을 해야 한다는 생각을 합니다. 생명을 낳고 그 생명을 기르는 어머니의 역할입니다. 나오미의 꿈이기도 합니다.

그러던 어느 날입니다. 제법 더운 기운이 느껴지고 초여름 바람이 넘실넘실 불어오는 참 좋을 때였습니다. 올해는 지극히 풍요롭고 넉넉한 날들이 이어지고 있다고 나오미는 생각했습니다. 이른 비가 적당히 내려 베들레헴의 땅이 씨앗을 촉촉하게 품어 주나 싶더니 늦은 비도 때를 맞추어 내려 곧 보리 수확, 밀 수확을 풍성히 할 때가 온 것입니다. 이제 보릿단을 타작마당으로 옮겨 키질하며 까부를 것입니다. 그렇게 좋은 어느 날 아침, 여전히 과부의 옷을 입고 일을 나가려는 룻을 붙잡습니다. 날씨도 그날따라 설렐 정도로 화창한데, 룻이 입고 있는 과부의 옷은 버거워 보이고 더 이상 룻에게 어울리는 것 같지 않습니다. 나오미야 남은 평생 그 옷을 입는다 하여도 아쉬울 것이 없지만, 젊고 아름다운 룻이 줄곧 그 옷을 걸치고 살아야 한다는 것이 나오미는 싫었습니다. 과부의 옷은 무엇을 상징합니까? 그 여인에게 안식할 공간이 없다는 것입니다. 커다란 날개 아래 품어 줄 보호처가 없다는 것입니다. 그래서 과부에게는 겉옷이 홀로 잠자리에 들 때 덮는 이불자락이었습니다. 과부의 옷을 저당 잡지 말라고 한 율법은 이 때문입니다(신 24:17). 그 옷이 저당 잡히면 불쌍한 여인은 덮을 이불이 없어 추위 속에 떨어야 합니다. 과부의 옷은 과부가 의지하는 전 재산과도 같았습니다.

그 옷을 걸치고 오늘도 밭을 향하여 걸어가려는 룻을 나오미는 조용히 붙듭니다. 그리고 룻을 사랑스럽게 바라보면서 조용히 혼잣말을 합니다. “내 딸만큼은 이 옷을 평생 입게 하지 말아야 해."
자신을 붙드는 시어머니의 표정이 뭔가 심상치 않아 룻도 시어머니의 얼굴을 조심스럽게 바라보며 기다립니다. 드디어 나오미는 용기를 내어 룻에게 말합니다. "내 딸아, 내가 너를 위하여 안식할 곳을 구하여 너를 복되게 하여야 하지 않겠느냐?"(3:1)
'안식할 곳'은 어디를 말하는 것일까요? 이는 히브리어로 '마노아(mānôaḥ)'인데, 1장 9절에서도 쓰였습니다.
'마노아'는 여인이 안정된 가정을 꾸리고 가장의 보호 속에서 살아가는 '평안한 삶'을 의미합니다. 나오미는 시어머니로서가 아니라 **어머니**로서 룻의 혼인을 주관하겠다고 말하고 있는 것입니다. 유대 지역의 혼인 절차는 모두 부모의 결정에 따라 이뤄져야 했습니다. 예전 우리나라 관습과 아주 비슷합니다. 자녀는 부모의 뜻을 절대 거역하지 말고 정해 준 배우자를 만나 일생 살아야 옳았습니다.
나오미의 갑작스러운 말을 듣고 룻은 생각에 잠겼습니다. 하나님의 헤세드가 머물기를 원한다면서 룻을 모압 지역으로 되돌려 보내려던 나오미였습니다(1:8-9). 그러나 무슨 일이 있어도 나오미를 따르겠다고 한 룻이었습니다 (1:16). 그런 나오미를 따라 베들레헴에 와 우연히 들어서게 된 보아스의 밭에서 그녀는 생각지도 못한 축복을 보아스로부터 받습니다. 야웨께서 그의 날개 아래에 보호받으러 온 그녀에게 온전한 상 주시기를 원한다는(2:12). 룻은 나오미의 눈을 봅니다. 자신을 진정으로 사랑하고 있는 어머니의 눈입니다. 지금 나오미가 룻에게 하고 있는 말은 믿을 수 없을 만큼 과분한 제안이었습니다. 혼인… 과연 나오미가 어떻게 룻을 위하여 그 혼인을 주관하겠다는 것일까요? 룻은 반신반의합니다. 그러나 나오미 마음에는 이미 계획이 다 있었습니다. 룻을 위하여 오랫동안 꿈꾸며 생각했던 계획입니다.

"네가 함께하던 하녀들을 둔 보아스는 우리의 친족이 아니냐?"(2절) 나오미가 룻에게 수사적 질문을 던집니다. 대답을 요구하는 질문이 아니라고 Day 5에서 말씀드린 적이 있습니다. 이는 보아스가 룻의 '보호자'가 되어 룻에게 안정된 공간을 마련해 줄 수 있는 '유력한'(2:1) 사람이라는 것을 암시합니다.

룻의 가슴이 쿵쿵 뛰기 시작했습니다. 밭에서 감히

쳐다보기조차 어려운 높은 어른, 보아스를 어머니께서 지목하면서 룻에게 혼인을 제안하고 있는 것입니다. 그분을 먼발치에서만 보아도 감사하고 기쁜데 그런 보아스가 신랑이 될 것이라고 꿈이나 꿀 수 있겠습니까? 가능할까요? 아직 모릅니다. 이때 나오미가 이렇게 말합니다.

"힌네!!"

이 단어를 기억하시는지요? 제가 Day 10에서 설명드렸던 단어입니다. "힌네(보라)!!" 사건의 반전을 가져오는 단어입니다. 청중이 모두 상체를 쭉~ 내밀고 이야기에 집중해야 하는 시간입니다.

놀라고 당황스러운 룻에게 나오미는 힘주어 말합니다.

"보라(힌네), 내 딸아. 오늘 밤 보아스가 타작마당에서 보리를 까불리라"(2절).

오늘이 보리를 까불 수 있는 날이라는 정보를 나오미는 미리 입수했습니다. 룻을 위하여 꿈을 꾸고 있던 나오미는 베들레헴을 열심히 돌아다니면서 보아스가 언제 타작할 것인지 일찌감치 동향을 파악한 것입니다. 그녀는 더 이상 집에만 갇혀 있던 과부 나오미가 아니라, 아이처럼 해맑은 웃음을 지으며 동네를 다니는 꿈꾸는 자로 변해 있었습니다.

보리를 타작하는 오늘. 바로 오늘 밤은 보아스 밭의 축제라는 겁니다.
유대 지역의 타작마당은 밭이 있는 평지보다 약간 높은 평평한 언덕 같은 곳에 마련되었습니다. 바람이 높이 불어 타작이 쉽기 때문입니다. 그래서 보아스가 타작마당으로 삼은 곳은 그의 밭에서는 멀지 않은 평평한 언덕이었을 것으로 유추해 봅니다. 왜 밤에 타작을 하였을까요? 유대 지역은 낮에 원하지 않는 돌풍이 불어오곤 하니 타작하기에 썩 좋지는 않습니다. 대체적으로 저녁의 부드러운 바람을 이용해 보리를 까부르면 좋습니다.[32] 타작하기 좋은 싱그러운 저녁 바람이 하나님의 헤세드처럼 출렁이며 불어 주면, 쓸데없고 가벼운 겨는 다 날아가고 영근 알곡은 남습니다. 보아스가 알곡을 골라내는 날입니다. 그런 오늘, 보아스가 보석처럼 아름다운, 알곡 같은 신부도 골라내는 날이 되리라고 나오미는 확신했습니다. 아니, 나오미의 꿈이 확신하고 있었습니다.
"그런즉 너는 목욕을 하고" 나오미가 이내 룻에게 지시를 내립니다.
이 명령에 룻은 너무 놀라 손으로 자신의 입을 막아

버렸을지도 모릅니다. 지금 그녀의 어머니는 무슨 이야기를 하시는 겁니까….

벗을 수 없는 숙명의 옷. 수치과 부끄러움의 옷. 절망의 과부의 옷을 벗으라고 이야기하고 있습니다. 근심의 의복을 벗어 던지라고 나오미가 말하고 있습니다.

아… 이제 룻에게 어떤 일이 일어날까요? 오늘은 더 머물고 싶어도 여기서 묵상을 마쳐야 할 것 같습니다. 오늘 룻에게는 마음을 가다듬고 준비해야 할 절대적 시간이 필요하니까요.

저는 내일 다시 여러분과 만나 계속해서 묵상 여정을 진행하겠습니다. 그런데 한 가지, 오늘 무슨 옷을 입을까 고민하신 분들께 말씀드리고 싶은 것이 있습니다. 무슨 옷을 입을까 고민하시기 전에 근심의 옷부터 던져 버리십시오.

그 옷을 벗으면 여러분이 꼭 입으셔야 하는 옷이 반짝이며 맞춤옷처럼 기다리고 있을 겁니다. 그 옷이 있는 가게 주소를 알려 드리겠습니다. 멀지 않습니다. 골로새서 동네 3번지 12호입니다. 한번 찾아가 보십시오.

타작마당의 향기

기름을 바르고 의복을 입고 타작마당에 내려가서 그 사람이 먹고 마시기를 다하기까지는 그에게 보이지 말고 그가 누울 때에 너는 그가 눕는 곳을 알았다가 들어가서 그의 발치 이불을 들고 거기 누우라 그가 네 할 일을 네게 알게 하리라 하니 룻이 시어머니에게 이르되 어머니의 말씀대로 내가 다 행하리이다 하니라 그가 타작마당으로 내려가서 시어머니의 명령대로 다 하니라 보아스가 먹고 마시고 마음이 즐거워 가서 곡식 단 더미의 끝에 눕는지라 룻이 가만히 가서 그의 발치 이불을 들고 거기 누웠더라(3:3b-7)

오늘 여러분이 입으신 옷은 정말 아름답습니다. 모두들 제가 어제 가르쳐 드린 주소대로 옷가게를 잘 찾으신 듯합니다. 그 옷이 마음에 드셨는지요? 저 역시 그 옷가게에 들려서 제게 맞는 옷을 찾아 입었습니다. 그 옷가게에 찾아가셨을 때 옷가게 이름도 보셨습니까? 맞습니다. 그 옷가게 이름은 '그리스도의 옷'(롬 13:14)입니다. 이렇게 귀한 옷을 찾아 입게 되었으니 절대 남루한 '우리의 의의 옷'으로 다시 바꾸지

Day 17

맙시다(사 64:6).

이렇게 새 옷도 맞추어 입으셨으니 오늘은 베들레헴에서 정말 특별한 곳으로 여러분을 모시고 가야 할 것 같습니다. 아직 우리가 한 번도 가보지 않은 곳입니다. 그곳에 가려면 룻이 앞장을 서주어야 한답니다.

룻도 그곳에 가기 전에 새 의복으로 단장할 시간이 필요합니다. 그곳에서 룻은 보아스를 가까이에서 만나야 하기 때문입니다. 룻은 오늘 어떤 옷을 입을까요? 아니, 그보다도 과부의 옷을 벗어야 하는 룻의 심경은 어떠할까요? 또 새 옷을 입은 그녀의 모습은 어떨는지요?

처음 룻을 만났을 때, 보아스는 목자가 양을 품듯 그녀를 품어 주는 관계였습니다. 베들레헴에서 어느 밭으로 가야 할지 모르는 룻의 길을 안내하고 사나운 승냥이 같은 위협을 목자의 지팡이로 막아 주었습니다(2:8-9). 시간이 흐르면서 보아스와 룻은 아비와 딸 같은 관계로 바뀌었습니다. 허기를 채워 주고 마른 목을 축여 주면서 그의 보호 아래 있도록 도와주었습니다(2:14). 이때까지만 해도 룻은 과부의 옷을 벗을 필요는 없었습니다.

그러나 오늘은 아닙니다. 오늘은 새롭고 친밀하게 룻과

보아스의 관계가 변하기를 갈망하는 날입니다. 이 친밀함에 이르기 위해서 오늘 룻이 준비해야 할 몇 가지 절차가 있답니다. 아이와 같이 꿈을 꾸었던 나오미의 권언을 먼저 들어 볼까요?

"그런즉 너는 목욕하고 기름을 바르고 의복을 입고 타작마당에 내려가서 그 사람이 먹고 마시기를 다하기까지는 그에게 보이지 말고 그가 누울 때에 너는 그가 눕는 곳을 알았다가 들어가서 그의 발치 이불을 들고 거기 누우라 그가 네 할 일을 네게 알게 하리라"(3-4a절).

나오미의 권언은 명료하고 치밀합니다. 오랫동안 마음에 계획했던 일 같습니다. 보아스와 룻이 친밀한 관계로 이어지게 하기 위하여 나오미가 작정한 일입니다. 그렇다면 그녀의 말을 하나씩 살펴보아야 할 것입니다. 그런데 이 구절을 살펴보기 전에 여러분들께 질문드리고 싶습니다. 여러분과 하나님의 관계는 지금 어떤 단계입니까? 제게 대답하시라고 드리는 질문은 아닙니다. 저도 지금 이 질문을 제 자신에게 던지고 있습니다. 제 마음을 성령님께서 감찰하여 주시기를 구하면서 말입니다.

어떤 분은 하나님의 널따란 밭의 한 모퉁이에서 떨어진

이삭을 줍고 그 부스러기로 배를 채우는 단계에서 만족하실 것입니다. 더 가까이서 주님을 뵙기보다는 좀 멀리서 (그러니까 부담 없이 편안하게) 그분의 혜택을 자신이 원하는 만큼만 누리다가 때가 되면 밭을 떠날 수도 있는 단계입니다. 약간 배가 고프지만 더 좋은 양식을 먹을 의욕도 없고 기쁨으로 단을 거두며 돌아올 소망도 별로 없을지 모릅니다. 세상도 좋고, 세상에서 치이면 하나님의 밭에 잠깐 들어와 살 수도 있으니까요.

또 어떤 분은 하나님 밭에 있기는 있으나 주님께 마냥 조르고, 그분에게 보살핌을 받는 단계에서 더 이상 성장하기를 원하지 않으실 수도 있습니다. 자신만 배부르면 그만이지, 다른 사람들까지 돌보기는 벅찹니다. 아니, 그럴 만한 능력도 부족하고 그럴 마음의 여유도 없는 단계입니다. 축복을 받으면 좋고, 시련을 주시면 싫으니까 불평합니다. 기도는 많이 하는 것 같은데 주님께 빠른 응답이 오지 않으면 화가 납니다. 밭의 주인이 주님이신 것을 알지만, 사실 주인 행세는 본인이 하고 싶은 것이 아닐까요?

그러나 주님과 친밀한 친구가 되어 그분의 비밀을 듣고 그분의 기쁨뿐 아니라 슬픔까지 나누어 가지시는 성숙한 분도 있습니다(시 25:14). 그분과 멍에를 같이 메고 하나님의 밭에서 섬기며 충성된 일꾼으로 사시는 분들입니다. 주인의 발 앞에 앉아 그분의 숨결까지 귀 기울이는 분들입니다. 이런 분들은 주님이 오시는 날 신부로 부름을 받고 꺼지지 않는 등불과 더불어 혼인 잔치에 나아갈 분들이라고 믿습니다 (마 25:1-13).

저는 오늘 이 질문을 던지면서 마음에 큰 찔림을 느꼈습니다. 더 깊은 단계에서 주님을 알현하고 싶으나 연약한 죄성이 자아와 부딪치면서 끊임없이 영적 싸움을 하고 있기 때문입니다. 슬픕니다. 저는 이 슬픔이 하나님의 뜻 안에서 이루어지는 근심이 되기를 기도하고 후회할 것 없는 구원에 이르게 하는 회개를 이루실 것을 바라고 있습니다(고후 7:10). 그리고 이 글을 읽으시는 여러분을 위해서도 동일한 기도를 드리겠습니다. 여러분과 제가 지금 어떤 단계에 있든지 하나님의 신실하심을 믿어야 합니다. 더 친밀한 장소에서 우리를 만나 주실 주님을 기대하셔야 합니다. 신부가 신랑을 만나듯이 말입니다. 우리는 미쁨이 없을지라도 주는 항상 미쁘시다고 사도 바울이 말했던 것을 기억하셔야 합니다 (딤후 2:13). 오늘 더 친밀하게 주님을 알고 싶다, 이렇게 결심하지 않으시겠습니까? 가까이 가서 그분의 발을 만지는 저와 여러분이 되시기를 간구합니다. 자, 그렇게 되기 위하여 우리가 준비해야 할 절차는 어떤 것이 있을까요?

첫째로 거룩하게 '씻김'을 받는 것입니다. 은근히 섬기던 우상들을 과감히 버리고, 부끄러운 과거를 숨기지 않고 주님 앞에 고백하면서 정결하게 씻음 받기를 원해야 합니다(참조 창 35:2). 스스로 수치의 옷을 던지고 온 존재가 그분의 정결한 물에 씻기는 것을 두려워하시면 안 됩니다. 그럴 때 우리는 주님께 더 가까이 다가갈 수 있습니다.

룻도 나오미의 권언에 따라 이제 과거의 옷을 벗어야 할 때가 되었습니다. 두려웠을 것입니다. 말론이 죽었을 때 그녀는 세상을 다 잃은 것 같았겠지요. 처음 과부의 의복을 입게 되었던 순간엔 믿기지 않을 만큼 비참하고 수치스러웠을 겁니다. 그러나 그 부끄러움이 조금씩 그녀의 일상이 되면서 점점 편안해지는 올무처럼 그녀의 일부가 되어 가는 것을 느끼지 않았을까요? 이제는 벗을 수 없는 숙명이므로 이 옷을 어떻게 벗어야 할지 모를 겁니다. 그 옷을 벗고 '목욕' 하는 것은 룻에게 가장 어렵고 부담스러운 일이었을 텐데 룻은 그의 어머니 나오미에게 순종합니다.

여기서 '목욕하다'는 히브리어로 '라하츠(raḥaṣ)'입니다. 이사야 1장 16절과 4장 4절에 이 단어가 쓰였습니다. 참고로 에스겔 16장 9절에서도 이 동사를 볼 수 있습니다. 모두 과거의 수치와 죄악을 씻어야 새로운 단계로 나아갈 수 있다는 뜻으로 쓰인 동사입니다.

주님께 더 가까이 나아가기 위하여 우리가 준비해야 할 두 번째 절차는 '기름 부으심'입니다. 성경에서 '기름'은 성령님의 임재를 상징합니다. 우리가 주님을 영접하고 그분의 영이 우리 마음에 거주하시면 그분께 기름 부음 받게 되어 있습니다(요일 2:20-27). 기름에는 아름다운 향이 배어 있습니다. 죄악으로 물든 천박한 우리에게는 악취가 나지만, 주님이 부어 주시는 기름은 우리를 존귀하게 변화시키는 고귀한 향이 있습니다. 그래서 우리의 존재가 하나님 앞에서 '그리스도의 향기'가 되는 것입니다(고후 2:15). 우리가 그리스도를 닮아 가면 닮아 갈수록 그 향기는 더욱 진해지고 깊어집니다.

룻도 목욕을 마치고 나오미가 지시한 대로 기름을 바릅니다. 유대 지역에서 기름은 어떤 용도로 쓰였을까요? 보통 큰 상처를 입었을 때 몸을 보호하거나 치유하기 위해서 기름을 발랐습니다. 시체에도 기름을 발라 보존할 만큼 소생과 회복의 상징이었지요. 그래서 포로로 잡혀 있다가 석방되었을 때에도 기름을 바르며 '해방'에 감격하기도 하였습니다.[33] 또한 기름의 향기가 주변을 즐겁게 했기 때문에 존귀한 사람이나 사랑하는 사람을 만나기 전에도 예식처럼 기름을 바르고 나아갔습니다(아 1:3, 12-14, 4:11-16).[34] 기름은 기쁨의 상징입니다(시 45:7, 사 61:3).

그러나 무엇보다 기름 부음은 유대인의 종교의식에도 빼놓을 수 없는 중요한 역할을 했습니다. 기름 부음은 어떤 장소나 물건 혹은 사람을 거룩하게 구별할 때 이루어졌기 때문입니다(출 25:6, 29:21, 레 6:20, 민 3:3). 그리하여 기름 부음을 입었다는 것은 하나님의 전폭적인 은혜가 그 사람 위에 머물렀다고 해석되기도 합니다. 주로 왕족의 혈통으로 구분되어 높임을 받을 때에도 기름 부음의 절차는 필수였습니다(삼상 10:1, 16:12-13).

룻은 자기 삶에 이렇게 특별하게도 '기름'을 바를 수 있는 날이 오리라고 상상하지도 못했습니다. 잿더미에 평생 앉아 있어도 누구 하나 돌아볼 가치 없는 인생인데, 노동과 피곤으로 지쳐 거칠어진 그녀의 몸에 향기로운 기름을 바르다니요. 룻은 그녀의 손에 기름을 떨구면서 손이 바르르 떨리는 것을 느꼈습니다. 이렇게 값비싼 기름을 천한 그녀의 몸에 바르는 것이 어색했습니다. 그렇지만 룻은 그의 어머니, 나오미에게 순종합니다.

기름을 바르는 순간, 룻의 눈에서는 기름보다 끈적이는 묵은 눈물이 흘러내리는 것을 느꼈습니다. 그러면서 그녀의 마음 깊이 후벼지고 파였던 상처가 치유되는 것을 느꼈습니다. 과부라는 올무에서 '석방'되는 감격이 물밀듯이 밀려왔습니다. 그러나 아직 그녀가 깨닫지 못한 것이 있었습니다. 그녀가 오늘 기름을 바를 때, 왕족의 혈통을 품을 거룩한 태胎가 벌써 구분되고 있었음을 그녀는 알지 못했습니다. 이 이야기는 차차 더 나누기로 하겠습니다.

세 번째로 우리가 주님과 더욱 친밀함으로 나아가기 위하여서 할 일은, 우리의 옛 사람을 벗어 버리고, 새 사람을 입는 것입니다(엡 4:22-24). 새 사람을 입으면 우리는 다시는 옛 사람으로 돌아갈 수 없어야 합니다. 오늘 여러분께서 입으신 그 옷을 보십시오. 아름다운 그리스도의 옷입니다. 다시 간곡하게 부탁드리지만 그 옷을 세상의 옷과 흥정하시지 마십시오. 세상의 옷은 언젠가 썩고 죽어 버리는 과부의 겉옷과 비슷합니다. 우리를 종국에는 수치스럽게 할 옷입니다.
깨끗이 씻고 기름을 바른 룻도 이제 새 의복을 입어야 합니다. 자신이 입어야 할 새 의복을 만져 보는 순간 가슴이 설레었을 것 같습니다. 이 옷을 입으면 그녀는 정말 옛날의 룻, 곧 과부 룻으로는 도저히 돌아갈 수 없을 것입니다. 그 옷은 그녀 전체를 감쌀 만한 커다란 겉옷입니다. 과부의 의복처럼 무겁고 칙칙한 것이 아니라 화사하고 눈부신 고운 옷이었습니다.
이제 우리의 룻을 한번 봅시다. 새 의복을 입은 룻은 세상의 어느 여인보다도 정결하고 아름답습니다. 그런 룻에게 우리는 눈을 뗄 수가 없습니다. 그렇듯 우리가 새 사람을 입고 하나님 앞에 섰을 때, 그분은 우리에게 눈을 떼실 수 없을 것입니다.
그러나 룻은 자신이 얼마나 어여쁘고 사랑스러운지 전혀 아랑곳하지 않습니다. 오히려 이토록 존귀한 구원의 옷을 입혀 주신 이스라엘 하나님께 경배드리려고 무릎 꿇습니다. 룻의 오랜 거룩한 습관을 우리가 알지 않습니까?(2:10) 그때, 룻은 분명히 하나님의 음성을 들었을 겁니다.

"두려워하지 말라 네가 수치를 당하지 아니하리라 놀라지 말라 네가 부끄러움을 보지 아니하리라 네가 네 젊었을 때의 수치를 잊겠고 과부 때의 치욕을 다시 기억함이 없으리니 이는 너를 지으신 이가 네 남편이시라 그의 이름은 만군의 여호와이시며 네 구속자는 이스라엘의 거룩한 이시라 그는 온 땅의 하나님이라 일컬음을 받으실 것이라"(사 54:4-5).

그녀의 고개를 들어 주시는 하나님의 음성을 듣고 룻은 마음에 담대함을 얻습니다. 그녀의 아름다움은 화려한 겉치장에서 나오는 자신감이 아니라, 야웨 하나님을 사랑하고 경배하는 겸손과 헌신에서 나오는 담대함입니다. 세상이 짓밟을 수 없는 아름다움이 그녀에게 있습니다. 이런 진귀한 신부를 얻을 '유력한' 사람이 베들레헴에 존재한다는 것을 여러분도 믿으십니까?

마지막으로, 우리가 그리스도와 더욱 긴밀한 관계로 나아가기 위하여서 할 일은 우리 스스로 그분께 나아가는 것입니다. 그분의 임재 속으로 적극적으로 그러나 겸손하게 들어가야 합니다.

이제 룻이 해야 할 일도 성읍에서 타작마당까지 적극적으로 내려가는 것입니다. 베들레헴 성읍은 평지보다 조금

높은 곳에 단단하게 성을 두르듯이 지어져 있었습니다. 타작마당이 있는 밭 근처까지 가려면 룻은 인적을 피해 부지런히 쉬지 않고 내려가야 했습니다. 그렇게 타작마당으로 내려오면서 그녀도 끝없이 겸손하게 낮아지고 있었습니다.

룻이 조심스럽게 걸어오는 동안, 우리는 미리 타작마당으로 가서 보아스를 만납시다. 그날 보아스는 아침 일찍부터 밭에 나와 그동안의 일을 마무리하고 타작마당으로 보릿단을 옮기느라 바빴습니다. 그러나 그는 좀 의아하게 생각했을 겁니다. 늘 부지런히 나와서 조용히 밭모퉁이를 돌던 룻이 오늘따라 보이지 않는다는 것을 알았겠지요. 그렇다고 사환이나 일꾼 소녀들한테 룻이 어디 있냐고 물을 수도 없는 보아스였습니다. 보리밭 점심식사 시간이 되었으나 볶은 곡식을 마음껏 나누어 줄 룻이 보이질 않으니 좀 아쉬웠겠습니다. 저녁 해가 뉘엿뉘엿 지도록 그녀가 보이지 않는 것으로 미루어 보아 이제 룻은 밭일을 쉬려나 보다 하고 혼자 결론 내렸을지도 모릅니다. 어찌되었든 오늘은 타작하는 날이니까요.

보리를 까부르며 알곡과 겨를 골라내며 보아스는 룻을 다시

한 번 생각했을지 모릅니다. 이방 여인이지만 현숙하고 지혜로운 사람임에 틀림없고, 늘 예의 바르고 정중하게 그를 대하는 보기 드문 여인이었습니다. 이스라엘 하나님을 알아 가려는 갈망이 눈빛에 가득한 영리하고 사랑스러운 소녀였습니다. 그런 룻에게 이스라엘 야웨 하나님의 축복과 보호하심이 떠나지 않기를 기도했을 것입니다.

저녁 바람이 살랑이며 보아스를 훑고 지나가건만 그의 뇌리에서 룻에 대한 생각은 쉽게 '타작'되지 않았겠지요. 오히려 그의 가슴에 자꾸만 깊이 내려앉는 그녀의 존재는 과연 그의 삶에서 바람에 날리는 겨와 같은 사람이 아니라, 소중히 간직해야 할 알곡 같은 여인이라고 여겼을 겁니다.

이제 보아스가 생각합니다. 그녀를 향한 그의 긍휼은 목자가 양을 생각하는 긍휼이었는지 아니면 아비가 딸을 생각하는 긍휼이었는지. 그것도 아니라면 그보다 더 친밀한 관계였는지. 무슨 일이 있어도 그 여인을 힘닿는 데까지 도와주어야겠다고 결단합니다. 하나님의 헤세드가 보아스의 마음에 출렁거립니다.

저녁을 먹고 보아스의 마음에도 '기름 부음'이 임했습니다. 감사함의 기쁨이 넘쳤기 때문입니다(7절). 그의 발치에는

'알곡'이 쌓여 있었던 겁니다. 하나님이 여기까지 도우셨다고 생각하니 감격이 밀려왔습니다. 그는 잠시 경배를 드리고 타작마당의 곡식단을 지키기 위하여 그곳에서 잠이 듭니다. 밤기운이 그다지 쌀쌀하지는 않지만 타작마당에서 불어오는 기분 좋은 바람이 새벽녘에는 사뭇 쌀랑할 수도 있다는 생각에 입고 있던 널따란 겉옷을 이불 삼아 덮어 봅니다. 그러고는 곧 곤비함을 가누지 못하고 잠이 들어 버립니다. 룻은 그런 보아스를 먼발치에서 안타깝게 바라보았습니다. 그의 눈에 보이면 안 된다는 나오미의 말에 순종하기 위하여 그녀는 그 자신을 꼭꼭 숨기고 있었던 것입니다(5절).
보아스가 누워 있는 자리를 확인한 룻은 온몸이 떨려 오는 것을 느낍니다. 과연 그에게 가까이 갈 용기가 그녀에게 있을까요? 그녀도 생각해 봅니다. 보아스를 바라보는 것은 양이 목자를 바라보는 것인지 아니면 어린 딸이 아비를 바라보는 것인지. 그것도 아니라면 더 친밀한 그 어떤 것인지.
신약에도 이런 여인이 한 명 있었습니다. 그 여인은 누가복음 7장에 나오는 죄인 신분의 여인입니다. 또한 그 여인은 요한복음 12장에 나오는 '마리아'라는 이름의 여인입니다.

이 두 여인이 동일한 인물인가 아닌가에 대한 논란은 신학자들 사이에서 아직도 분분합니다. 상황이나 장소를 놓고 자세히 살펴보아도 이 여인의 정체는 애매합니다. 이 여인은 누구입니까? 바리새인 시몬의 집에 결단코 초대받을 수 없었건만 실례를 무릅쓰고 용감하게 들어간 죄인 출신의 여인입니까?(눅 7:36) 혹은 베다니(히브리어로 '고난의 집'이라는 의미가 있습니다) 동네에서 예수님께 고통을 위로받은 나사로의 여동생 마리아가 맞겠습니까? 아니면, 그저 동일인물일까요? 저는 한때 이 여인이 누구인지 며칠을 꼬박 파고들며 연구했던 적이 있습니다. 그런데 나름의 연구 끝에 제가 얻은 것은, 그녀의 정체성을 확인한 것이 아니라 주님께서 허락하신 새로운 정체성에 대한 반응의 중요성이었습니다. 누가복음이나 요한복음에 나오는 이 여인에게는 대사가 없습니다. 그녀의 주변은 시끄러웠지만, 겸손한 그녀의 입술에선 말 한마디 나오지 않습니다. 죄 많고 고통스러워서 바닥 같은 인생을 살던 그녀는 자신의 존엄성을 회복시켜 주신 주님께 감사와 감격으로 반응할 뿐입니다. 그런데 그 여인의 행위는 어떤 육성 언어보다 더 명징한 언어가 되어 우리 가슴에 새겨지는 메시지가 되고 있습니다. 자, 그렇다면 그녀는 진정 누구입니까?
그녀는 구원자 예수님을 진정 사모했던 사람이었습니다. 손가락질받는 죄인의 신분이었지만(눅 7:36) 그녀는 예수님께 가까이 다가가고 싶었습니다. 예수님은 그녀에게 친밀한 분이셨습니다. 그리스도는 그녀를 당신의 양처럼 인도하고 보호하여 주었습니다. 아무도 그녀 가까이에서 그녀를 사람대접해 주지 않았을 때 그리스도는 그녀의 고개를 들어 주고 딸을 보살피듯이 사랑을 부어 주었습니다. 그녀는 잘 알고 있었습니다. 그녀는 예수 그리스도 발 앞에 서기에 합당치 않은 비천한 여인이라는 것을. 자신이 가지고 있는 그 어떤 것도 그리스도를 향한 자신의 사랑을 표현할 길이 없는 구제불능의 여인이라는 것을. 그런 그녀가 향유 옥합을 준비합니다.
그 당시 기준으로 보통 한 병에 담을 수 있는 향유는 1온스 정도라고 합니다. 그러나 그녀가 준비한 향유는 한 병의 양이 아니었습니다. 전승에 의하면 그녀가 준비한 향유는 11온스 정도였다고 합니다.[35] 상당한 양의 묵직한 기름입니다. 순전한 나드에서 추출되었다는데(참조 요 12:3), 나드는 북인도에서 나는 귀한 식물이라고 알려져 있습니다. 붉은 장미향처럼 은근하면서도 깊은 향기를 간직하고 있기로 유명한 식물입니다. 그런 나드로 만들어진 향유는 지극히 값비싼 것이어서 어지간한 희생 없이 구입하기 어려웠습니다. 그러나 그 여인은 예수 그리스도를 가까이에서 알현하기 위하여 그 향유 옥합을 준비합니다. 아무리 세상과 바꿀 수 없이 비싼 향유라고 하여도 그녀가 사모하는 그리스도와 비견할 수 없었던 것입니다. 향유는 그녀가 드릴 수 있는 최고의 선물이었습니다.

이제 그리스도 발 앞에 그녀가 멈춥니다. 그 발은 그녀에게 어떤 발입니까? 그리스도께서 산에 올라가 앉으셨을 때, 육신과 영혼이 절박한 사람들이 그리스도의 발 앞에 앉아 나음 입기를 구했습니다(마 15:30). 그 여인도 그때 그곳에 있었을 것이라고 생각합니다. 그분의 발치 앞에 앉아 있는 것… 그녀에게는 친밀함입니다. 이제 그 발은 그녀와 모든 사람의 죄를 담당하기 위하여 골고다 언덕으로 오르셔야 할 발입니다. 그리고 언젠가 그녀는 부활하신 그리스도 앞에서 그 발을 붙들고 경배할 것입니다(마 28:9). 그 소중한 발 앞에 멈춘 그녀는 준비한 향유 옥합을 떨리는 마음으로 꺼내 놓습니다.

기름은 보통 머리에 부었지만(시 23:5, 눅 7:46), 그 여인은 그럴 자격이 없었습니다. 그래서 그녀는 그리스도의 소중한 '발'에 향유를 붓기 위하여 옥합을 깨뜨립니다. 지극한 겸손과 헌신입니다. 수건으로도 닦을 수 없어서 그녀의 눈물과 머리로 닦아 냅니다. 곁에 있던 제자들은 분노로 씩씩거리며 그녀를 거세게 비난합니다. '미련한 낭비'를 하고 있다고 욕설을 퍼붓습니다. 아무리 그녀를 향하여 손가락질을 하고 비난을 해도 그녀의 귀에는 아무 소리도 들리지 않습니다. 그녀의 자존심 같은 것은 아까 옥합을 깨뜨릴 때 이미 그리스도 앞에서 모두 부서졌던 것입니다. 그녀의 눈에는 그리스도만 보입니다. 그녀를 구원해 주신 구원자 예수만 보입니다.

만일에 그런 그녀의 '사모함'의 선물을 그리스도께서 거절하신다면 어떻게 되겠습니까? 혹시나 하는 두려움이 그녀에게 조금도 없었을까요? 저는 있었을 거라고 생각합니다. 그러나 여인은 그리스도께서 그녀를 받아 주실 거란 믿음에 온 존재를 겁니다. '믿음'이 이길 것을 알았기 때문입니다. 거룩한 투신입니다.

예수님이 있던 그 장소에는 향기가 가득했습니다. 온

집에는 저항할 수 없을 만큼 향기가 가득 채워졌겠지요.
그녀의 믿음은 옳았습니다. 그리스도는 그녀의 거룩한 투신을 받으셨습니다. 그녀의 믿음은 짓밟히지 않았습니다. 그리스도는 그녀의 영원한 구원자로 끝 날까지 남아 주실 겁니다. 옥합이 깨졌던 순간부터 지금에 이르기까지 그녀의 향기는 아직도 사라지지 않고 있습니다. 그녀의 아름다운 행위가 그때 그 향유에서 진하게 배어 나왔던 향처럼 지금껏 퍼져 나가고(마 26:13, 막 14:9) 있기 때문입니다.
룻도 용기를 내어 보아스의 자리로 와 그 발치를 덮은 옷자락을 들고 거기 눕습니다. 그 발 앞에 앉아 가까이서 보아스를 대하여 보니 그의 숨결이 그녀에게 들립니다. 그녀의 온몸에는 아까 바른 기름의 향이 가득 배어 있습니다. 그녀의 행위를 음란하고 가증한 것이라고 비난할 사람들이 있을 수도 있습니다. 보아스마저도 오해할지 모릅니다. 떨립니다. 그러나 오늘, 그녀 자체가 '향유 옥합'입니다. 룻은 보아스의 발 앞에서 이미 부서지고 깨져 있습니다. 그녀의 온몸은 긴장과 두려움, 그리고 긍휼에 대한 갈망으로 타들어 갈 것 같았습니다. 그녀는 야웨 하나님께 바쳐진 번제처럼 그녀의 온 존재를 태우고 있었던 겁니다. 거룩한 투신입니다.

깨지지 않으면 느낄 수 없는 향기, 부서지지 않으면 드릴 수 없는 제사가 있습니다.

여러분은 이렇듯 향유 옥합을 깨뜨려 보신 경험이 있으신지요? 작은 향유병이든 큰 향유병이든 그리스도 앞에서 여러분이 부서지고 깨졌던 경험이 있으십니까?

오늘 룻은 옥합을 깨뜨리며 보아스를 기다립니다.

타작마당에 저녁 바람이 넘실대면서 룻이 깨뜨린 향유의 향기가 더욱 진동합니다. 룻은 알곡단 사이, 보아스의 발치에 있습니다. 오늘 이 밤에 보아스는 그의 발치에 쌓아 놓은 알곡단보다 소중하고 향기로운 알곡을 얻었음을 곧 알게 될까요?

묵상 여정은 내일 이어집니다.

오늘 여러분은 베들레헴에서 가장 은밀한 장소, 타작마당에서 계십니다. 이곳에서 여러분과 저도 주님을 친밀하게 만나는 은혜의 기름 부음이 있기를 기도합니다. 내일 다시 이곳에서 뵙겠습니다.

당신의 옷자락을 펴 당신의 여종을 덮으소서!

밤중에 그가 놀라 몸을 돌이켜 본즉 한 여인이 자기 발치에 누워 있는지라 이르되 네가 누구냐 하니 대답하되 나는 당신의 여종 룻이오니 당신의 옷자락을 펴 당신의 여종을 덮으소서 이는 당신이 기업을 무를 자가 됨이니이다 하니(3:8–9)

타작마당의 기온이 초저녁보다는 좀 떨어진 듯합니다. 겉옷으로 몸을 덮으시고 가까이 모여 앉읍시다. 오늘은 룻과 보아스가 아주 가까이 대면하여 이야기를 나누는 날이라서 저도 긴장이 됩니다. 약간 떨리기도 합니다. 타작마당의 밤이 꽤 깊어 제법 쌀쌀해졌기 때문에 떨리는 걸까요? 긴장도 풀 겸 다른 이야기를 잠시 하겠습니다. 어릴 적 세종문화회관에 〈피터팬〉이라는 연극을 사촌들과 보러

Day 18

간 적이 있습니다. 전문적인 연극을 태어나서 처음 보는 날이었습니다. 커다란 극장으로 들어가니 텔레비전에서만 뵈었던 가수 윤복희 씨가 주인공 피터팬을 맡아 멋지게 연기하고 있었습니다. 조명도 화려했고 무대장치도 참 놀라웠습니다. 역시 윤복희 씨는 노래도 잘했고 연기나 무용도 훌륭하게 잘하셨던 것 같습니다. 그런데 잊을 수 없는 장면이 있었습니다. 연극이 거의 막바지에 이를 무렵, 피터팬은 어떤 섬에 혼자서 앉아 있었더랬지요. 그런데 그 뒤로 후크 선장이 피터팬을 잡기 위해 아주 몰래몰래 살짝살짝 걸어오는 것이 아닙니까!(저를 포함해서) 관중석의 모든 어린이는 웅성대며 안절부절못했습니다. 그때 어떤 남자아이가 벌떡 일어나 마구 소리를 질렀습니다. "이봐, 피터팬! 뒤를 봐. 후크 선장이 오고 있어. 너를 죽일지도 몰라. 제발 뒤를 돌아봐, 피터팬!" 아무리 애타게 소리를 질러도 우리의 주인공 피터팬은 절대 돌아보지 않습니다. 어른들은 와하하 웃음을 터뜨렸고, 그 아이는 피터팬이 자기 목소리를 듣지 못한 채 곧 후크 선장에게 당할 것이 억울해서 얼굴이 빨갛게 달아올랐습니다.

무대 위에 있던 피터팬은 돌아볼 수가 없었습니다.

관중석에서 들려오는 경각의 목소리가 들리지 않아야 하고 들어도 못 들은 척 해야 합니다. 왜냐하면 연극 대본에 “(뒤를 돌아보며) 후크! 네가 나를 추격하다니… 가만 두지 않겠다!” 라는 대사가 없기 때문입니다.

왜 이런 엉뚱한 이야기를 밤 깊은 타작마당에서 꺼내는지 궁금하시지요?

보아스는 잠이 깊이 들었나 봅니다. 룻이 잔뜩 긴장하여 그 발치 앞에 누워 있는데 도무지 눈치채지 못하니 말입니다. 보아스의 발을 덮은 웃옷자락을 살짝 들추었으니 타작마당 위로 부는 향긋한 바람이 그의 발을 간질였을 것입니다.

룻이 그곳에 얼마나 오래 있었는지 내레이터는 우리에게 말해 주지 않습니다. 상당한 시간이 경과했을 것이라 추측만 해봅니다. 그동안 룻은 그곳에서 무엇을 했을까요? 저는 그녀가 기도했을 것이라고 믿습니다. 기도 외에 그녀가 할 수 있는 일이 없었을 겁니다. 무슨 기도를 했겠습니까? 구원을 바라는, 긍휼 입기를 바라는, 그리고 그분의 눈에서 은혜 발견하기 원하는 기도를 드렸겠지요.

그러던 중 보아스가 갑자기 잠에서 깹니다. 성경에는 한밤중에 보아스가 놀라 몸을 일으켰다고 나옵니다(8절).

여기 '놀라다'에 해당하는 히브리어는 '하라드(ḥārad)'입니다. 무엇인가에 놀랐을 때 말고도 오싹함에 떨릴 때도 이 동사를 씁니다. 룻이 긴장감에 떨고 있는데, 보아스도 떨면서 일어났다는 것입니다. 그러면서 내레이터는 다시 우리에게 익숙한 단어를 씁니다.

힌네!!

이 단어는 내레이터가 청중에게 주목해 달라는 사인을 보내는 것이라고 말씀드렸습니다. 놀라운 반전이 일어나는 순간이기 때문입니다. 우리는 무엇을 주목해야 할까요?

다시는 가까이서 만나지 못할 것이라 여기며 아쉬운 마음을 접어 보려던 보아스가 전혀 예상치 못한 장소, 타작마당에서 룻을 만나게 된다는 사실입니다.

어릴 적 공연장에서 피터팬에게 소리치던 그 아이처럼 벌떡 일어나 소리를 치고 싶은 심정입니다. "룻이 당신 바로 앞에 있어요!"라고 말이지요.

칠흑같이 깜깜하여서 아무도 보이지 않았을 텐데 내레이터는 마치 보아스가 두 눈으로 똑똑히 본 것처럼 "한 **여인**이 자기 발치에 누워있는지라"라고 말합니다(8절).

발치에 누워 있는 것이 사람인지 짐승인지도 구분되지 않을 수 있고 사람이라 해도 남자인지 여자인지 분간하지 못했을 수도 있는데, 보아스는 '여인'을 보았다고 말합니다. 그다음에 "네가 누구냐"(9절)는 보아스의 질문 역시 그는 그 발치에 누운 사람이 여인이라는 것을 확신했다는 증거입니다.

우리나라 말에는 '너, 당신'이라는 2인칭 대명사에 성 구분이 없습니다. 이는 영어도 마찬가지입니다. 영어 성경으로 이 구절을 보면 그저 "Who are you?"입니다. 그렇지만 히브리어에는 '너'를 지칭하는 대명사에 남성과 여성의 구분이 있답니다. 보아스는 분명 여성 대명사로 물었습니다. 보아스는 자기 앞에 있는 사람이 여인이라는 것을 정확하게 알았다는 겁니다.

보아스가 살던 시절은 사사시대였습니다. 선과 악을 구분하는 지적 조명이 어두워져 가는 암울한 시대였다는 것을 감안하십시오. 타작마당의 칠흑 같은 어두움을 틈타 창녀들이 보리 수확철만 되면 곧잘 드나들었습니다.[36] 그러나 보아스는 하나님을 경외하는 정결한 사람이었습니다. 사사시대에 보기 드문 소금과 빛 같은 존재였다는 말입니다. 어떤 이유에서건 보아스는 자신을 지키고 자신 앞에 있는 '이름 모를 여인'을 지켜야 할 것이라고 다짐했을 것입니다.

그러므로 그 여인을 그곳에 그냥 놓아두고 보아스가 도망가 버릴 수도 있습니다(참조 창 39:12). 그렇다면 이야기는 어떻게 되겠습니까?

다시 피터팬에게 소리치던 그 아이처럼 벌떡 일어나 소리를 치고 싶은 심정입니다. “도망가지 마세요. 당신 바로 앞에 있는 여인은 룻이란 말이에요!”라고요.

여인이라는 것을 알아차릴 수 있었던 것은 룻에게서 나는 향기 때문이 아니었을까 싶습니다. 그런데 안심하십시오. 보아스는 창녀의 몸짓이 아니라는 것을 이내 알아차렸습니다. 왜냐하면 룻은 보아스 발치에서 경외하듯 떨고 있었으니까요. 창녀의 몸짓에 그런 떨림이란 없었겠지요. 그들은 오히려 능숙합니다. 깜깜함 속에서도 하늘 별빛의 조명은 흐리지 않았습니다. 보아스는 이스라엘 하나님을 향한 갈망으로 반짝이는 룻의 두 눈빛을 느꼈을 것 같습니다. 이윽고 믿기지 않는 룻의 목소리가 보아스에게 들립니다. “나는 당신의 여종 룻이오니”(9절).

정말 다행입니다. 룻이 보아스에게 그녀가 거기에 있음을 이렇게 알렸으니 말입니다.

저와 여러분은 Day 13에서 사뭇 길게 ‘여종’에 관한 히브리어

명사들을 공부한 적이 있습니다. 그날은 그 단어들을 익히시느라 좀 힘드셨는지 몰라도 오늘 묵상에 그 내용이 무척 도움이 된답니다. (한번 복습을 하고 싶으시면 Day 13으로 다녀오셔도 됩니다.) 들어 보십시오. 룻이 처음 보아스를 만났을 때 자신을 그의 '하녀(쉬프하)'라 하며 지극히 겸양하였다고 했습니다(2:13). 그런데 오늘 룻은 보아스 앞에서 자신을 '쉬프하'라고 일컫지 않습니다. 그렇다면 어떤 명사를 골라서 사용했을까요? 답을 한번 골라 보십시오. (힌트를 드리자면, '쉬프하'는 아니라고 제가 벌써 말씀드렸습니다!)

룻이 보아스에게 자신을 표현한 '여종'에 해당하는 히브리 명사는?

1. 나아라(naʿărâ): 젊은 처녀를 지칭하는 말.
2. 쉬프하(šipḥāh): 천한 계급의 여종. 죽을 때까지 여종의 신분에서 해방될 수 없음.
3. 아마(ʾāmâ): 여인이 자신을 겸양하여 쓰는 말. 한 남자의 아내의 자격이 될 수 있을 때에도 쓰임.

네, 맞습니다. 정답은 3번입니다. 그녀는 '아마'라는 명사를 사용함으로써 그녀가 보아스의 아내 후보에 올라 있음을 넌지시 알립니다. 아내 후보에 오를 만한, 신붓감이 될 만한 '아마'라고 말이지요. 그녀 앞에 공식처럼 붙어 다니던 '모압 여인' 혹은 '나오미 자부'는 이제 없습니다. 그녀는 '보아스의 여인' 룻입니다. 저는 룻의 재치가 늘 부럽습니다.
룻의 목소리를 들으니 보아스는 몹시 놀라우면서도 반가웠을 겁니다. 그의 알곡단 앞에 앉아 있는 그 정결한 여인이 다른 누구의 여인도 아닌 자신의 여인으로 스스로를 천거하고 있지 않습니까. 그다음 룻의 말은 더욱 감탄을 자아냅니다.

> "당신의 옷자락을 펴 당신의 여종을 덮으소서 이는 당신이 기업을 무를 자가 됨이니이다"(9절)

저는 결단코 믿습니다. 이 말을 듣고 보아스는 룻의 영민함과 지혜에 깊이 감동했을 것입니다. 보아스가 룻을 처음 만났을 때 그녀를 딸로 여기며 축복했습니다. 2장 12절입니다.
"이스라엘의 하나님 여호와께서 그의 **날개** 아래에 보호를 받으러 온 네게 온전한 상 주시기를 원하노라"

하였더랬습니다.

그때 **날개**는 히브리어로 '카나프(kānāp)'라고 제가 Day 12에서 말씀드렸습니다. "당신의 **옷자락**을 펴서"라고 룻이 보아스에게 간곡히 부탁할 때 '옷자락' 자리에 정확하게 '카나프'를 씁니다. 다시 말해 보아스의 **날개(카나프)**로 자신을 덮어 달라고 청하고 있는 것입니다. 보아스가 룻에게 해주었던 축복을 이제 현실에서 이루어지게 해달라고 부탁하고 있는 것입니다. 왜냐하면 보아스가 기업을 무를 자(구원자)이기에 그렇습니다.

무슨 요청을 하고 있는 것입니까? 자신을 그의 날개로 품어 달라고 **청혼**하고 있습니다. 오늘 밤 당장 보아스가 겉옷으로 룻을 덮어 준다면, 나오미가 룻을 위해 아이같이 꾸던 꿈, 곧 룻이 '안식할 곳'이(3:2) 마련될 것입니다. 또한 마른 뼈처럼 잊혀 버린 엘리멜렉 가문이 다시 살아나는 기적이 일어날 수 있는 것입니다.

내레이터는 룻의 감정을 우리에게 전혀 묘사하지 않습니다. 그러나 우리는 보입니다. 보아스의 응답을 기다리며 룻이 떨고 있다는 것을. 그녀가 떨고 있지 않다면 거짓말입니다. 그녀가 이스라엘 하나님을 신뢰하지 않았기 때문에 떨렸을까요? 아닙니다. 야웨의 손을 신뢰하지 않았더라면 룻은 오늘 그 타작마당에 오지도 않았을 겁니다. 일찌감치 도망갔을 테지요.

그녀는 지금 태어나서 한 번도 겪어 보지 못한 믿음의 시험을 겪고 있기 때문에 떨렸던 겁니다. 저는 이것을 거룩한 떨림이라고 명명하고 싶습니다(시 96:9). 아브라함이 이삭을 번제로 드릴 때에도 그는 무척 떨었을 거라고 믿습니다(창 22). 아브라함이 하나님을 사랑하지 않고 이삭을 더 사랑하였기 때문에 두려웠을까요? 아닙니다. 아브라함은 태어나서 한 번도 겪어 보지 못한 믿음의 시험을 겪고 있었기 때문에 떨렸을 것이라고 믿습니다. 그러나 그는 순종했습니다.

성경의 내레이터들은 인물의 감정을 거의 묘사하지 않기 때문에 우리는 성경의 위인은 모두 태어나는 순간부터 영웅처럼 담대한 믿음의 선진이었을 것이라 오해합니다. 그러나 그것은 착각입니다.

멀리 도주했던 야곱은 형 에서를 다시 만나기 전에 떨어야 했습니다. 하나님의 천사와 겨루어 그의 이름이 이스라엘로 바뀌기 전에 그는 두려웠습니다. 그러나 그는 순종하였습니다. 그로 인하여 야곱의 삶은 '발꿈치를 쥔 자(야곱이라는 이름의 의미입니다)'에서 '믿음을 소유하기 위하여 겨루는 자(이스라엘에 담긴 의미입니다)'로 바뀌었고, 하나님은 야곱의 하나님이라 일컬음 받으시기를 그때로부터 지금껏 기뻐하시게 되었습니다.

모세는 바로를 대면하기 위해 다시 애굽으로 들어가야 할 때 떨었습니다. 그러나 그는 순종하였습니다. 그리고 이스라엘 백성의 해방은 선포되었고 그들의 역사는 바뀌었습니다.

에스더는 왕을 알현하여 하만의 계략을 취소해야 할 책임을 부여받았을 때 떨었습니다. 그러나 그녀는 순종하였습니다. 그리고 그녀의 동포 이스라엘 백성은 전멸되지 않았습니다.

마리아는 동정녀의 몸으로 그리스도를 잉태했을 때 떨렸습니다. 그러나 그녀는 순종하였습니다. 그리고 만왕의 왕, 구원자 예수는 육신을 입고 태어나셨습니다.

그리고 예수님 또한 겟세마네 동산에서 기도하시며 떨림을 경험하셨고, 십자가 위에서도 육신의 연약함을 이기기 위해 거룩한 투쟁을 하셨습니다. 예수님은 죽기까지 복종하셨습니다. 그래서 우리는 모두 그리스도 예수를 통해 구원을 입었습니다.

여러분, 혹시 믿음 생활을 하시면서 시험이 올 때마다 두려움과 떨림을 경험하신다면 솔직한 모습을 주님께 보여 드리시고 본인을 너무 정죄하지 마십시오(참조 히 4:15). "예수 믿는다면서 왜 저렇게 쉽게 두려워하고 떨어?" 하는 책망을 곧잘 받으시더라도 용기를 잃지 마십시오. 믿음이 없으니까 떨리는 것은 아닙니다. 반대로 돌하르방처럼 담대하게 가만히 잘 서 있다고 해서 믿음이 좋은 것도 절대 아닙니다. 믿음이 있기 때문에 영적 싸움이 더 치열해지는 것입니다. 믿음의 척도는 단순한 나의 반응이 아니라 순종입니다. 남편의 학대를 더 이상 이기지 못하여 원하지 않는 이혼을 하게 된 자매 한 분을 제가 압니다. 세상은 그분이 이혼을 하게 되었다며 비수 같은 정죄를 하였습니다. 그러나 폭풍 같은 그 시간에 그 자매님은 결코 정죄하지 아니하시는 그리스도를 더 깊이 만나 새로운 삶을 살기를 결단하고 계셨습니다. 믿음의 시험을 겪는 시간이 이어졌습니다. 가난하고 힘이 없는 자매님은 두 어린아이의 어머니였습니다. 양육권은 모두 아이들 아버지에게 양도되고 엄마인 자매님은 집에서 내쫓기는 신세가 되고 말았습니다. 실낱같은 희망을 부여잡고 두 아이 역시 학대하는 아버지에게서 자신의 품으로 데려오기 위해 마지막 법적 호소를 해야 하는 날이 왔습니다. 날선 비판이 오고 가는 법정에 서야 했을 때, 그 자매님이 제게 아침 일찍 전화를 거셨습니다. 몹시 떨리는 목소리로 "저 지금 너무 두려워서 전화 걸었어요. 주님께서 이런 못난 나와도 함께해 주신다고 믿고 싶어요. 주님께서 선한 일을 이루실 거라는 걸 알지만 저는 발끝부터 머리까지 마구 떨려요. 제 믿음이 너무 연약해서 부끄러워요. 제발 지금 저를 위해 기도해 주세요!" 이렇게 애절하게 부탁하시면서 흐느끼셨습니다. 저는 그때 그 자매님의 놀라운 믿음에 숙연해졌습니다. 그 자매님이 존귀하고 사랑스러워서 눈물이 쏟아졌습니다. 그리스도가 그 자매님과 함께하신다는 것을 확신하고 싶어 하는 거룩한 몸부림이 그 자매님의 떨림이었다면, 그 자매님의 믿음은 절대 연약한 것이 아니었기 때문입니다. 저는 울먹이고 있는 자매님께 말했습니다. "자매님, 주님 손을 붙들듯이 수화기를 꼭 붙드세요. 지금 기도할게요." 그리고 전화상으로 함께 기도했습니다. 그날 그렇게 귀한 자매님을 위해 기도해 드릴 수 있었던 '특권'을 잊지 못합니다. 그날 이후 그분은 두 아이를 엄마 품으로 데리고 올 수 있었습니다.

저는 룻이 두렵고 떨렸을 것이라 믿습니다. 여러분이라면 모압에서 온 이방 과부 신분으로 이스라엘의 유력하고 존앙받는 한 남자에게 자신을 직접 '신부'로 천거할 수 있겠는지요? 이 엄청난 간극을 긍휼의 하나님께서 과연 뛰어넘게 하실까요? 믿음의 시험입니다. 그녀가 할 수 있는 순종은 다 했습니다. 이제 응답만 기다리면 됩니다.
타작마당의 공기가 점점 차가워져서인지 아니면 긴장의 극치에 이르러 우리 모두가 떨고 있는 것인지 잘 모르겠습니다. 다만 룻이 긴장하고 있는 타작마당에 바람은 여전히 태연하게 넘실대며 불고 있다는 겁니다. 그 바람으로 인해 그녀의 향기가 더 그윽이 퍼집니다.
과연 보아스는 그의 옷자락을 펴서 그런 간절한 룻을 덮어 주게 될까요?
갑자기 〈피터팬〉을 관람하던 제 어린 시절의 그 남자아이처럼 벌떡 일어나 소리를 지르고 싶은 심정이 또다시 일어납니다. "옷자락을 펴세요. 룻을 덮어요, 지금 당장! 룻이 오늘 어떤 마음으로 그곳에 왔는지 당신은 모를 겁니다. 우리는 다 지켜봐서 알아요. 망설이지 말고 어서 그녀를 당신의 옷자락으로 덮어요!"

그렇지만 압니다. 관객인 우리가 그렇게 할 수 없다는 것을. 그리고 우리가 아무리 소리를 질러도 보아스는 듣지 못한다는 것을. 그분의 마음을 주관하시는 분은 따로 있습니다. 걱정하지 마십시다. 하나님의 헤세드가 이미 보아스의 마음에 출렁거리고 있습니다.

보아스의 대답을 들으시려면 내일 다시 타작마당으로 오셔야 합니다. 베들레헴에서 이만한 장소도 찾아보기 드뭅니다.

그러나

그가 이르되 내 딸아 여호와께서 네게 복 주시기를 원하노라 네가 가난하건 부하건 젊은 자를 따르지 아니하였으니 네가 베푼 인애가 처음보다 나중이 더하도다 그리고 이제 내 딸아 두려워하지 말라 내가 네 말대로 네게 다 행하리라 네가 현숙한 여자인 줄을 나의 성읍 백성이 다 아느니라(3:10-11)

어릴 적 저희 오빠는 책 읽는 것을 무척 좋아하는 소년이었습니다. 영리한 오빠는 왕성한 의욕으로 책을 다 읽어 냈습니다. 오빠에 비해 저는 그렇게까지 책과 친근하지 못했습니다. 그래서 우리 집에 있던 동화책이며 과학서적은 다 오빠 소유이지 제 것은 아니라고 여기기도 했습니다. 그러던 어느 날 저도 이야기책이 정말 재미있어지는 날이 찾아왔습니다. 한번 책을 펼치면 그 책에서 쏟아지는

이야기로 책장을 덮을 수 없게 만드는 매력이 있다는 것을 깨달은 후로는 드디어 오빠의 전유물 같던 책들이 제 소유로 여겨지기 시작했습니다. 모든 이야기에는 꼭 **그러나**라는 접속사가 들어 있어 이야기를 더욱 흥미진진하게 이끈다는 것을 느꼈습니다. 예를 들면, "심청이는 마음이 착하고 예뻤습니다. **그러나** 어머니 없이 가난한 아버지 밑에서 자라야 했습니다"라든지, "왕자는 아주 늠름하고 멋있었습니다. **그러나** 마법에 걸려 개구리로 변하고 말았습니다" 같이 말입니다. 접속사 '그러나'는 독자의 시선을 온통 빨아들이는 신비한 힘이 있습니다. '그러나'가 있어야 갈등이 생기고, 그 갈등이 해결되어야 이야기가 마무리되는 것입니다.

나중에 중학교에 가서야 배운 '기승전결'이라는 이야기 구조. 저는 그제야 이런 구조가 있기 때문에 이야기가 훨씬 재미있어진다는 것을 알았습니다.

우리 삶이 한 편의 이야기라면 우리의 이야기에도 기승전결이 있습니다. 저의 '그러나'가 다르고 여러분의 '그러나'가 다릅니다. 우리의 '그러나'가 서로 달라도 우리의 삶이라는 이야기를 쓰시는 저자는 우리의 '그러나'를 결국 가장 선하게 푸시고 해결하십니다.
사실 성경에도 전체를 관통하는 '기승전결' 구조가 있습니다.
이를 철학용어로는 '거대담론'Meta-Narrative이라고 합니다.[37]
신학적으로 표현하자면 '구원의 이야기'라고 할 수 있습니다.
성경 66권에 흩어져 있는 모든 기록은 창조the creation, 타락the fall of humanity, 구원the redemption, 그리고 완성Christ's incarnation and sacrifice의 구조를 갖는다는 맥락입니다.
성경에 이렇게 큰 이야기, 곧 거대담론만 있는 것이 아니라, 그 안에 여러 작은 이야기narratives도 있어서 수많은 '그러나'로 이야기를 풀어 갑니다. 저는 오늘 여러분과 '그러나'에 관한 묵상을 진행하기 전에 제가 며칠 전 묵상했던 성경 말씀을 잠깐 나눌까 합니다. 누가복음 1장 5-7절입니다. 저의 번역으로 본문을 한번 적어 보겠습니다.

유대 왕 헤롯이 다스리는 침울하고 어두운 시대는 이스라엘이 로마의 구속을 받던 시절이라. 그때에 아비야 반열에 제사장 한 사람이 있었으니 이름은 사가랴요 그의 아내는 아론의 자손이니 이름은 엘리사벳이라. 두 사람의 집안이 보여 주듯 이들은 영적으로 명문 가문 출신이더라. 이 두 사람이 하나님 앞에 의인이니 주의 모든 계명과 규례대로 흠이 없이 행하더라. 시편 119편 1절에 "행위가 온전하여 여호와의 율법을 따라 행하는 자들은 복이 있음이여"라고 기록되어 있지 않은가. **그러나** 엘리사벳이 잉태를 못하므로 그들에게 자식이 없고 두 사람의 나이가 많더라.

영적으로 흠이 없는 사가랴와 엘리사벳의 '그러나'는 아이를 잉태하지 못하는 기근입니다. 그렇다면 여러분의 '그러나'는 무엇입니까? 아래 항목에 여러분의 '그러나' 스토리를 주님 앞에 적어 보십시오.

나는 (현재 상황).
그러나 (아직 해결되지 못한 갈등).

제게는 안 보여 주셔도 됩니다. 여러분의 '그러나'를 주님 앞에 쏟으셨으면 이제 저와 타작마당으로 갑시다. 오늘은 보아스의 응답을 기다리는 날이지 않습니까?

타작마당은 여전히 향기롭습니다. 밤벌레 우는 소리도

은은합니다. 룻은 아직도 보아스의 발치에서 조용히 기다리고 있습니다. 베들레헴 하늘에 총총하게 박힌 별들도 보아스의 음성을 기다리느라 더욱 초롱초롱 반짝입니다. 하나님의 헤세드는 타작마당에서 한가득입니다. 넘치도록 출렁입니다. 이제 보아스가 따뜻한 목소리로 대답합니다. "내 딸아 여호와께서 네게 복 주시기를 원하노라." 보아스의 대답은 룻의 간청을 받아들이겠다는 뜻일까요? 룻의 가슴은 쿵쿵 뛰고 있습니다.

보아스의 대답이 이어집니다. 그의 대답은 간단하지 않습니다. 짧게 "예스" 하면서 옷자락을 덮어 줄 것이라는 우리의 기대와는 다소 상반됩니다. 그의 대답을 한번 살펴보겠습니다. 10-13절입니다.

> 내 딸아 여호와께서 네게 복 주시기를 원하노라 네가 가난하건 부하건 젊은 자를 따르지 아니하였으니 네가 베푼 인애가 처음보다 나중이 더하도다 (#1)
> 그리고 이제 내 딸아 두려워하지 말라 내가 네 말대로 네게 다 행하리라 네가 현숙한 여자인 줄을 나의 성읍 백성들이 다 아느니라 (#2)

참으로 나는 기업을 무를 자이나 기업 무를 자로서 나보다 더 가까운 사람이 있으니 (#3)

이 밤에 여기서 머무르라 아침에 그가 기업 무를 자의 책임을 네게 이행하려 하면 좋으니 그가 그 기업 무를 자의 책임을 행할 것이니라 만일 그가 기업 무를 자의 책임을 네게 이행하기를 기뻐하지 아니하면 여호와께서 살아 계심을 두고 맹세하노니 내가 기업 무를 자의 책임을 네게 이행하리라 아침까지 누워 있을지니라 (#4)

제가 단락마다 끊어 가며 숫자를 기입해 두어 좀 귀찮으셨습니까? 이유가 있습니다. 보아스의 대답이 놀랍게도 '기승전결' 구조에 들어맞게 넷으로 나눠지기 때문입니다. 기승전결 구조를 저와 여러분 모두 쉽게 이해할 수 있도록 '4P'로 보아스의 대답을 정리해 보려고 합니다.

기 Praise and Blessings (#1 칭송과 축복)

승 Promise (#2 약속)

전 Problem (#3 **그러나** 문제 혹은 갈등 제기)

결 Peace (#4 평강 혹은 안심)

그러니까 보아스의 대답은 '그러나'가 들어 있는 하나의 작은 '이야기'입니다.

그럼, 칭송과 축복에 해당하는 Priase and Blessings 단락부터 살펴보도록 하겠습니다. 보아스가 룻에게 응답할 때 첫 마디가 "내 딸아"였습니다. 이 놀라운 명명은 그가 룻을 밭에서 처음 만났을 때도 사용했던 언어입니다(2:8). 관객인 우리 모두는 일단 이런 친근한 명명을 듣자마자 안도의 숨을 내쉴 수 있습니다. 룻이 담대히 타작마당까지 가서 보아스의 발치에 누워 있다가 용기 있게 간청했는데, 만에 하나라도 그런 룻의 마음이 관철되지 않으면 어떻게 되겠습니까? 마음에 큰 상흔을 입을 것은 물론, 이제는 정말 모압으로 돌아가야 할지도 모를 수치를 입었을 것입니다. 그러나 다행히도 보아스는 룻의 마음을 물리치지 않고 끝까지 그녀를 '딸'이라 부르며 품고 있습니다. 룻을 보호하고 지켜 주고 싶은 마음입니다. 과부의 의복을 벗고, 목욕을 하고, 기름을 바르고, 새 의복을 입은 룻이 보아스 눈에 보이지 않았겠습니까? 아마도 진주처럼 깨끗하고 아름다웠을 겁니다. 그런 룻을 존귀하게 여기고 다치지 않게 하려는 마음은 '아버지'의 마음입니다. 남자가 여인을 대하는 마음이 아니라, 아버지가 딸을 지키는 마음입니다. 세상의 어떤 아버지가 딸의 마음을 짓밟고 싶어 한단 말입니까? 내 딸을 함부로 대하는 녀석은 가만 두지 않겠다는 자세로 딸을 지켜 냅니다. 그것이 거룩한 부성애입니다. 보아스의 응답 첫 마디에는 철저하게 아버지와 같은 진한 사랑이 흐르고 있습니다.

이어서 룻을 축복해 주고 칭송합니다. 보아스의 축복은 불과 몇 시간 전에 나오미가 룻에게 해주었던 축복(3:1)의 메아리처럼 들립니다. 여호와의 복이 룻에게 임하기를 바랐던 나오미의 마음이나 여호와께서 룻에게 복 주시기를 원하는 보아스의 마음은 같은 선상에 있습니다. 그러면서 보아스는 룻이 베푼 인애(헤세드)가 처음보다 나중이 더 크다며 칭찬합니다. 룻이 처음 베푼 인애는 무엇입니까? 그녀가 모압이라는 과거를 던지고 쓰러져 가는 나오미와 몰락한 엘리멜렉 집안을 자신의 운명으로 끌어안으며 이스라엘 야웨 하나님을 따르겠다는 '헌신'이었습니다.

룻이 나중에 베푼 인애는 무엇인지 생각해 봅시다. 보아스는 "네가 가난하건 부하건 젊은 자를 **따르지** 아니하였으니" 나중 인애가 더 크다고 합니다. 여기서 '따르다'라는 표현은 히브리어로 '할라크 아하레이(hālak'ahărê)'인데, 구약성경에 종종 쓰이는 표현입니다. 이 표현은 일반적으로 '거짓된 신을 좇아 숭배하다'라는 뜻을 품습니다. 그러니까 젊은 자를 따르지 않았다고 한 것은 그녀가 헛된 모압의 신을 좇지 않고 상천하지에 한 분뿐인 야웨를 좇았음을 이야기하는 것으로 받아들일 수 있습니다. 그런데 보아스는 룻이 '젊은 자'를 좇지 않았기에 그녀의 '나중 인애'가 더 크다고 했습니다. 무슨 뜻이 있기에 이 표현을 썼을까요? 사실 '따르다(할라크 아하레이)'에는 '음란한 행위를 좇다'라는 의미 역시 함축되어 있답니다.[38] 잠언 7장 22절에도 이 표현이 쓰였고 호세아 2장 5절에도 같은 의미의 표현이 쓰였습니다. 찾아서 읽어 보십시오. '젊음의 욕구가 주는 대로 탐닉하다'라는 뜻입니다. 보아스의 칭찬은 룻이 자신의 즐거움을 추구하는 여인이 아니라, 하나님의 **기쁨**(히브리어로는 나오미)을 찾는 여인이라는 데에 있습니다. 룻의 성숙함과 현숙함을 칭찬한 것입니다. 그녀는 육체의 욕구를 좇지 않고 하나님의 음성을 좇았습니다. 이것을 보아스는 룻의 '나중 인애'로 보았습니다. 룻이 타작마당으로 보아스를 만나러 왔을 때 그녀는 자신의 모든 존재를 내던져야 했습니다. 아주 조금이나마 남은 그녀의 자존심 '과부의 의복'(한때 말론의 아내였다는 증거)도 내던져야 했습니다. 보아스의 발치에서 보아스의 응답을 기다리며, 이스라엘 하나님의 구원을 바라며 있던 시각은 룻의 일생에서 어쩌면 도박과도 같이 무모한 '내던짐'이었던 것입니다. 생각해 보십시오. 그 당시는 영적으로 무척 어두운 사사시대였습니다. 모압이라는 이방 땅에서 한 젊은 과부가 베들레헴이라는 작은 마을에 입성했을 때 젊은 남자들은 그녀를 어떻게 보았을까요? 함부로 대할 수도 있는 천한 여자라고 여기며 값싼 유혹의 신호을 몇 번이고 던졌을지 모릅니다. 그러나 룻은 자신을 지켜 냅니다. 룻의 일상은 변함없이 나오미의 집에서 보아스의 밭, 그리고 다시 보아스의 밭에서 나오미의 집으로 이어졌습니다. 그 경로를 이탈하지 않았습니다. 한 번쯤은 젊은이들이 모여 있는 저잣거리에 들려 볼 만도 하고 이웃 소녀들처럼 한담하며 놀러 다니는 재미에도 빠져 볼 만도 한데 그녀는 정해진 길 외에 다른 길로 우회하여 갈 생각을 하지 않았다는 겁니다. 여호와의 복을 받을 만한 사람입니다. 그 길에 서기 위하여 악인의 길에 서지 않았습니다(시 1:1). 그녀의 성실함은 그녀의 존재를 눈부시게 가꾸어 갑니다. 매일 과부의 의복을 벗지 않고 열심히 시어머니를 봉양하는 룻의 모습은 몇 날이 지나도 변함이 없었습니다. 올곧은 그녀의 모습에는 무엇인가 남다른 점이 분명히 있다는 것을 마을 사람들도 조금씩 깨닫게 되었습니다. 룻에게 집적대던 '젊은 자'도 함부로 할 수 없는 어떤 근엄을 그녀에게서 느끼고는 점점 더 조심스럽게 대했습니다. 수군대던 베들레헴 여인들의 입방아도 조용해졌습니다. 최근에 나오미가 어린아이처럼 꿈을 꾸며 룻을 딸처럼 사랑하는 모습을 지켜본 마을 어른들도 룻에게서 무언가 소중한 가치를 느꼈을 겁니다. 그런 룻이 다른 사람도 아닌 보아스의 발치에 앉아 구원을 바라고 있습니다. 나오미의 집에서 타작마당까지 경로 일탈 없이 곧바로 달려온 헌신의 극치입니다. 룻의 '나중 인애' 입니다.

자, 다음으로는 보아스가 이런 룻에게 하는 약속을 살펴봅시다. "그리고 이제" 이렇게 보아스는 약속의 문구를 엽니다. 이와 더불어 우리 모두의 시점은 과거에서 미래로 옮겨집니다. 절망을 이겨 내려고, 고통을 감수해 내려고 발버둥 치던 룻의 과거를 접고 '이제'입니다.

이제, 지금부터는 두려워하지 말라고 위로를 전하는

보아스의 말에서 아름다운 '샬롬'의 미래가 보입니다. 어린아이처럼 꿈을 꾸던 나오미처럼 룻도 그런 미래를 꿈꾸라는 것입니다. 이렇게 룻을 위로한 뒤 '이제' 보아스는 놀라운 발언을 합니다. "내가 네 말대로 네게 다 행하리라." 이 말을 무엇을 말합니까? 그동안은 보아스에게 룻은 '여종'과도 같은 존재였는데, 이제는 보아스가 룻에게 '종'과 같은 존재가 되겠다는 반전 혹은 뒤바꿈입니다. 그녀의 말에 순복하고 따르겠다는 의지이기도 합니다. 룻은 나오미에게 순종하면서 이스라엘 하나님의 긍휼과 구원을 바랐습니다. '이제' 보아스는 그런 룻을 헌신적으로 섬기면서 이스라엘 하나님의 긍휼을 성취하고 구원을 선포하겠다는 것입니다. 룻이 보여 준 겸손의 극치를 보아스는 다시 겸손의 극치로 갚고 있습니다.

"네가 현숙한 여자인 줄을 나의 성읍 백성이 다 아느니라." 보아스가 말합니다. 보아스가 룻을 **현숙한 여자**라고 칭했던 데는 아주 특별한 의미가 있습니다. Day 8에서 룻기의 내레이터가 보아스를 소개할 때 그를 '유력한' 사람으로 소개했다고 말씀드린 적이 있습니다. 히브리어로 '기보르 하일(gibbôr ḥayil)'이라고 하였지요. (혹시 기억이 잘 나지 않으시면 Day 8로 가셔서 그 부분을 다시 읽어 보셔도 좋습니다.) '하일'이라는 단어에는 '뛰어난 힘 혹은 존귀함'이라는 뜻이 있습니다. 우러러볼 만한 대상에게 쓸 수 있는 단어입니다. 사사시대에서는 기드온 같은 이스라엘의 영웅에 대한 호칭이라고 했습니다. 그런데 보아스가 룻에게 '현숙한 여자'라는 표현을 할 때, '에쉐트 **하일**('ēšet hayil)'이라 했습니다. 그녀가 그에게는 우러러 보이는 존귀한 여인이라는 것을 나타냅니다. 이렇게 여인을 높여 부른 표현은 이곳 외에 두 군데밖에 없습니다. 잠언 12장 4절의 '어진 여인'과 잠언 31장 10절의 '현숙한 여인'이 바로 그 표현입니다.

아마 여기까지 듣고 룻은 기쁨과 감사함으로 마음이 설레지 않았을까요? 이렇게까지 룻을 소중히 여겨 주는 보아스에게 확신을 품어 보았을 것 같습니다.

그렇게 존귀한 여인에게 합당한 사람은 누구란 말입니까. 우리는 바로 그녀 앞에 있는 보아스라고 소리쳐 대답하고 싶습니다. 그렇지만 겸손한 보아스는 그가 그녀의 남편 되기에 '유력한' 존재라고 자만하지 않았습니다. '당장에 룻에게 옷자락을 덮어 준다면' 하는 우리의 바람은 보아스의 진중한 인품을 묵과한 우리의 참을성 없는 기대였나 봅니다.

보아스는 이제 '그러나'로 다시 화제를 바꿉니다. 룻의 간청을 선뜻 수락하기에는 어려움이 있다고 솔직하게 설명해 줍니다. 보아스의 '그러나'는 무엇일까요? 보아스가 룻을 소중하게 여기는 만큼이나 커다란 어려움은 무엇인지 궁금합니다. 그건 내일 다시 타작마당으로 오시면 풀어야 할 숙제인 것 같습니다.

참, 이쯤에서 저도 문득 궁금합니다. 여러분의 '그러나'에는 어떤 스토리가 적혀 있는지.

묵상을 마치기 전에 앞서 잠시 언급한 사가랴와 엘리사벳의 '그러나'를 조금 더 말씀드리려고 합니다. 마침 사가랴는 그 반열의 차례대로 하나님 앞에서 제사장의 직무를 행하고 있었는데, 제사장 중 한 명이 주의 성전에 들어가 분향할 시기가 되었습니다. 전례를 따라 제비를 뽑았는데 **우연히** 사가랴가 선출되었습니다. (과연 우연이었을까요?) 모든 백성은 분향하는 시간에 밖에서 기도하고 있었고, 사가랴는 주의 성전에서 향단을 피우며 '이스라엘의 구원'을 위해 대표로 기도하는 중이었습니다. 그때 주의 사자가 그에게 나타납니다. "무서워하지 말라 너의 간구함이 들린지라 네 아내 엘리사벳이 네게 아들을 낳아 주리니 그 이름을 요한이라 하라"(눅 1:13).

엘리사벳과 사가랴의 '그러나'는 세례 요한이라는 아들이 태어남으로써 종결됩니다. 세례 요한은 이스라엘의 진정한 구원을 선포하기 위하여 예수님의 탄생을 예고한 선지자였습니다. 그는 또한 광야에서 회개를 촉구하며 그리스도의 길을 예비하는 목소리였습니다. 정결했던 엘리사벳과 사가랴에게 하나님이 허락하신 '그러나'의 해결은 세례 요한의 탄생입니다.

여러분의 '그러나'는 어떻게 종결될지 저는 모릅니다. 저의 '그러나'도 어떻게 종결될지 모르겠습니다. **그러나** 오늘 여러분이 주님의 긍휼과 구원을 바라고 계신다면 여러분의 '그러나'는 분명 주님의 긍휼과 구원으로 종결될 것만은 압니다. 오늘 저와 여러분의 '그러나'를 주님께 드리고, 그분의 응답을 기다리기를 원합니다.

이제 타작마당 찾아오시는 길은 베들레헴에서 가장 익숙한 길이 되셨을 것 같습니다. 타작마당은 여전히 향긋합니다. 내일도 여기에서 만나 뵙지요.

여호와의 살아 계심을 두고

참으로 나는 기업을 무를 자이나 기업 무를 자로서 나보다 더 가까운 사람이 있으니 이 밤에 여기서 머무르라 아침에 그가 기업 무를 자의 책임을 네게 이행하려 하면 좋으니 그가 그 기업 무를 자의 책임을 행할 것이니라 만일 그가 기업 무를 자의 책임을 네게 이행하기를 기뻐하지 아니하면 여호와께서 살아 계심을 두고 맹세하노니 내가 기업 무를 자의 책임을 네게 이행하리라 아침까지 누워 있을지니라 하는지라 룻이 새벽까지 그의 발치에 누웠다가 사람이 서로 알아보기 어려울 때에 일어났으니 보아스가 말하기를 여인이 타작마당에 들어온 것을 사람이 알지 못하여야 할 것이라 하였음이라(3:12-14)

오늘은 좀 여유를 갖고 이런저런 이야기를 나누면서 타작마당으로 들어가십시다. 타작마당에 머무는 시간도 아마 오늘이 마지막일 듯합니다.

우리는 아주 중대한 일을 앞두고 그 일을 꼭 이루고 싶으면 '죽음이 우리를 갈라놓을 때까지'라며 맹세합니다. 살아 있는 동안은 굳건한 약속이라는 뜻이지요. 그런 맹세를 해보신 적이 있으신지요?

이스라엘 사람들도 진정으로 약속을 지키고 싶은 중요한 일에 맹세를 합니다. 그런데 이루 말할 수 없이 중요한 것이라 자신의 생명과도 바꿀 만큼 소중한 약속이라면 '죽음' 보다는 '야웨의 생명'을 두고 맹세합니다. 내가 죽는 한이 있어도 영생하는 하나님께서 그 맹세를 이루실 것이라는 아주 확고한 믿음입니다. 우리에게는 서약을 선행先行하고 지키고자 하는 바를 후행後行하는 순서가 익숙하지요? 이스라엘 사람들도 마찬가지입니다. 예를 들어 "야웨의 생명을 두고 말하노니, 내가 너에게 반드시 돌아오리라" 라든지 "야웨의 생명을 걸고 선포하노니, 내가 그것을 찾아내리라"라고 먼저 말합니다. 그런데 결단과 의지가 매우 강할 때는 이 순서가 역행逆行합니다. 그러니까 성취해야 할 일을 먼저 굳건히 다짐하고 그것을 인봉印封하기 위해 '야웨의 살아 계심'을 그다음에 둡니다. 이런 순서로 맹약한 경우는 성경 속에서 오직 두 번밖에 없답니다. 그만큼 막중하고 철저한 믿음이라는 방증입니다. 번역본에는 이런 세심한 어순까지 고려해 번역해 놓지 않았기 때문에 간과하기 쉽지만, 히브리어 성경으로 보면 이렇게 어순을 특별하게 배열한 맹약의 구절을 확인하실 수 있습니다. 그렇다면 어디에 이런 역순의 절실한 맹약이 나오는지 궁금하시지요? 애틋하고 간절한 맹약 두 가지를 한번 살펴보고 지나갈까요? 그럼 타작마당은 언제 가느냐고요? 걱정 마십시오. 이야기를 나누시면서 함께 걷다 보면 곧 도착하게 되어 있답니다.

여호와의 사심을 두고 자신의 의도부터 피력한 유명한 맹약은 다윗과 요나단 사이의 약속입니다(삼상 20:21). 다윗은 사울 왕의 극악한 미움과 오해를 받고 있던 상황이었지요. 처음에는 그냥 질투라고 여겼는데, 질투에서 증오가 자라고 증오에서 분노가 치밀어 결국 그 분노가 죽음을 노리는 데 이르렀습니다. 그래서 다윗은 날마다 죽음의 위협을 받아야 했습니다. 마음을 어디에도 털어놓을 수 없을 때 다윗은 요나단을 찾습니다. 비록 사울 왕의 아들이지만 요나단은 다윗의 적이 아니라 깊은 우정을 나눌 수 있는 친구였습니다. 그래서 다윗은 요나단에게 사울의 의중을 살펴 달라고 부탁합니다. 사울 왕이 다윗을 죽일 생각이 없다면 다윗이 궁에 남아 있어도 안전하겠지만, 사울 왕이 다윗을 진정으로 해치고 싶어 한다면 다윗은 궁을 떠나야 하기 때문입니다. 다윗의 이런 긴박한 사정을 이해한 요나단은 그와 맹약을 세웁니다. 아버지 사울 왕의 동향을 살피어 다윗의 생명을 보호해 주겠다는 약속입니다. 어찌 보면 요나단에게는 아주 위험한 맹세였습니다. 다윗을 보호하기 위해 아버지에게 불순종해야 할 위험 부담까지 안고 있었으니 말입니다. 그러니 아버지의 집에 배신자로 남을지언정 친구 다윗을 위해 그 불명예도 기꺼이 껴안겠다는 숭고한 맹약이었습니다. 지혜롭고 용감했던 요나단은 야웨의 기름 부음과 그분의 의로운 오른손이 자기 아버지 사울이 아니라 다윗에게 머물러 있다는 것을 마음속 깊이 분별했습니다. 그래서 여호와께서 다윗의 대적을 치시며 다윗을 높이실 때, 사울의 집에 인자함을 거두지 말라고 부탁을 합니다. 요나단의 맹약 속에 스며든 애절한 부탁이었습니다.

요나단은 사울의 생각을 다윗에게 알리는 방법으로 화살을 쏘기로 합니다. 화살 세 발을 다윗이 숨은 바위 곁에 쏘고 사환에게 화살을 주워 오도록 명령을 내릴 때 "화살이 네 이쪽에 있다"고 하면 다윗은 궁으로 돌아와도 괜찮다는 것이었습니다. 만일에 "화살이 네 앞쪽에 있다" 하면 다윗은 사울을 떠나 그의 길을 가야 했습니다.

이 모든 맹약은 '여호와의 사심'을 두고 요나단이 먼저 제안한 것입니다. 여호와의 사심을 두고 다윗을 지키려는 요나단은 아버지 사울이 다윗을 죽일 뜻이 전혀 없기를 간절히 바랐습니다. 그러나 절망스럽게도 요나단이 발견한 것은 살기가 등등한 아버지의 분노였습니다. 아버지 사울 왕의 눈에서 다윗에 대한 살의를 확인한 요나단은 드디어 다윗이 숨어 있는 들녘으로 아픈 가슴을 쓰다듬으며 나갑니다. 다윗과 약속했듯이 화살 셋을 다윗이 숨은 바위 곁으로 쏩니다. 화살을 쏘기 전에 그의 얼굴에는 끊임없이 뜨거운 눈물이 흘러내려 연신 소매로 얼굴을 닦아야 했습니다. '야웨의 사심'으로 친구를 지키기로 했던 요나단이 아닙니까. "친구여, 부디 평안히 가소서…." 이렇게 혼자 이야기하며 활시위를 다윗이 숨은 바위 곁을 향해 당깁니다. 순진한 화살은 바위 곁으로 쏜살같이 날아갔고, 이제 요나단의 말에 따라 다윗의 운명은 삶과 죽음의 길로 갈립니다. 요나단은 옆에 멀뚱히 서 있던 사환에게 달려가 화살을 주워 오라고 시킵니다. 들녘 아주 먼 곳까지 정확하게 들리도록 외칩니다. 심장이 쿵쾅쿵쾅 뛰고 있을 다윗의 귀에 잘 들리도록 눈물 머금은 함성이 들녘에 슬프게 메아리쳤습니다. "화살이 네 앞쪽에 있지 아니하냐" (삼상 20:37).

화살이 네 앞쪽에 있다는 말을 듣고 다윗은 절망스러워 다리 힘이 탁 풀렸을 것입니다. 한 가닥 희망을 품고 기다리던 다윗의 마음이 무너지는 순간입니다. 그렇게 낙망하고 있을 다윗을 요나단이 모를 리 없습니다. 그래서 그는 다시 소리를 질러 다윗을 독려합니다. 마치 사환하게 소리를 지르는 듯 말합니다. 하지만 사실 그는 다윗에게 외쳤던 겁니다. "지체 말고 빨리 달음질하라!"(삼상 20:38) "내 아버지가 당신을 좇기 전에 어서 도망치시게, 친구여…" 요나단의 절규였습니다. 영문을 모르는 사환은 있는 힘을 다하여 전력 질주해서 화살을 찾아내어 요나단에게 가지고 옵니다. 주인에게 화살이 참 중요한가 보다 하고 최선을 다하여 화살을 찾아 요나단에게 건넸건만 왠지 그의 주인 요나단이 흡족해 보이지 않습니다. 오히려 주인의 얼굴에는 그늘이 가득합니다. 그래서 사환은 머리를 긁적거리며 고개를 조아리고 물러납니다. 그때 차마 아직 도망가지 못하고 바위 남쪽에 숨어 있던 다윗이 천천히 일어납니다. 그리고 다윗의 생명을 위하여 '여호와의 사심'이 후행할 정도로 자신의 의도를 선행하며 맹약해 준 요나단에게 정중하게 세 번 절을 합니다. "나의 왕자여, 부디 평안하소서…." 다윗이 이렇게 말했을 겁니다.

"친구여 걱정 마라. 그대와 나 사이에 여호와께서 영원히 계시지 않는가. 여호와께서 그대의 자손과 내 자손 사이에도 계실 터이니 그대는 평안히 그대의 길을 가라." 요나단도 응답을 합니다. 그들은 서로 입 맞추고 심히 울었습니다. 그러나 다윗이 더 심하게 울었다고 성경은 기록합니다(삼상 20:41). 다윗이 얼마나 외로웠을지 상상해 보십시오. 그러나 '여호와의 사심'을 두고 맹세한 요나단의 우정의 맹약은 다윗의 일생에 잊지 못할 가장 소중한 보석으로 남게 됩니다.

아, 말씀드리면서 걷다 보니 벌써 타작마당에 이르렀군요. 다윗과 요나단의 이야기는 참 아름답습니다. 그런데 성경에 '여호와의 살아 계심'이 후행한 또 다른 맹세는 어디에 나오느냐고요? 기다리십시오. 사실 그 맹약은 오늘 타작마당에 있습니다. 제가 말씀드리지 않았나요? 베들레헴에서 타작마당 같은 곳도 드물다고요.

자, 오늘은 보아스의 '그러나'부터 들어야 합니다. "참으로 나는 기업을 무를 자이나 (**그러나**) 기업 무를 자로서 나보다 더 가까운 사람이 있으니…"(12절). 보아스의 딜레마입니다. 그는 히브리어로 고엘(go'el), 곧 기업 무를 수 있는 사람 중

하나이지만, 가장 그에 유력한 자는 아니라는 법적 자격 미달의 우려를 나타냅니다. 영어로 이 문장을 표현해 보면 이러합니다. He(Boaz) is indeed **a** kinsman-redeemer, but not **the** kinsman-redeemer! 이 말에 룻의 심중에 잠시 혼란이 왔을 것입니다. 그럼 나오미는 그 사실도 모르고 무턱대고 룻을 보아스에게 보낸 것일까요? 만일 더 유력하고 가까운 친족이 있었다면 그의 발치에 가서 룻이 앉아 있어야 마땅한 이치가 아니겠습니까? 그러나 룻은 시어머니 나오미가 절대 그 사실을 몰랐을 거라고 여기지 않았습니다. 그녀는 나오미를 신뢰하고 있었습니다.

보아스보다 가까운 친족이 있을 수 있으나, 법적으로 마땅한 '그 기업 무를 자'가 '구원자'가 되어 주지 못할 거라는 나오미의 판단을 룻은 믿었습니다. 모압을 떠나 베들레헴을 입성하기로 결심한 순간부터 룻이 의지한 것은 '하나님의 인애와 긍휼(헤세드)'이었지 '율법'은 아니었던 것입니다.

율법을 의지하여 구원을 얻는다면 구원받을 수 있는 사람은 거의 없습니다. 그 당시 룻과 같은 과부는 영원한 죄인이나 마찬가지였습니다. 벗을 수 없는 과부의 의복은 수치스러운 죄수복과 같았습니다. 끊이지 않는 '기근'의 고통을 감당해야 하는 죄인 같은 삶이 그들의 숙명이었습니다. 그러나 죄인에게 율법이 정한 것이 처벌이라면, 은혜는 그 죗값을 치르고 구원의 자격을 부여합니다. 그래서 우리는 은혜로 인해 믿음으로 말미암아 구원을 받은 것입니다. 네, 맞습니다. 구원은 믿음과 은혜로 말미암은 하나님의 선물입니다(엡 2:8). 룻을 보아스 발치로 보낸 나오미의 의도는 하나입니다. 그렇습니다. 헤세드입니다. 지금 룻이 보아스의 발치에 앉아 있다는 것은 은혜의 자리에 있다는 것입니다. 율법의 자리를 기대했다면 오늘 밤 룻은 보아스의 발치가 아니라 기업 무를 가까운 친족의 발치에 앉아 있어야 맞습니다. 그러나 오늘 룻은 하나님의 선물처럼 더 좋은 자리(참조 눅 10:42)를 부여받았고 이제 절대 빼앗기지 아니할 것입니다. 그러므로 보아스의 '그러나'는 헤세드 안에서 곧 해결될 것입니다. 룻이 염려할 필요가 없습니다.

보아스는 다시 한 번 평강 속에서 안심시킵니다. "이 밤에 여기서 머무르라 아침에 그가 기업 무를 자의 책임을 네게 이행하려 하면 좋으니 그가 그 기업 무를 자의 책임을 행할 것이니라"(13절).

이 밤에 **여기서** 머무르라는 보아스의 말을 히브리어 성경으로 보면 사실 **여기서**라는 말은 없습니다. 그냥 번역의 자연스러움을 위해 삽입한 단어일 것이라 추측합니다.
보아스가 "이 밤에 머무르라"라고 한 구절에는 어떤 함축이 숨어 있습니다. '머무르다'라는 동사는 룻기 1장 16절에서 쓰인 동사와 일치하기 때문입니다. 룻이 "어머니께서 **머무시는** 곳에서 나도 **머물겠나이다**"라고 다짐했던 그 '머묾'을 보아스가 다시 이야기하고 있습니다. 이 밤에 룻은 모압을 떠나오기 전에 맹세했던 '머묾'을 아침이 될 때까지 지켜야 합니다. 아침에 과연 어떤 '구원자'가 룻을 구원할지 알 수는 없으나, 룻은 보아스의 발치에서 **머물러야** 합니다. 그러나 안심이 됩니다. 룻은 이미 '머묾'에 무척이나 익숙한 여인이기 때문입니다. 그녀는 줄곧 나오미의 집에서 시어머니 곁에 머물러 왔고, 낮에는 보아스의 밭에서 머물러 왔습니다. 그녀는 그렇게 집념 있게 '머물러' 있던 여인입니다. 오늘 밤 보아스의 발치 아래 '머물러' 있는 것은 그동안의 '머묾' 훈련에 비하면 아무것도 아닙니다. 보아스는 그런 룻을 잘 알았기에 그녀가 조금만 더 '머물기를' 원했던 것입니다. 이제 조금만 더 머물면 구원의 시각이 다가옵니다.
저는 Day 2에서 '울타리와 평지'에 대해 말씀드렸습니다.

'떠남과 머뭄'의 이야기였지요. 떠남은 쉽지만 머뭄은 쉽지 않습니다. 하나님께서 떠나라 하면 떠나십시오. 그러나 떠나라고 하지 않으신다면 머무십시오. 순종의 자리에 머무르려면 각고의 참음, 즉 인내가 필요합니다. 여러분 아십니까? 그 '인내'가 바로 사도의 표적 중 하나임을(고후 12:12).

오늘 밤 룻이 머무는 이 타작마당이 어쩌면 그녀가 머물러야 할 인내의 마지막 장소일지 모릅니다. "아침에 그가 기업 무를 자의 책임을 네게 이행하면 좋으니"(13절) 보아스가 말합니다. 그런데 만일 그가 기업 무를 자의 책임을 다하지 않는다면 룻의 운명은 어떻게 되겠습니까? 룻은 어디에 '머물러야' 할까요? 자, 계속 보아스의 말을 들어 보십시다. "만일 그가 기업 무를 자의 책임을 네게 이행하기를 기뻐하지 아니하면 내가 기업 무를 자의 책임을 네게 이행하리라! **여호와께서 살아 계심을 두고 맹세하노니!**" 보아스는 지금 아주 애틋하고 무게 있는 맹약을 하고 있습니다. 그는 그가 성취하고자 하는 의도를 먼저 선행했습니다. 그리고 '여호와의 살아 계심'을 후행하면서 자신의 약속을 인봉했습니다. 이런 맹세는 성경에 오직 두 번밖에 나오지 않는다고 하였지요? 바로 이곳입니다.
보아스가 죽는다 해도 하나님께서 룻의 구원을 책임지실 거라는, 끊어지지 아니하는 맹세입니다. 이 맹세는 보아스가 오늘 밤 당장 옷자락으로 룻을 덮어 주는 것보다 훨씬 책임 있고 감동적인 응답입니다. 이 맹세를 들은 룻은 은혜의 옷자락 안에 이미 들어가 있는 셈입니다. 율법이 그녀를 배척하는 한이 있어도 은혜는 그녀를 구원해 낸다는 약속입니다.
타작마당에 헤세드가 출렁거린다고 하지 않았습니까.
이제 새벽까지 룻이 그 타작마당에 머뭅니다. 그러나 이번 머뭄은 룻의 생애에서 제일 즐거운 머뭄이 될 것입니다.
그녀가 외롭게 혼자 머문 것이 아니라 보아스라는 동반자가 있습니다. 더 이상 나 홀로 싸움이 아니었습니다. 이렇게 두 사람은 새벽까지 머물며 타작마당에 쏟아질 듯 반짝거리는 별을 보았습니다. 베들레헴의 별을….
참, 여러분 호주머니에 아직도 베들레헴의 별이 있습니까? 잃어버리지 마십시오. 제가 나중에 또 확인할 것입니다. 그 별 가운데 하나는 우리에게 소망이 될 별입니다.
새벽이 오기 전에 가장 어두운 시각이 있습니다. 빛이 어둠을

뚫기 전에 가장 칠흑 같은 순간이 닥치자 룻이 타작마당에서 일어나 떠날 채비를 합니다. '머뭄'의 끝에 이른 것입니다. 여인이 타작마당에 들어왔다고 하면 사람들이 오해하기 쉬운 사사시대였기에 보아스는 룻을 보호하기 위해 그녀를 조심스럽게 떠나보냅니다. 그는 어떻게 그녀를 조심스럽게 떠나보낼까요? 사람들이 오해하지 않도록 조심스럽게 떠나보낼 방법이 보아스에게 있었을까요? 그건 내일 알아보도록 합시다.

벌써 새벽입니다. 타작마당의 새벽이 시작됩니다. 보케르 토브! 오늘은 정말로 좋은 아침이라는 생각이 들지 않으십니까?

안식하라

보아스가 이르되 네 겉옷을 가져다가 그것을 펴서 잡으라 하매 그것을 펴서 잡으니 보리를 여섯 번 되어 룻에게 지워 주고 성읍으로 들어가니라 룻이 시어머니에게 가니 그가 이르되 내 딸아 어떻게 되었느냐 하니 룻이 그 사람이 자기에게 행한 것을 다 알리고 이르되 그가 내게 이 보리를 여섯 번 되어 주며 이르기를 빈 손으로 네 시어머니에게 가지 말라 하더이다 하니라 이에 시어머니가 이르되 내 딸아 이 사건이 어떻게 될지 알기까지 앉아 있으라 그 사람이 오늘 이 일을 성취하기 전에는 쉬지 아니하리라 하니라(3:15-18)

오늘은 타작마당에 아주 잠시만 머물다 곧 베들레헴 성읍으로 들어가셔야 합니다. 오늘 이후 묵상 여정 중에 더 이상 타작마당에 가지 않습니다.

날이 밝아 오기 전에 떠나려는 룻에게 보아스가 마지막 말을 건넵니다. "네 겉옷을 가져다가 그것을 펴서 잡으라." 처음에 저는 이 겉옷이 룻이 입은 새 의복(3절에서 나왔던)이라고 생각했습니다. 그런데 두 겉옷은 분명 다른 단어라는 것을

Day 21

히브리어 성경에서 발견했습니다. 같은 옷이라면 히브리어로 '심라(śimlâ)'여야 하는데 여기에 나온 겉옷은 '미트파하트(miṭpă'ḥăṯ)'인 것입니다. 미트파하트는 몸을 덮는 큰 숄을 생각하시면 됩니다. 그래서 이 옷은 룻이 예복 위에 걸쳤던 겉옷이 아닐까 추측해 봅니다(참조 사 3:22).[39] 예복 위에 걸치던 겉옷이라면 꽤 넓은 옷이겠지요. 룻이 그 옷을 넓게 펴서 잡으니 타작마당에 솔솔 부는 새벽바람에 풀럭였을 것 같습니다. 마치 '날개(카나프)'처럼 말입니다. (잠시 2장 12절을 기억해 보십시오.) 그 날개 같은 겉옷에 보아스는 보리를 여섯 번 되어 줍니다(15절).

그런데 어떤 단위로 여섯 번인지 가늠할 수가 없습니다. 17절에도 여섯 번이 나오기는 합니다만, 도대체 힌트가 없습니다. 히브리 텍스트에서 단위를 분명히 밝히지 않는 것은 드문 일은 아닙니다만, 룻이 받아 온 보리의 양이 과연 어느 정도였는지 궁금합니다. 그러나 내레이터가 말하는 여섯 번의 양을 당시 유대인들은 곧잘 알아들었을 것입니다. 그들끼리 통용되는 기준이 있었겠지요. 문화에 따라 양을 측정하는 척도도 다르기 마련이니까요.

여기까지 말씀드리고 나니 갑자기 몇 년 전 일이 생각납니다.

BSF라는 성경프로그램에 참여하여 몇 년간 꾸준히 공부한 적이 있습니다. 매주 그룹으로 모여 토론을 하고, 한 달에 한 번은 점심을 나누며 교제하는 프로그램이었습니다. 저희 그룹의 조합은 아주 특이해서 대만에서 온 자매님 한 분, 필리핀에서 온 자매님 한 분, 미국 자매님 두 분(한 분은 백인 그리고 한 분은 흑인), 그리고 저로 구성되었습니다. 점심을 나누는 교제 시간에는 돌아가면서 가정에서 모였는데, 어느 달엔가 저희 집 차례였습니다. 저희 집 식탁에 옹기종기 앉아서 각자 한 가지씩 해온 음식을 꺼내 놓았습니다. 미국 자매님 중 한 분은 파인애플 업사이드다운 케이크라는 예술에 가까운 디저트를 식탁에 올렸고, 다른 한 분은 치즈 향이 고소한 스파게티를 준비하셨습니다. 필리핀에서 온 자매님은 기가 막히게 맛있는 브로콜리 닭고기 요리를 브라운 라이스와 함께 가지고 왔습니다. 대만에서 온 자매님은 군침이 도는 중국식 국수를 준비했고 저는 잡채를 만들었습니다. 식탁이 풍성해서 서로 손을 잡고 식기도를 할 때부터 침이 꿀꺽 삼켜질 정도였습니다. 서로가 서로의 음식을 칭찬해 가면서 먹으니 신이 났습니다. 그런데 미국인 자매님 한 분이 잡채가 아주 맛있다면서 저더러 어떻게 만드느냐고 물었습니다. 간장을 얼마나 넣느냐기에 저는 대충 양을 보아 알려 주었습니다. 만들 때마다 맛이 조금씩 달라지는 것은 정확하게 계량하면서 간을 하지 않기 때문이라고 설명해 주었습니다. 그래서 제 잡채와 친정어머니 잡채는 똑같은 재료로 만들어도 맛이 조금 다릅니다. 참고로 어머니의 잡채는 정말 맛있습니다. 옆에서 잘 배웠지만 저는 그 맛을 낼 수가 없습니다. 흔히 손맛이라고 하는 그 신비스러운 요리법은 딱히 뭐라 설명할 수 없는 '감각'이기 때문입니다. 제 말에 미국 자매님들은 고개를 갸우뚱했지만, 대만 자매님은 제가 말하는 그 '대충'의 양이나 손맛을 알아듣는 듯 고개를 끄덕이셨습니다. 그다음에 필리핀에서 오신 자매님께 닭고기 요리법을 물어보았습니다. 닭고기와 브로콜리의 비율은 어느 정도 맞추면 좋은가 물었더니 머리를 긁적이며 "대충 양을 보아 닭에 비해 브로콜리가 너무 많지 않게만"이라고 답했습니다. 저는 그 자매님이 말하는 '대충'의 양을 알아듣겠는데, 미국 자매님들은 또 한 번 고개를 갸우뚱했습니다. 대만에서 온 자매님의 요리법은 더욱 흥미로웠습니다. 자매님은 국수 요리를 할 때 "한번 손으로 집어 먹어 보아 싱거우면

소금을 좀 더 넣고 버무리고 다시 한 번 집어 먹어 보아 맛이 배었으면 완성"이라고 했습니다. 정확한 레시피는 없다고 했습니다. 우리는 킥킥 웃어 대기 시작했습니다. 양을 재는 단위나 기준이 문화에 따라 조금씩 다르기 때문이었죠. 이윽고 파인애플 업사이드다운 케이크 요리법을 묻자 미국 자매님은 지갑에서 메모지를 꺼내 차근차근 레시피를 적어 주었습니다. 아주 정확한 레시피였습니다. 공장에서 나온 듯 누가 만들어도 똑같이 나올 파인애플 업사이드다운 케이크! 밀가루 두 컵, 설탕 한 컵 등 레시피가 적힌 메모지를 보는 순간 우리는 갑자기 와하하 웃어 버렸습니다. 복잡하니 그냥 다음에도 만들어 오시라고 했습니다. 그러자 그 자매님도 그게 낫겠다며 웃으셨습니다. 덕분에 식사를 참 재미있게 했고, 다음에도 서로 요리법은 절대 묻지 말고 각자 가지고 온 음식을 그냥 감사히 '경외하며' 먹자고 하면서 또 한 번 까르르 웃고 헤어진 적이 있습니다. 문화가 달라도 예수님을 사랑하는 사람들이 모인 식탁, 천국의 점심식사였습니다.

제 이야기 속 미국 자매님처럼 고개가 갸우뚱해집니다. 내레이터가 말하는 여섯 번이 어느 정도인지 여러분은 고개가 끄덕여지십니까? 저는 그 양이 대략이라도 짐작이 가질 않습니다. 저는 보아스가 룻에게 준 보리의 양을 계산해 보고 싶습니다. 여러분이 킥킥 웃기 시작하실 것 같습니다. 세 가지 가능성이 있습니다. 첫 번째 가능성은 '에바' 단위로 여섯 번입니다. 내레이터가 이미 이 단위를 쓴 적이 있으니 (참조 2:17) 생각해 볼 만한 가능성입니다. 그렇다면 적어도 180파운드(약 82kg)는 족히 넘는 양이라는 것인데, 룻이 이고 가기에는 무리가 따르는 상당한 양이라 할 수 있습니다. 룻의 몸무게보다 무거운 양이었을 겁니다. 아무리 보리를 많이 주고 싶었다 해도 이 정도라면 룻이 도저히 혼자 지고 가지 못했을 것입니다.

그렇다면 두 번째로 '오멜'이라는 단위로 여섯 번 되어 주었다고 생각해 봅시다. 오멜은 에바의 10분의 1 정도 되는 단위입니다(출 16:36). 그렇다면 18파운드 정도 주었다는 이야기입니다. 물론 이 정도라면 룻이 성읍까지 충분히 들고 갈 수 있는 양이겠지만 보아스의 밭에서 첫날 일하고 얻어 온 보리 양보다 훨씬 적습니다(2:17). 보아스가 이 정도 양을 담아 주었을 것 같지는 않습니다.

그렇다면 세 번째 가능성은 '세아' 단위로 여섯 번입니다. 세아는 에바의 3분의 1에 해당하는 단위입니다. 여섯 세아를 되어 주었다면 적어도 60파운드(약 27kg) 정도 되는 양일 텐데요. 이고 가기에는 약간 버거울지 몰라도 그녀가 충분히 들고 갈 수 있는 무게라고 여겨집니다. 그래서 여섯 번은 여섯 세아가 아닐까 싶습니다.
그런데 문득, 이런저런 단위를 가늠해 보니 편안하게 생각해 보면 아마도 보아스가 두 손 가득 보리를 담아 룻의 겉옷에 여섯 번 정도 담아 주었다고 해석하면 무리가 없을 듯합니다. 이렇게 결론을 짓고 나니 갑자기 고개가 끄덕여집니다. 그리고 입가에 웃음이 돕니다.
여인이 타작마당에 들어왔다고 하면 사람들이 오해하기 쉬운 사사시대라고 하였지요? 때문에 보아스는 룻을 보호하기 위해 그녀를 조심스럽게 떠나보낼 지혜를 발휘해야 했습니다. 겉옷에 가득 담은 보리는 그래서 의미가 깊습니다. 이 보릿자루는 일차적으로 보아스가 룻을 통해 나오미에게 보내는 선물 역할을 했겠지만, 이차적으로는 룻을 보호하는 통행증 역할도 했습니다. 타작마당을 나서는 룻을 혹여 누군가 본다 해도 보릿자루를 들고 나가는 그녀를 오해하진 않을 것입니다. 아마도 밤새 일을 하다가 새벽에야 떠난다고 여겼을 테니까요. 룻이 보릿자루를 가지고 가는 동안 룻의 정숙함을 한 치라도 의심할 사람은 없었을 겁니다. 어찌 보면 보릿자루는 어두운 새벽을 뚫고 성읍으로 들어가기에 가장 안전한, '날개' 같은 통행증이었습니다. 룻의 숭고한 뜻이 성읍 사람들의 괜한 시선으로 인해 와전되지 않기를 바라는 보아스의 사려 깊은 처사라고 봅니다.
그런데 룻에게 보리를 지워 주며 보아스가 룻의 귀에다 간곡하게 말합니다. 근처에 서 있는 우리에게까지는 들리지 않는군요. 룻에게 무언가 당부하는 것 같기도 합니다. 룻도 보아스의 말을 정중히 받아들이는 듯 보이는데요. 지금은 전혀 알 수가 없으니 나중에 룻이 집으로 돌아가면 그때 알아보아야 할 것 같습니다.
이제 룻이 타작마당을 무사히 빠져나와 성읍 쪽으로 발걸음을 옮깁니다. 휴우~ 다행입니다. 이제 보아스는 다시 타작마당에서 잠깐이라도 눈을 붙일까요? 한번 알아봅시다. 15절에서 내레이터가 성읍으로 들어갔다고 할 때 쓰인 히브리어 동사를 살펴보면 룻만 성읍으로 들어간 것이 아닙니다. 보아스도 룻이 떠나자마자 바로 들어간 것이 확실합니다. 다시 말해 보아스는 타작마당에 남지 않았습니다. 왜냐하면 이 구절에 '들어가다'라는 동사는 여성동사 '바타보(wattābō)'가 아니라 남성동사 '바야보(wayyābō)'가 쓰였기 때문입니다. 좀 혼란스러우십니까? 제가 15절을 좀 더 풀어서 설명을 곁들여 다시 읽어드리겠습니다.

> 보아스가 말했습니다. "그대 위에 걸친 겉옷을 가져오시오. 그리고 그것을 넓게 펴서 잡으시오. 내가 그곳에 보리를 담아 드리리다." 보아스는 보리를 그의 두 손에 가득 담아 여섯 번 정도 룻의 겉옷에 되어 주었습니다. 묵직해진 보릿자루를 룻의 어깨(혹은 머리 위)에 올려 주었습니다. 이 일을 마친 후에 **보아스는 성읍으로 들어갔습니다**.

보아스도 새벽 일찍 성읍으로 들어가야 할 이유가 있었습니다. 룻의 구원 문제를 속히 해결하려는 열망과 부지런함으로 그는 안일하게 타작마당에 남아 있을 수 없었습니다. 그가 '여호와의 살아 계심'을 후행하면서까지 그의 의도를 선행하여 맹세하지 않았더랬습니까? 그러니 한시라도 지체할 수가 없었던 겁니다. 보아스는 이미 성읍으로 떠났습니다. 자, 그렇다면 우리는 늘 했던 대로 룻을 좇아가 봅시다.

타작마당을 나서 성읍으로 들어가는 길이 룻에게 낯설지 않았습니다. 보릿자루를 들고 걷는 것도 오늘이 처음은 아닙니다. 그러나 오늘 새벽은 다른 때와 다른 길입니다. 그녀는 더 이상 '모압 여인'의 신분으로 들어가는 것이 아니기 때문입니다. 이삭줍기를 다녀오던 '과부' 룻도 더 이상 아닙니다. 그러면 오늘 룻은 누구일까요?

신선한 새벽바람을 가르며 안전하게 집 앞에 도착한 룻은 입구에서 잠깐 멈추어 섰습니다. 나오미 집에서 새어 나오는 불빛을 봅니다. 어젯밤 베들레헴에 잠을 이루지 못하는 세 사람이 있었습니다. 타작마당에서 긴장과 두려움으로 온몸을 떨어야 했던 룻, 그런 그녀에게 맹약하며 보호해 준 보아스 그리고 이 모든 일을 잠잠히 하나님의 헤세드에 맡기며 밤새 기도하며 뜬눈으로 지냈을 그녀의 어머니 나오미….

베들레헴의 트리오는 어젯밤 잠들지 못했습니다. 그러나 세상에서 가장 아름다우면서도 극적인 밤을 보냈습니다.

문을 열고 집으로 들어가자 나오미는 기다렸다는 듯이 자리에서 일어납니다. 그리고 이렇게 묻습니다. **"내 딸아, 이제 그대는 누구인가?"** 참고로, 개역개정 성경에는 "내 딸아 어떻게 되었느냐?"라고 되어 있습니다(16절). 물론 그렇게 번역해도 무리가 없고 문맥상 그렇게 해석되어도 좋습니다. 그러나 히브리어 성경에 보면 나오미의 질문은 "내 딸아, 그대는 누구인가?"입니다. 나오미는 룻의 '정체성'을 묻는 것입니다. 어젯밤 보아스의 발치에서 구원을 바랐던 룻은 은혜를 경험하고 돌아왔습니다. 이제 룻을 향한 보아스의 맹세는 '여호와의 살아 계심'에 굳건하게 달려 있습니다. 룻에게는 더 이상 과부의 의복도 없습니다. 그렇다면 이제 룻은 누구입니까? 나오미의 질문입니다.
룻은 어젯밤의 일을 소상하게 알리고 나서 또박또박 대답합니다. "그가 내게 이 보리를 여섯 번 되어 주며 이르기를 **빈 손으로 네 시어머니에게 가지 말라** 하더이다"(17절). 아, 그랬군요. 룻을 떠나보내기 전에 보아스가 긴밀히 전한 말은 바로 이것이었습니다. 보릿자루가 타작마당을 조심스럽게 빠져나가는 통행증이기도 했지만, 실은 보아스가 나오미에게 보내는 선물이라고 제가 말씀드렸지요?
왜 보아스는 나오미에게 이렇게 각별한 선물을 보내야 했을까요? 룻이 타작마당으로 오도록 뒤에서 격려한 사람이 나오미라는 것을 짐작하고 고마움의 표시로 그랬을까요? 아니면 나오미의 손이 '비어' 베들레헴으로 돌아왔지만(1:21),

이제는 더 이상 '비어 있지' 않다는 것을 알려 주려고 보낸 선물이었을까요? 혹 룻을 신부로 맞고 싶은 마음을 알리기 위해 나오미에게 굳은 믿음의 표시로 선물을 보냈을까요? 여러분은 어떻게 짐작하십니까? 저는 이 세 가지 의도가 룻이 가지고 온 보릿자루 안에 모두 녹아 있다고 봅니다.

이제 룻은 누구입니까? 나오미의 질문입니다. 이 질문은 타작마당에서 보아스가 룻에게 던진 질문과 유사합니다. (Day 18에서 다룬 내용입니다.) 보아스가 발치에 누군가 있다는 것을 느끼고 흠칫 놀라며 일어나 던진 질문도 "네가 누구인가?"(3:9)입니다. 그때 룻은 누구였습니까? 룻은 이렇게 답했습니다. "당신의 여종(아마) 룻이오니 당신의 옷자락을 펴 당신의 여종을 덮으소서."

그러나 오늘 룻이 타작마당에서 들고 온 보릿자루 안에는 기업 무를 자(구원자)의 간절한 사랑이 담겨 있습니다. 보릿자루 안에는 '알곡'이 가득합니다. 보아스에게 룻은 알곡 같은 존재입니다. 이제 나오미의 질문에 룻은 이렇게 답할 수 있습니다. 그녀는 곧 기업 무를 자의 '신부'가 될 여인이라고.

"내 딸아 이 사건이 어떻게 될지 알기까지 앉아 있으라 그 사람이 오늘 이 일을 성취하기 전에는 쉬지 아니하리라"

(18절). 룻이 누구인지 묻고는 나오미가 이렇게 조언합니다. 간밤에 룻은 매우 바빴습니다. 목욕을 하고 기름을 바르고 의복을 갈아입고 부지런히 타작마당까지 가야 했습니다. 새벽이 이르도록 잠을 자지 못하고 극도의 긴장으로 나오미의 명령에 순종하며 보아스의 발치에 있다가 돌아왔습니다. 이제 룻이 할 일은 가만히 기다리는 것입니다. 하나님의 헤세드의 손길이 일하시는 동안 룻이 할 일은 묵묵히 기다리는 것입니다.

> 너희는 가만히 있어 내가 하나님 됨을 알지어다(시 46:10).

룻을 지키시는 하나님께서 졸지도 아니하시고 주무시지도 아니하시면서(시 121:4) 일을 성사시키실 겁니다.
이제 나오미와 룻이 가만히 그들 자리에 앉습니다. 서로를 바라봅니다. 베들레헴에 와서 이렇게 한가하게 서로를 바라볼 수 있는 시간이 거의 없었다는 생각을 해봅니다. 모압 평지를 떠나는 순간부터 지금까지 룻은 한 번도 쉬어 본 적이 없었습니다. 그러나 오늘 그녀에게는 '안식'이 필요합니다. 안식할 때가 하나님의 백성에게 남아 있듯이(참조 히 4:9),

하나님의 백성이 된 룻에게도 안식의 때가 찾아왔습니다. 기업 무를 자 보아스가 일을 하는 동안 룻은 '쉼'을 얻습니다. 나오미가 일어나 힘없이 그녀의 오두막집을 밝히던 촛불을 훅 꺼버립니다. 촛불이 필요 없습니다. 보십시오. 눈이 부시게 아침 해가 밝아오고 있습니다. 창문 가득히 햇살이 가루처럼 부서져 은은히 쏟아집니다. 오늘 룻은 보리밭으로 가지 않습니다. 오늘은 룻의 안식일입니다.

이렇게 해서 룻기 3장이 마쳐집니다. 우리가 함께할 여정도 거의 막바지에 이르렀습니다. 오늘만큼은 우리도 룻과 함께 안식하십시다. 여러분이 가장 좋아하는 장소로 다시 찾아가 그곳에서 쉼을 누리며 묵상하십시오.

우물가도 좋고, 보리밭도 좋습니다. 아, 타작마당… 그 은혜의 자리! 그곳도 좋습니다. 어디를 가셔도 여러분은 안전합니다. 느껴 보십시오. 하나님의 헤세드가 출렁입니다. 여기는 베들레헴입니다.

넷째 주 여정

베들레헴이라 하는 그 동네에서

자네는 긍휼을 베풀 수 있겠나

보아스가 성문으로 올라가서 거기 앉아 있더니 마침 보아스가 말하던 기업 무를 자가 지나가는지라 보아스가 그에게 이르되 아무개여 이리로 와서 앉으라 하니 그가 와서 앉으매 보아스가 그 성읍 장로 열 명을 청하여 이르되 당신들은 여기 앉으라 하니 그들이 앉으매(4:1-2)

믿기지 않지만 벌써 28일 여정의 마지막 주간에 이르렀습니다. 지난 3주간 저와 신실하게 동행하여 주신 여러분의 마음에는 순례자의 순결한 영이 있습니다. 목적지에 대한 소망이 없었다면 여러분은 이미 중도에 다 돌아가셨을 겁니다. 베들레헴으로 입성하기 전에 돌아가셨을 수도 있고, 보리밭에 내리쬐는 태양 볕에 그을리기 싫어 돌아가셨을 수도 있습니다. 아니면 타작마당의 긴장감을

Day 22

견디기 어려워 여정을 포기하셨을지도 모릅니다. 그러나 여러분은 어려운 순간마다 저와 머물러 주셨고 함께 길을 걷는 신실한 순례의 동반자가 되어 주셨습니다.

이제 희망을 버리지 마십시오. 베들레헴에서 우리가 당도해야 할 목적지가 있습니다. 곁에 있는 사람이 지쳐 있다면 그의 손을 잡아 주십시오. 순례자에게 동반자가 있다는 것은 특권입니다. 격려와 사랑을 주고받을 수 있기 때문에 대단한 에너지를 공급합니다. 그렇게 끝까지 함께 걸어갈 수 있기를 바랍니다.

오늘의 여정은 아침 일찍 시작합니다. 이번 주에는 룻보다는 보아스를 부지런히 쫓아다니셔야 합니다. 룻을 따라 열심히 걸어 다닌 경험이 있으시니 보아스를 쫓아다니는 것은 그렇게 어렵지 않으실 겁니다.

오늘 보아스는 일찌감치 성문으로 올라가 앉아 있습니다(4:1). 아마도 타작마당을 빠져나온 후로 지금까지 마을로 들어갈 시간이 없었던 듯합니다. 룻에게 '여호와의 살아 계심'을 인봉하여 맹세한 보아스라는 것을 다시 기억하십시오. 그는 룻의 구원 문제가 해결될 때까지 한시도 쉬지 않을 겁니다(3:18).

베들레헴 성문으로 올라가는 것은 처음이시지요? 룻을 쫓아 성문을 통과한 적은 몇 번 있지만, 성문으로 올라와 본 적은 없으실 겁니다. 베들레헴은 작은 성이지만 잘 짜인 돌담이 둘러 있는 사랑스러운 성읍입니다. 베들레헴 사람들은 밭에 나가 일을 하거나 외부에 일이 있어 외출을 했다가도 저녁에는 꼭 이 성문을 통해 마을로 들어오도록 되어 있습니다. 성문은 마을에서 무척 중요한 장소랍니다. 성문 위에서 성문지기는 마을 사람들의 안전을 위해 수상한 사람이 진입하진 않는지 감시합니다. 성문에는 망대도 보입니다. 보아스가 잠시 생각에 잠겨 있는 틈을 타 망대에 한번 올라가 봅시다. 망대에 올라서서 바라보면 베들레헴 성으로 적이 침입하는지, 어떤 위험이 성읍에 닥쳐오는지 살펴볼 수 있지요. 파수꾼들은 이 망대에서 성을 지킵니다. 여러분도 파수꾼처럼 이마에 손을 얹고 베들레헴 성 주변을 살펴보십시오. 멀리 무엇이 보이십니까?

파수꾼처럼 누군가를 지켜야 했던 경험이 있으십니까? 누구나 한두 번쯤은 있을 것입니다. 몇 년 전에 살았던 미 서부 지역 에드몬드라는 동네는 바다가 아주 가까웠습니다. 일부러 고른 동네가 아니었지만, 바다 곁에 살 수 있다는 것은 진정 축복이었습니다. 여름이면 아이들 손을 잡고 걸어가 바닷가에서 주로 낮 시간을 보냈습니다. 바다 냄새가 여름 바람에 맞물리면 일상의 근심이 파도에 밀려 나가듯 떠내려갔습니다. 한번은 한여름인데도 감기 몸살이 겹쳐 와 항생제를 처방받았습니다. 원래 약을 잘 먹지 못하는 체질인데 항생제를 먹으니까 피곤이 몰려와서 몸을 가누지 못했더랬지요.

아이들이 바닷가에서 안전하게 노는지 엄마로서 잘 지켜봐야 하는데 아무리 눈을 부릅뜨려 해도 눈꺼풀이 무거워서 견딜 수가 없었습니다. 저희 아이들은 한 살 터울이기 때문에 거의 이란성 쌍둥이처럼 자랐습니다. 그래서 큰아이에게 동생을 보라고 부탁하기도 어려운 상황이었습니다. 밀려오는 졸음과 싸우다 정신 차리고 보면 아이들이 저쪽 바닷가에서 모래를 만지는 것이 보이고, 또 한 번 정신을 차리고 보면 아이들이 바다에 돌을 던져 보는 것이 보이고 했습니다. 그저 아이들을 '보고' 있었던 거지요.

그런데 깜빡 졸았나 봅니다. 번쩍 눈을 떠보니 아이들이 보이지 않는 것 아닙니까. 갑자기 졸음이 확 깨면서 신발도 못 신은 채 아이들 이름을 부르며 사방으로 뛰어다니기 시작했습니다. 제 자신이 한심스러웠습니다. 땀이 온몸에 흥건하게 흘렀습니다. 계속 기도를 하면서 바닷가를 뛰어다녔습니다. 저는 그때 소망했습니다. 저 바닷가 등대에 높이 올라서서 아이들이 어디에 있는지 조망할 수 있다면 얼마나 좋을까 하고요.

그런데 저쪽에서 딸아이가 동생 손을 잡고 터벅터벅 태연스럽게 걸어오는 것이 아닙니까! 반갑기도 하고, 천연덕스럽게 걸어오는 아이들 모습이 괘씸하기도(?) 해서 야단을 좀 칠 요량으로 한달음에 달려가 "어디 갔었어? 엄마 눈에 안 보이는 곳으로 가면 위험하다고 했는데. 엄마가 많이 놀랐잖니!" 했습니다. 그러자 딸아이가 "엄마한테 분명 허락받고 저쪽으로 간 건데…" 합니다.

"언제 엄마한테 허락받았니?" 제가 다시 물었습니다.

"내가 '엄마, 동생 데리고 저쪽에 조개 구경 다녀와도 돼요?' 했더니 엄마가 고개를 여러 번 끄덕끄덕 했잖아" 합니다.

아… 제가 조느라 꾸벅거리는 것을 아이는 '끄덕끄덕'으로 받아들였던 겁니다! 제 불찰이었습니다. 지금도 아찔한, 잊을 수 없는 에피소드입니다. 그날 주님이 아이들을 지켜 주시지 않았다면 어찌되었을까요?

파수꾼이 성을 지키지 않고 꾸벅꾸벅 졸면 정말 큰일입니다. 그래서 파수꾼은 책임감이 강하고 적의 침입에 능동적으로 대처할 수 있는 사람이어야 했습니다. 그렇지만 이스라엘 사람들은 모두 잘 알고 있었습니다. 이스라엘의 하나님 야웨께서 성을 지키지 아니하시면 파수꾼의 깨어 있음이 헛되다는 것을(시 127:1).

이처럼 중요한 성문이므로 법적인 질차도 이곳에서 이루어졌습니다(신 21:18-21, 삼하 15:2, 욥 29:7). 마을 사람들이 억울한 일을 당하거나 마을 공동체가 중요한 결정을 내려야 할 때 성문에 모여 앉아 담론했습니다. 그리하여 성문에 높이 앉아 있을 수 있는 자들은 율법을 잘 알고 그 율법을 선하게 적용할 만큼 경험과 지혜가 많은 마을의 장로나 그만큼 마을에서 존경받는 유력한 자여야 했습니다. 보아스도 그런 자격이 있는 사람이었습니다. 여러분도 아시다시피 오늘 그는 법적으로 해결해야 할 시급한 일이 있습니다. 그래서 성문으로 올라가 앉아 있는 것입니다. 우리도 파수꾼 행세는 이제 그만하고 어서 성문으로 갑시다.

그때 내레이터가 또 한 번 우리의 주의를 끕니다. **"힌네!!"**

라고 하면서. 우리의 내레이터는 결코 우리를 지루하게 하지 않습니다. 힌네라는 말이 나오면 이어지는 사건에 주목해야 한다는 것을 이제 우리는 잘 압니다. 무슨 일이기에 또 내레이터가 "힌네"라고 하는 것일까요? 저쪽에서 걸어오는 사람을 주의 깊게 보라는 것 같습니다. 누구입니까? 룻기 여정 중에 한 번도 만난 적이 없는 사람입니다. 그러나 그 사람은 낯설지 않습니다. 그 사람의 존재에 대해 이미 잘 알고 있습니다. 3장 12절에서 언급된 기업 무를 자로서 법적으로 룻에게 보아스보다 가까운 바로 그 사람입니다. 어떻게 또 '우연히' 그가 마침 성문을 지나간다는 말입니까? 정말 절묘합니다. 이런 우연 같은 일이 룻기에서는 자주 일어났습니다. 우연을 가장한 하나님의 겸손하심입니다. 보이지 않지만 긍휼을 베푸시는 하나님의 헤세드, 그분의 손길이 준비한 '우연'입니다.

여러분의 삶에 이런 아름다운 우연이 쏟아지기를 진심으로 기도합니다. 헤세드의 빗줄기가 우연처럼 쏟아질 때 멈추어 서서 조용히 찬양하십시오. 우연이겠지 하고 흘려보내지 말고 감사함으로 은혜를 받고 흠뻑 젖어 보십시오. 그렇게 살아가시다 보면 어린 묘목 같던 삶이 굵어지면서 견고한 나무가 되고 곧 열매를 맺으면서 윤택해집니다.

자, 룻기로 다시 돌아갑시다. 방금 내레이터가 소개한 사람… 그가 어떤 모습으로 걸어오는지, 보아스에게 뭐라고 하는지, 무슨 일로 성문을 지나는지 무척이나 궁금합니다. 이름은 또 뭘까요? 이런 우리의 심경을 모르는 듯 내레이터는 천연스레 "힌네!"만 외쳐 놓고 아무 묘사가 없습니다. 게다가 보아스가 그를 칭한 단이도 의이히기만 합니다. "**아무개**여 이리로 와서 앉으라"(1절)라고 할 뿐입니다. 아무개라니요? 영어 성경에서도 그냥 "친구여my friend"(NIV) 혹은 "이런 사람이여such a one"(KJV) 정도로 번역해 놓았습니다.

들어 보십시오. 지금까지 내레이터는 누군가를 소개할 때 한 번도 이름을 빼놓은 적이 없었습니다. 엘리멜렉, 말론, 기룐, 나오미, 룻 하다못해 잠시 등장했다 곧바로 모압으로 사라져 간 오르바까지 말입니다. 내레이터는 '이름'에 있어서만큼은 무척이나 친절하게 소개해 주지 않았습니까? 그런데 룻에게 법적으로 가장 가까운 기업 무를 자를 소개할 때에는 철저하게 이름을 감춥니다. 보아스가 그의 이름을 몰랐을까요? 말도 안 됩니다. 작은 베들레헴 성읍에서 서로 이름을 모른다는 것은 생각할 수조차 없는 일입니다.

그럼 내레이터가 그의 이름을 몰랐을까요? 절대 아닙니다. 내레이터도 그의 이름을 잘 알고 있었습니다. 그냥 그의 이름을 우리에게 말해 주고 싶지 않은 겁니다. 그 이유는 뭘까요? 한번 생각해 보십시오. 이 이야기는 내일 여정에서 다시 나누도록 하겠습니다.

그런데 이렇게 이름을 감추면서 내레이터는 언어유희를 사용하고 있습니다. 히브리어로 '여차여차하다'라고 하고 싶으면 '알모니(almōnî)'라고 해야 합니다. 보아스는 이 사람을 부를 때 '펠로니 **알모니**(pĕlōnî almōnî)'라고 했습니다. 직역하자면 '앞에서 언급한 여차여차한 사람이여!'입니다. 매우 어색하지요? 그런데 발음을 미끄러뜨리면서 '알모나('almōnâ)'라고 하면 '과부'라는 뜻입니다! 모음 한끝 차이입니다. 내레이터가 굳이 이 단어를 선택한 이유가 좀 얄궂습니다. 왜냐하면 룻기를 통틀어 샅샅이 뒤져 봐도 '과부'라는 단어는 한 번도 나오지 않기 때문입니다. 나오미, 룻, 오르바 모두 과부였지만 내레이터는 줄곧 완곡한 표현만 사용했습니다. 그 여인들이 홀로 남겨진 것만 강조했지 직접적인 표현은 애써 피해 왔습니다. 그런데 오늘 내레이터는 그렇게 아끼던 단어를 청중에게 살짝 내비칩니다.
보아스가 "알모니(이보게 혹은 아무개여)!"라고 했다고 전달하면서 내레이터는 발음을 살짝 미끄러뜨리지 않았을까요? 우리의 내레이터는 아마 그랬을 것 같습니다. 다시 말해 "이보게" 해야 할 장면에서 "이 과부여!"라고 들리도록 유도했을 가능성이 큽니다. 한끝 차이로 '성문에 앉을 만한 유력한 사람'이 '과부' 같은 신세로 변할 수 있다는 경고를 이렇듯 유머러스하게 보내고 있습니다. 하나님께서 상을 뒤집으시면 사람의 운명이 변할 수도 있다는 뜻이 내포되어 있다고나 할까요?
하나님께서 삶을 주관하신다는 사실을 인지하고 있는 사람은 교만하지 않습니다. 아니 교만하고 싶지 않습니다. 그는 하나님의 능한 손 아래 겸손합니다. 하나님의 때를 기다리는 사람이기 때문입니다. 반면에 자신이 삶을 주관해 가면서 성공을 거두었다고 여기는 사람은 교만하기 쉽습니다. 아니, 겸손하고 싶지 않습니다. 본인이 휘두르면 명성이 얻어지고 물질이 거두어지니 자신만만합니다. 쌓은 업적이 절대로 사라지지 않으리라 믿고 제 딴에는 견고한(?) 바벨탑을 쌓는 사람입니다.

룻기의 내레이터는 우리에게 룻의 가까운 친척, 기업 무를 자를 소개하면서 교훈을 넌지시 전합니다. 오늘 내가 누리는 모든 것이 내일이면 무너지고 사라질 수 있다는 경각의 메시지입니다. 나오미가 어느 순간 남편도 아들도 없이 홀로 되었듯이 기업을 무를 수 있는 능력의 사람도 언제 어떻게 안개처럼 사라질지 모르는 인생이라는 교훈입니다. 주님께서 지켜 주시지 않으면 파수꾼의 경성함이 헛되다는 것이지요. 우리가 그렇게 연약한 존재임을 안다면 주님의 긍휼을 의지할 수밖에 없습니다. 주님을 떠나서는 아무것도 할 수 없다는 고백이 절로 나옵니다(요 15:5b). 또한 주님의 긍휼을 의지하는 자는 남에게도 긍휼을 베푸려고 합니다. 그 선하심을 이미 맛보아 알기 때문입니다(시 34:8a).

헨리 나우엔은 '긍휼'에 관해 이렇게 정의 내린 바 있습니다. "상처 입은 곳에 들어가 함께 상처를 입으라. 고통받는 곳에 들어가 함께 고통을 받으라. 두렵고 혼란스럽고 분노가 치미는 곳에 가서 함께 가슴을 치라. 외로워하는 곳에 가서 함께 애통하라. 그들과 함께하라. 인간의 연약함 속으로 겸손히 '침례'되라. 죄인과 비천한 자들과 함께 먹고 마셨던 그리스도처럼 살라. 그것이 긍휼이다."[40]

이 긍휼의 정의는 우리에게 "그들과 함께 낮아질 수 있는가?" 라고 묻고 있습니다. 이것이 그리스도께서 우리에게 하신 일이기 때문입니다(빌 2:7-8).
내레이터는 보아스의 대사를 빌려 성문으로 지나가는 '아무개'에게 이렇게 말합니다. "이보게(알모니), 자네. 자네도 한끝 차이로 과부(알모나)처럼 살아갈 수도 있는 인생이지만 하나님의 은혜와 긍휼로 성읍에서 존경받는 유력한 사람이 되었구먼. 이제 그렇게 축복받은 자네가 과부같이 가련한 인생의 연약함 속으로 침례될 수 있겠나?"라고 묻고 있는 것입니다.
아무개는 아무 대답이 없습니다. 그저 성문에 들어와 앉습니다. 성문에 높이 앉아 있는 것, 은근히 기쁜 일이지 않겠습니까? 무대에 서 있는 것처럼. 단상에 오른 것처럼. 시상대에 오른 것처럼.
그러나 그가 성문 위에 앉은 뒤에도 보아스는 겨를이 없었습니다. 그는 오늘 굉장히 바쁩니다. 성읍의 장로들을 증인으로 청하여야 했기 때문입니다. 사실 그 당시 법정에서 중요한 일을 결정할 때는 두세 명의 증인만 있어도 충분히 법적 효력이 있었습니다(참조 신 17:6-7). 그러나 보아스는 단지 몇 명만 모아 놓고 룻의 일을 결정하고 싶지 않았습니다. 시급하고도 아주 중요한 일이었기 때문에 많은 증인 앞에서 확실하게 일을 해결하고 싶었습니다. 그렇지만 베들레헴의 장로들도 한가한 사람들이 아니었습니다.
마을 안팎으로 그들이 돌보아야 할 일이 언제나 많았기 때문입니다. 게다가 농경사회의 이른 아침 시간이란 금쪽같은 시간이었을 겁니다. 그런데도 보아스는 장로를 여러 명 불러 모으기 위해 열심히 성읍을 누빕니다. 지난밤 타작마당에서 잠을 설쳤겠지만 피곤한 기색이 없습니다.
"오늘은 바쁘니까 성문에 못 올라가네. 내일이나 가면 안 되겠나?" 하고서 슬금슬금 피하는 장로도 분명 있었을 겁니다. 그러나 보아스는 물러서지 않고 간청했겠지요.
"어르신. 오늘 아침이어야 합니다. 내일이면 늦습니다. 아무리 바쁜 일이 있어도 양해해 주시고 꼭 좀 성문으로 올라와 주십시오."
이렇게 집집마다 장로들을 찾아다니며 간청하는 동안 보아스는 문득 룻을 생각해 보았을 겁니다. 이 밭, 저 밭 기웃거리며 이삭줍기 일감을 간청하고 다녔을 때의 룻입니다. 그렇게 간절하던 룻이 하나님의 헤세드를 의지한다는 사실을 기억합니다. 그 생각에 보아스의 발걸음에도 힘이 납니다. 보아스도 오늘 하나님의 헤세드를 의지합니다. 그 덕에 성문에는 열 명이나 되는 장로가 모든 일을 제쳐 놓고 법정에 앉아 있게 되었습니다!(2절) 오늘 베들레헴의 성문 법정은 꽉 찬 '풀 하우스'full house입니다. 우리도 증인의 자격으로 앉읍시다. 이제 법정이 열립니다. '아무개여, 긍휼을 베풀 수 있겠나?'가 이 법정의 화두입니다. 이제 그 '아무개'에 여러분과 제 이름을 넣어 스스로에게 질문해 봅시다.
한끝 차이로 비참한 인생이 아니라 복된 인생을 살게 된 우리, 주님의 자비하심과 돌보아 주심이 아니었다면 소망 없이 살아가야 했던 우리입니다. 우리는 긍휼을 베풀 수 있습니까?
내일 법정에서 이 질문에 대한 답을 생각해 보십시오. 마지막 여정의 첫째 날이 지났습니다.

분깃을 무르는 행위

보아스가 그 기업 무를 자에게 이르되 모압 지방에서 돌아온 나오미가 우리 형제 엘리멜렉의 소유지를 팔려 하므로(4:3)

어서 오십시오. 여기는 성문 법정입니다. 오늘 이곳에서 증인으로 섬기고 싶으신 분은 손을 들어 보십시오. 아, 좋습니다. 모두가 기꺼이 증인이 되고 싶어 하십니다. 이제 손을 내리십시오. 그렇다면 먼저 드릴 말씀이 있습니다. 사실 성문에 앉아 좋은 증인으로 역할을 감당하시려면 '자격증'이 필요합니다.

그런 증서가 필요한지 모르고 나오셨다고요? 죄송합니다.

Day 23

어제 제가 일부러 말씀드리지 않았습니다. 미리 말씀드리면 법정으로 나오는 여러분의 발걸음이 주춤할까 봐 그랬습니다. 용서하십시오. 보아스에게는 지금 많은 증인이 필요한데 우리가 빠지면 큰일입니다. 자격증은 걱정하지 마십시오. 지금 잠깐 이스라엘 토지법을 공부하시면 바로 발급됩니다. 그래서 오늘은 법정에 참여하시기 전에 잠시 이스라엘 토지법을 공부하겠습니다. 어, 저기 귀찮다는 생각에 몰래 성문을 내려가시려는 분이 보이네요. 그러지 말고 여기 가까이 앉으십시오. 법을 공부한다니까 꽤 거창한 것 같지만 사실 그렇지 않습니다. 이스라엘 토지법을 공부하시면 하나님의 '긍휼'에 대해 더 잘 알게 되실 겁니다. 여기까지 같이 오셨는데 이제 와서 하차하시면 안 됩니다. 자, 그럼 옆에 분들이 자리를 비우지 않도록 서로서로 격려하면서 공부를 시작하십시다.

이스라엘 각 지파에는 지파별로 부여받은 분깃, 즉 기업이 있었습니다. 신명기 33장 21절과 여호수아 24장 32절을 참고하십시오. 모세 율법에 따르면 이러한 분깃은 집안 대대로 (각 지파 단위로) 잘 간수되고 지켜져야 하는 토지의 경계였습니다. '옛 지계석을 옮기지 말라'는 말씀도(잠 23:10)

그런 율법의 정신에서 나온 것이었습니다.
가나안 정복 이후 하나님께서는 이스라엘 열두 지파에게 땅을 분배하시면서 그 땅을 기반으로 경제적인 생활을 하도록 하셨습니다. 애굽의 바로 밑에서 노예 신분으로 밭을 경작하던 이스라엘 사람들은 땅을 소유해야 하는 책임감 같은 것은 회피하고 싶었습니다. 누가 먹여 주고 입혀 주기만 하면 좋았지, 책임을 갖고 열심히 땀 흘려 스스로 삶을 영위하는 일은 그들에게 영 낯선 일이었습니다. 그렇지만 하나님께서는 이스라엘 사람들이 당당한 당신의 백성으로 서기 위해서는 반드시 토지 관리하는 법을 배워야 한다고 여기셨습니다. 그래서 부여받은 토지를 잘 관리할 뿐 아니라, 그 기업을 자손 대대로 물려주라고 율법으로 정하셨습니다. 그래서 원래 토지란 함부로 사거나 팔면 안 되는 분깃이었습니다. 땅의 엄밀한 주인은 야웨 하나님이시고 이스라엘은 그 땅을 사용할 허락을 부여 받은 나그네 같은 존재였으니까요(레 25:23). 그러므로 선한 청지기로 살아가기만 하면 이스라엘 사람들은 풍족하게 살아갈 조건을 다 갖춘 것이었습니다.
그렇지만 시간이 지나면서 이런 원래 의도의 토지법이 잘 지켜지지 못했습니다. 부지런한 사람은 밭을 더 열심히 경작하여 풍족한 수확을 내는 반면, 게으른 사람은 농사를 망치기 십상이었기 때문입니다. 그도 아니라면 가뭄, 질병, 전쟁 등으로 애써 경작한 토지에 소산이 생기지 않을 때도 있었습니다. 이런 경우 그들은 논과 밭을 팔아야 했고, 심한 경우에는 몸을 팔아 종이 되어야 했습니다. 또한 토지는 있으나 그 기업을 물려줄 자손이 없는 경우도 있었습니다. 이럴 경우에는 가까운 친척이 이어받으면서 (기업을 무른다고 표현합니다) 그 집안의 과부나 고아 된 불쌍한 이들을 돌보도록 하셨습니다. 기업을 이어 줄 친척마저 없다면 어쩔 수 없이 남의 손에 팔아야 했습니다. 하나님께서는 이런 경우까지 대비하셔서 토지매매 양식도 친절하게 율법에 알려주셨습니다. 토지 매매의 경우 본래 소유주가 언제든지 그 토지를 다시 사들일 수 있다는 권한이 계약상 인정되어야 합니다(레 25:24). 경제적인 능력이 회복되어 자신의 분깃을 다시 얻을 수 있다면, 희년까지 남은 햇수만 계산하여 값을 치르고 그 땅을 다시 살 수 있었습니다(레 25:28).

자, 그렇다면 이도저도 아니고 결국 능력이 안 되어 분깃을 영영히 잃어버릴 지경이면 어떻게 됩니까? 그는 이스라엘 자손에서 분깃 없이 끊어져야 한단 말입니까? 그렇지 않습니다. 하나님은 긍휼의 하나님이십니다. 구원의 방법이 있었습니다. 안식년이 일곱 번 반복되는 50년째, 즉 이스라엘의 희년Jubilee이 바로 구원의 해입니다. 이 해에는 대속죄의 날(욤 키퍼)이 있습니다(이스라엘 월력으로 7월 10일). 이날에 수양의 뿔로 만든 양각 나팔을 불면서 희년을 선포하면, 빚 때문에 빼앗겼던 재산은 모두 원래의 주인에게 돌아갑니다. 노예가 된 형제도 해방되었습니다. 빼앗겼던 토지도 본래 소유주에게 돌아왔습니다. 돈 한 푼 치르지 않고도 희년까지만 기다리면 기업이 다시 돌아왔습니다. 그래서 가난한 이스라엘 사람들은 자유와 평등의 해를 기다리기만 하면 기업을 되찾을 수 있었습니다. 기업은 사라지지 않습니다.

이스라엘 토지법은 여기까지 공부하시겠습니다. 어렵지 않았지요? 한 분도 자리를 비우지 않고 잘 공부하셨습니다. 그러면 이제 자격증을 받기 위한 시험을 잠시 치르겠습니다. 당황하지 마십시오. 어렵지 않습니다. (게다가 오픈 북 테스트입니다.) 총 세 문제입니다.

다음 문장이 참인지 거짓인지 분별하십시오.

1. 원래 이스라엘의 토지는 사거나 팔 수 없었다. (참 / 거짓)
2. 피치 못해 토지를 팔아야 한다면 가장 가까운 친척이라도 그 기업을 무를 수 없었다. (참 / 거짓)
3. 능력이 없어 기업을 영영히 잃어버릴 지경이 되어도 희년을 기다리면 분깃을 다시 돌려받을 수 있었다. (참 / 거짓)

정답은 참/거짓/참입니다. 2번 문제를 부연하면, 가까운 친척은 그 기업을 무를 수 있었고, 그래야만 했습니다. 정말 잘하셨습니다. 이제 여러분 모두 보아스 법정 증인의 자격을 얻으셨습니다. 옆에 있는 사람들을 보면서 기쁘게 웃으십시오. 베들레헴 성문 법정 증인 자격증이 아무에게나 주어지는 것이 아니랍니다. 잘 간직하십시오.
그럼 어서 법정에 참여하십시다. 마침 때맞추어 잘 왔습니다. 이제 보아스가 입을 열어 나오미에 관한 특별 상황을 설명하고 있습니다.

"(보아스가 그 기업 무를 자에게 이르되) 모압 지방에서 돌아온 나오미가 우리 형제 엘리멜렉의 소유지를 팔려 하므로"(3절)

잠깐, 이게 무슨 말입니까? 나오미가 엘리멜렉의 소유지를 판다고 합니다. 그렇다면 그동안 나오미에게 밭의 소유권이 있었다는 이야기입니까? 민수기 27장으로 가보겠습니다. 8-11절입니다. "너는 이스라엘 자손에게 말하여 이르기를 사람이 죽고 아들이 없으면 그의 기업을 그의 딸에게 돌릴 것이요 딸도 없으면 그의 기업을 그의 형제에게 줄 것이요 형제도 없으면 그의 기업을 그의 아버지의 형제에게 줄 것이요 그의 아버지의 형제도 없으면 그의 기업을 가장 가까운 친족에게 주어 받게 할지니라 하고 나 여호와가 너 모세에게 명령한 대로 이스라엘 자손에게 판결의 규례가 되게 할지니라." 여기에 죽은 자의 아내에게 기업을 주라고 명시되어 있습니까? 아닙니다. 과부에게 기업을 주라는 암시조차 되어 있지 않습니다. 딸에게는 권리가 주어져도 아내는 권리가 없었습니다. 이스라엘 율법에서 그토록 과부를 보호하는 것은 과부에게는 토지 소유권(즉 경제권)이 없었기 때문입니다. 만일에 나오미가 베들레헴으로 돌아와 엘리멜렉의 토지를 소유할 수 있었다면 룻은 이삭줍기를 하면서 시어머니를 봉양할 필요가 없었을 겁니다. 그렇다면 나오미가 토지 소유권이 있어서 소유지를 팔겠다는 말은 아닌 듯합니다. 이 부분을 히브리어 성경으로 보겠습니다. '마카르(mākar)'라는 동사는 '팔다'라는 의미가 맞습니다. 게다가 여성 3인칭 동사로 적힌 것을 보아 분명히 나오미가 팔려고 하는 것이 맞습니다. 그런데 이 동사는 반드시 '판매'의 의미를 담고 있는 것은 아닙니다.

사사기 3장 8절을 읽어 보십시오. "여호와께서 이스라엘에게 진노하사 그들을 메소보다미아 왕 구산 리사다임의 손에 **파셨으므로** 이스라엘 자손이 구산 리사다임을 팔 년 동안 섬겼더니." 사사기 4장 2절도 보십시오. "여호와께서 하솔에서 통치하는 가나안 왕 야빈의 손에 그들을 **파셨으니** 그의 군대 장관은 하로셋 학고임에 거주하는 시스라요." 사사기 10장 7절도 읽어 보십시다. "여호와께서 이스라엘에게 진노하사 블레셋 사람들의 손과 암몬 자손의 손에 그들을 **파시매**."

이들 구절에서의 '팔다' 자리에도 동사 '마카르'가 쓰였지만, '매매하다'라는 뜻이 아니라 '책임 혹은 권리를 넘겨주다'라는 의미에 더 가깝습니다. 그러므로 나오미가 팔려고 한다는 것은 엘리멜렉의 기업의 책임을 넘기겠다는 의미입니다. 즉 기업 무를 자를 찾는다는 뜻일 겁니다(레 25:25).

여기서 우리가 집중해야 합니다. 엘리멜렉의 토지가 지금 누구 손에 있기에 가까운 친척이 그 땅을 다시 사들여야 하는 책임을 떠맡아야 합니까? 나오미에게 소유권도 없는 땅이면서 아직 가까운 친척조차 한 번도 그 기업을 물러 보지 않았다면 그 땅은 외부 사람의 손에 있다는 결론이 나옵니다. 어찌된 연유로 에브라임 사람 엘리멜렉의 토지가 외부 사람의 손에 있다는 겁니까?

이를 법으로 해석하려면 일단 엘리멜렉이 왜 모압으로 떠나야 했는지 그 근원부터 다시 살펴보아야 합니다. 그러려면 이스라엘 법을 토대로 가장 그럴듯한 시나리오를 떠올려 보면서 엘리멜렉의 과거를 더듬어 봐야 합니다. Day 2에서 엘리멜렉이 기근을 맞이하였을 때 이스라엘이 경시하는 모압 땅을 선택할 수밖에 없었던 까닭을 추정해 보았습니다. 아마도 고향 베들레헴에서의 시련과 갈등이 아주 극심했을 거라고 말씀드렸습니다. 내레이터는 엘리멜렉의 과거를 전혀 설명해 주지 않으니 이렇게 추척해 볼 수 있을 뿐입니다. Day 2에서 또한 이렇게 말씀드렸지요. 베들레헴은 모두가 형제와 자매, 친척 관계로 엮여 있는 가족의 울타리 커뮤니티라고. 그럼에도 엘리멜렉이 모압행을 결심했을 때는 단지 주린 배를 채우려는 것만은 결코 아닐 거라고 했습니다. 엘리멜렉은 베들레헴에서 영적으로 공황감을 느낄 정도로 '상처 입은 자' 혹은 '소외된 자'였을 것이라고 말씀드렸습니다.
여러분이 생각하는 엘리멜렉의 과거는 어떻습니까? 들어 보고 싶습니다. 다음에 기회가 되면 꼭 들어 보는 것으로 하고, 오늘은 제가 생각한 시나리오부터 들려 드리겠습니다.

벌써 10년도 더 지난 이야기입니다. 엘리멜렉은 한때 베들레헴에서 꽤 인정받는 부유한 사람이었을 겁니다. 마구간에는 소와 양도 충분했고 밭의 곡식도 때에 맞추어 잘 영글었습니다. 엘리멜렉은 영리하고 재능이 많은 사람이었겠지요. 하는 일마다 척척 이루어졌을 것 같습니다. 그러다 보니 엘리멜렉 마음에는 차츰 교만이 자라기 시작하지 않았을까요? 밭을 좀 더 늘려 보고 싶고, 가축도 더 많이 늘리고 싶었습니다. 아니, 베들레헴에서 제일 유력하고 부유한 사람이 되어 성문 제일 높은 곳에 앉아 보고 싶었겠지요. 어느 날 엘리멜렉은 그런 욕심을 이기지 못하여 극대치의 이윤을 남겨 보려고 과잉 투자를 합니다. 그러다 보니 그가 소유한 분깃에 만족하는 마음이 점점 줄고 더 많은 물질에 눈독이 오릅니다. 아무리 많이 있어도 부족하다고만 느껴지니 그의 마음에는 벌써 기근이 왔습니다.

투자를 충분히 해놓았으면 거기서 서너 배 아니, 열 배로 소득이 눈덩이 구르듯 불어나야 할 텐데, 이게 웬일입니까?

갑자기 베들레헴에 기근이 들었습니다. 이른 비와 늦은 비를 내려 주시는 분은 오직 하나님이시라는 사실을 엘리멜렉은 잊어버렸습니다. 하나님의 은혜 가운데 잠기기를 거부한 그는 갑자기 빚더미 속에 잠겨 버립니다.

기근만 지나가면 다시 재기하리라 자신감을 다지고 이 사람, 저 사람 찾아다니며 더 많은 돈을 꿉니다. 처음에 베들레헴 공동체에서도 그를 믿고 후한 인심으로 돈을 빌려 주었습니다. 그렇지만 엘리멜렉은 재기는커녕 점점 힘들어졌고 가세는 기울어 갔습니다. 기근으로 모두가 힘든 시절이었습니다. 사람들도 마냥 엘리멜렉만 도와주면서 살아가기에는 여유가 없었습니다. 결국 나중에는 그의 모습만 보이면 창문을 닫고 안에서 나오지 않는 사람도 많아졌습니다.

외면당하던 엘리멜렉은 하는 수 없이 '소유 상환' 계약을 의지하여 그의 기업이나 다름없는 소중한 토지를 외부 사람들에게 조금씩 팔아 생계를 유지합니다. 그런데도 베들레헴의 기근이 쉽게 물러가지 않았습니다. 기근만 지나가면 투자한 돈이 다시 엄청나게 부풀어서 들어올 것 같은데 하늘에는 비구름, 먹구름 하나 보이지 않습니다. 하늘이 아니라 그의 마음에 먹구름이 생깁니다. 하나님에 대해 쓴 마음이 밀려들고 억울함이 들기 시작했습니다. 원망하는 마음이 극도에 도달했던 것은 더 이상 남아 있는 토지조차 없어 그의 몸을 종으로 팔아야 할 지경에 이른 때였습니다. 그때 그에게는 두 가지 선택만 남아 있다 싶었습니다.

하나는, 종으로 비참하게 팔리는 것. 아니면, 토지가 외부 사람에게 넘어간 상태이니 분깃은 잃는다 쳐도 남은 재산을 긁어모아 기근이 들지 않는 땅(즉 모압 평지 같은 곳)으로 도망가는 것입니다. 엘리멜렉은 후자를 선택합니다. 어차피 그는 이미 베들레헴에서 미운털 박힌 존재였습니다. 모압으로 가면 어떻고 애굽으로 가면 어떻겠습니까. 아쉽습니다. 만일 그때 엘리멜렉이 무릎을 꿇고 회개하며 하나님의 이른 비와 늦은 비를 의지하겠노라 결심했다면 그는 결코 모압으로 떠나지 않아도 되었을 겁니다. 차라리 비참하게 살지언정 하나님의 헤세드를 의지하겠노라 갈망했더라면 그의 가족은 모압으로 가지 않아도 되었을 것입니다. 그러나 그의 자존심과 욕망은 회개를 선택하지 않습니다. "베들레헴 성이여, 네가 감히 나를 이렇게 대해? 내가 누군가? 나는 촉망받는 이스라엘의 엘리트 에브라임 지파의 엘리멜렉이야. 좋아. 내가 모압에서 큰 성공을 이루어 수천의 나귀에 재산을 싣고 베들레헴으로 다시 돌아와 내가 어떤 사람인지 보여 주지!" 이렇게 다짐하면서 가족을 데리고 떠나 버립니다.
그러나 엘리멜렉이 베들레헴으로 돌려보낼 수 있었던 것은 수천의 나귀에 실은 재산이 아니라 홀로 남은 나오미와 며느리 룻이었습니다.

여기까지입니다. 그냥 시나리오입니다. 꼭 이랬다는 것은 아닙니다. 그러나 전혀 근거 없는 헛된 시나리오는 아닙니다. 제가 생각한 시나리오를 근거로 성문 법정에서 보아스가 대변하는 상황을 다시 분석해 보겠습니다. 나오미는 한 번도 보아스에게 가서 엘리멜렉 토지가 지금쯤 누구의 손에 있는지 물어본 적이 없습니다. 사실 지금 그것이 중요한 것도 아닙니다. 보아스가 이 일을 법정에서 거론한 데는 이유가 있습니다. 간밤에 룻이 그의 발치에 엎드리어 그가 '기업 무를 자'라며 구원을 간청했기 때문입니다. 룻을 구원해 주려면 엘리멜렉의 토지, 즉 분깃을 다시 반환시켜야만 합니다. 물에 빠진 사람을 구할 때 손만 잡으면 되겠습니까? 아니면 머리만 꺼내 주면 구원이겠습니까? 구원은 물에 빠진 사람의 온몸을 물에서 건져 주는 것을 말합니다. 엘리멜렉 가계의 기업을 구원해 주는 것은 그의 분깃까지 다 구해 내는 것입니다.

그 토지가 지금 어떤 외부인의 손에 있든지 그 사람을 찾아야 합니다. 그 사람이 얼마를 부르든지 값을 치루고 엘리멜렉의 분깃을 사들여야 한다는 것입니다.

그렇다면 3절은 이렇게 읽어야 합니다.

"나오미가 더 이상 모압 지역에 머물지 않기로 결심하고 베들레헴으로 왔습니다. 그녀는 이제 과부입니다. 죽은 남편 엘리멜렉의 분깃이 지금 누구 손에 있는지조차 모릅니다. 10년이나 지난 일입니다. 그러나 우리는 찾아내야 합니다. 잃어버린 기업을 찾아 줄 책임이 있습니다. 왜냐하면 엘리멜렉은 우리 형제이기 때문입니다. 지금 나오미는 친족 중에 기업 무를 자가 나타나 엘리멜렉의 토지를 상환하여 와서 그의 기업이 회복되기를 기원하고 있습니다. 이것은 율법이고 우리의 책임입니다."

이 말을 들은 기업 무를 자, 곧 룻에게 보아스보다 가까운 친족(내레이터는 이 사람을 '아무개'라고 불렀습니다)은 움찔합니다. 괜히 아침부터 성문 앞을 지나갔나 보다 하면서 짐짓 후회하고 있을지도 모릅니다. 보아스의 이야기를 들었으니 율법의 도리상 기업을 무르기는 해야겠는데 썩 내키지 않고 부담스러웠겠지요.

법정은 술렁입니다. '엘리멜렉'의 이름을 듣자마자 장로들은 손을 내젓습니다. 눈살을 찌푸리는 사람도 있습니다. 기분이 나쁜지 갑자기 일어나 버리는 사람까지 있습니다.

"어르신, 어르신. 앉으십시오. 아직 제 이야기를 끝까지 안 들으셨잖습니까…" 보아스가 만류합니다.

"들어볼 게 뭐가 있나? 자네 엘리멜렉을 몰라서 그래? 그는 우리에게 무거운 짐이었던 사람이네. 그 사람 도와주면서 허리가 휘청한 사람이 어디 한둘이어야 말이지. 그 사람이 하나님 앞으로 돌아와 회개하고 겸손하게 살 생각은 하지 않고 알량한 자존심 하나 세워 보겠다고 모압으로 갈 때 우리는 알아봤네. 함께 기근을 겪으며 겸손히 하나님의 때를 기다리기는커녕 모압으로 떠나? 에이, 그런 형제는 베들레헴에서 우리 형제라고 일컫기에도 부끄럽네, 부끄러워" 하고는 몸을 돌려 버립니다.

또 한 장로는 이렇게 말합니다. "과부가 된 나오미가 불쌍한 것은 사실이지만, 엘리멜렉의 기업을 이제 와서 무르라니 아무개의 입장이 얼마나 불편하겠는가? 어허, 보아스 자네는 이른 아침부터 우리를 여기에 불러 놓고 하필 이런 이야기를 왜 꺼내는가? 이제 겨우 베들레헴에 풍년이 들면서 성읍 사람들이 살 만하네. 우리가 나오미를 조금씩 도와주면 될 것이니 엘리멜렉 분깃을 무르라는 이야기는 이제 그만두게나."

오늘 베들레헴 성문 법정은 쉽게 풀릴 것 같지가 않습니다. 보아스의 마음도 사뭇 초조해집니다. 이마에 땀이 맺힙니다. 이제 성문은 시장 못지않게 시끌시끌합니다. 법정이 진행되는 동안 마을 사람들도 밭에 나가려다 말고 주위로 몰려들었던 겁니다(나중에 아시겠지만 11절을 보면 온 마을 사람이 다 성문에 모였던 것이 분명합니다). 마을에 큰 행사가 난 것처럼 들썩들썩합니다. 주민이란 주민은 모두 출석한 것 같은데, 딱 두 사람 얼굴만 보이지 않습니다. 안식하고 있는 나오미와 룻입니다.

사건이 어떻게 종결될 것인지 궁금합니다. 그렇지만 염려하지 않아도 될 것 같습니다. 보아스는 하나님의 살아 계심을 걸고 룻을 지킬 것이고, 하나님의 헤세드는 베들레헴에 출렁입니다. 내일 다시 법정으로 출두하십시오. 증인 자격증 지참하시는 것 잊지 마시고요.

참, 그런데 오늘 여러분 중에 내 삶도 끝장난 엘리멜렉의 삶과 비슷하다고 느끼시는 분이 있으십니까? 그의 자손 말론과 기룐의 이름처럼 모든 것이 다 소멸돼 버린 듯 희망이 없는 분이 혹시 계십니까? 저 멀리 아무것도 보이지 않으십니까? 그렇다면 당신은 하나님의 헤세드를 받으실 만한 가장 강력한 후보가 되시는 겁니다. 그러니 용기를 잃거나 너무 괴로워하지 마십시오.

하나님께서는 모든 것이 끝나 버린 것 같은 엘리멜렉에게도 자비와 긍휼을 거두지 아니하셨습니다. 망대 위에 높이 서서 그의 삶을 멀리멀리 바라봐 주셨습니다. 파수꾼은 졸아도 야웨 하나님은 졸지 않고 지켜주십니다. 망대 위에 높이 서서 여러분의 삶을 지켜봐 주실 뿐 아니라, 여러분의 분깃도 지켜 주시는 하나님을 믿으십시오.
여정은 계속됩니다. 이제 마지막 주 둘째 날이 지났습니다.

아무개와 하나님의 역사

내가 여기 앉은 이들과 내 백성의 장로들 앞에서 그것을 사라고 네게 말하여 알게 하려 하였노라 만일 네가 무르려면 무르려니와 만일 네가 무르지 아니하려거든 내게 고하여 알게 하라 네 다음은 나요 그 외에는 무를 자가 없느니라 하니 그가 이르되 내가 무르리라 하는지라 보아스가 이르되 네가 나오미의 손에서 그 밭을 사는 날에 곧 죽은 자의 아내 모압 여인 룻에게서 사서 그 죽은 자의 기업을 그의 이름으로 세워야 할지니라 하니 그 기업 무를 자가 이르되 나는 내 기업에 손해가 있을까 하여 나를 위하여 무르지 못하노니 내가 무를 것을 네가 무르라 나는 무르지 못하겠노라 하는지라(4:4-6)

다시 성문입니다. 이런저런 의견으로 안정이 되지 않은 법정에서 보아스는 다시 한 번 음성을 가다듬어 청중의 시선을 주목시킵니다. 4절입니다. "내가 여기 앉은 이들과 내 백성의 장로들 앞에서 그것을 사라고 네게 말하여 알게 하였노라 만일 네가 무르려면 무르려니와 만일 네가 무르지 아니하려거든 내게 고하여 알게 하라 네 다음은 나요 그 외에는 무를 자가 없느니라."

Day 24

보아스가 "네게 말하여 알게 하였노라"라고 번역한 구절은 히브리어 성경에서 보면 "너의 **귀를 열어** 알리겠다"라고 적혀 있습니다. 상대방의 귀를 연다는 것은 귀를 덮은 두건을 살짝 들어 올린다든지, 귀를 가리고 있는 머리를 귀 뒤로 넘겨야 하는 경우를 말합니다. 무엇보다도 귀에 가까이 입을 갖다 대고 말해 주어야 **귀를 열 수** 있겠지요.

베들레헴 장로들이 어떤 반응을 보이든 말든 일단 제일 가까운 친족 '아무개'의 '귀를 열어' 엘리멜렉의 기업을 회복하는 일의 중요성을 상기시킵니다. 보아스의 요지는 분명합니다. 엘리멜렉의 분깃을 세워 주자는 것이고, 그가 기업을 무르지 않겠다면 다음 후보는 자신이라는 것을 증인 앞에 확실히 해두는 겁니다.

아무개의 입장은 말 그대로 난처하게 되었습니다. 베들레헴 장로들에다 베들레헴 사람이 모두 성문 주변에 모여 자신을 주목하고 있습니다. 이제 뭐라고 대답해야 합니까? 성문에 올라와 앉아 있는 자라면 율법을 풀어 사람들에게 설명할 만큼 지혜롭고 의로워야 한다는 것쯤은 아무개도 잘 알고 있었습니다. 아까 올라올 때는 은근히 권력의 맛을 즐겼는데, 막상 이 난감한 문제의 책임을 맡자니 성문 윗자리가 가시방석이었습니다. 위신을 생각해서라도 대답을 잘 해야겠습니다. 베들레헴 공동체 사회에서 사람들의 신임을 잃는 것은 수치스러운 일입니다. 이러다 엘리멜렉보다 비난받는 사람이 되겠습니다. 그래서는 안 될 일입니다. 그는 마지 못해 대답합니다.

"내가 무르리라"(4절).

성문 법정은 다시 한 번 웅성거립니다. 다행이라고 끄덕이는 사람도 있고, 기쁘게 웃음을 짓는 사람도 있고, 반신반의하는 사람도 있고, 방금 뭐라고 대답했냐고 뒤늦게 물어보는 사람도 있습니다(어느 회중에나 이런 분이 꼭 있습니다).

만일 이때 룻이 있었다면 그녀의 가슴은 무너져 내려앉았을 겁니다. 그녀가 바라는 사람은 은혜의 사람 보아스지, 율법의 사람 아무개는 아니기 때문입니다. 은혜에는 신뢰와 평강이 있지만, 율법에는 두려움이 있습니다. 그런데 이 대답에 가슴이 무너질 사람은 룻뿐이 아니었습니다. 보아스의 마음도 급해졌습니다. 보아스가 정말로 구원해 주고 싶은 것은 율법이 명시한 엘리멜렉의 '토지'가 아니라, 그가 신부로 맞고 싶은 헤세드 안에 있는 '룻'이기 때문입니다. 그래서 보아스는 다시 덧붙입니다. 5절입니다.

"네가 나오미의 손에서 그 밭을 사는 날에 곧 죽은 자의 아내 모압 여인 룻에게서 사서 그 죽은 자의 기업을 그의 이름으로 세워야 할지니라."

보아스는 엘리멜렉의 분깃의 회복을 설명하면서 신명기 25장 5-10절에 나오는 형사취수, 즉 죽은 형제에 대한 의무를 상기시켜 줍니다. 좀 의아하지 않으십니까? 왜 보아스는 처음부터 룻의 이야기를 꺼내지 않았을까요? 엘리멜렉의 토지를 무르는 일은 처음부터 명확히 언급했건만, 룻의 이야기는 비장의 카드처럼 이때껏 감추어 둔 것 같습니다. 또 하나 의아한 점은 보아스가 룻을 '모압 여인'으로 소개한다는 것입니다. 보아스는 한 번도 룻을 모압 여인이라 불러 본 적이 없습니다. 언제나 "내 딸아"라고 불렀습니다. 그런데 오늘 그는 아무개에게 룻을 소개하면서 베들레헴에서 통용되던 룻의 풀 네임, 곧 '모압 여인 룻'이라 칭합니다. 여기서 저는 아무개의 캐릭터를 감히 추측해 봅니다. 어쩌면 그는 이방 여인에 대한 거부감이 있었을지 모릅니다. 보아스는 그 점을 잘 숙지하여 비장의 카드로 '모압 여인 룻'을 꺼낸 것이 아니었나 생각해 봅니다.

보아스의 제안을 듣고 아무개는 생각에 잠깁니다. 그에게는 네 가지 조건이 기다리고 있습니다.

첫째, 율법의 명시한 대로 엘리멜렉의 분깃을 회복하고 룻을 아내로 맞이한 뒤에 나오미를 봉양하는 것입니다. 가장 고귀한 결정이지만 제일 부담스럽고 꺼려지는 조건입니다. 명문가 여자를 데려와도 성에 찰까 말까 한 고귀한 아무개에게 모압 여인이라니요.

둘째, 엘리멜렉의 분깃을 사고 룻과 결혼하겠다고 맹세한 다음 지키지 않는 것입니다. 물론 명성은 잃겠지만 모압 여인과 결혼하여 순수 혈통을 잃는 위험 부담은 없다는 이점이 있습니다.

셋째, 당장에 보아스의 제안을 거절하고 책임을 보아스에게 떠맡기는 것입니다. 그런다 해도 크게 지탄받지는 않을 겁니다. 엘리멜렉은 그동안 마을에서 중요한 인물이 아니었으니 말입니다. 게다가 엘리멜렉을 아직도 미워하는 사람도 꽤 있었습니다.

넷째, 엘리멜렉의 분깃을 사들이되 룻과는 결혼하지 않겠다고 선포해 버리는 것입니다. 마을 사람들에게 신망을 약간 잃을 수 있지만, 장기적으로 본다면 안전한 결정입니다. 룻이 아들이라도 덜컥 낳으면 나중에 그가 힘들게 사들인 분깃뿐 아니라 모아 놓은 재산까지 룻의 아들, 즉 나오미의 손자 소유가 될 것이니 말입니다.

아무개는 네 가지 조건을 이리저리 살피다가 결국 셋째 항목을 택합니다. "나는 내 기업에 손해가 있을까 하여 나를 위하여 무르지 못하노니 내가 무를 것을 네가 무르라 나는 무르지 못하겠노라"(6절). 앞서 "내가 무르리라" 했을 때, 그는 룻을 보살필 생각은 전혀 없었음을 알 수 있습니다.

아무개는 자기 기업, 자기 이름, 자기 복지에 대해 관심이 많은 사람이었습니다. 조금이라도 손해를 보면 큰일이 나는 줄 알고 책임을 남에게 전가하는 위인이었습니다. 성문에 앉아서 뭇 백성에게 인사 받는 것만 기뻐했지, 성문에서 내려가 자신을 비우는 헌신은 잘 모르는 사람이었습니다.

예수님께서는 영광을 받으시기 직전에 빌립과 안드레에게 말씀하셨습니다. "진실로 진실로 너희에게 이르노니 한 알의 밀이 땅에 떨어져 죽지 아니하면 한 알 그대로 있고 죽으면 많은 열매를 맺느니라"(요 12:24).

영광 전에는 고난이 있습니다. 면류관을 받기 전에는 십자가를 받아야 합니다. 예수님은 자신의 기업, 자신의 이름, 그리고 자신의 복지에 전혀 관심이 없으셨고 그분의 존재가 온전히 흙에 묻혀 썩어져 죽어 가기를 선택하셨습니다. 그렇게 온전히 자기를 비우신 주님은 부활하셨고 지금은 하늘 보좌에 앉아 계십니다.
보아스도 그의 기업, 그의 이름, 그의 복지에 대해 전전긍긍하지 않았습니다. 형제 엘리멜렉의 기업, 엘리멜렉 집안의 이름, 그리고 엘리멜렉이 남기고 간 두 과부, 나오미와 룻의 복지에 관심을 쏟았습니다. 베들레헴에서 아무도 존귀하게 여겨 주지 않아도 보아스는 그들의 구원에 '여호와의 살아 계심'을 걸고 헌신하고 있는 것입니다.
내레이터는 결단코 '기업 무를 자'의 **이름**을 우리에게 들려주지 않습니다. 그는 영원히 '아무개'입니다. 자기 이름을 위해 애를 썼던 그는 우리에게 그냥 '아무개'입니다.
이스라엘 역사가 그를 기억하지 않고, 우리도 그를 알지 못할 것입니다. 그러나 자기 이름이 아니라 남의 이름을 위해 자신을 헌신한 보아스는 이스라엘 역사와 우리 마음에 그의 거룩한 인격과 신앙이 남아 있습니다. 그가 세워 주고 싶어 했던 엘리멜렉의 이름과 그가 구원해 주려는 나오미와 룻의 이름도 성경에 명징하게 남아 있습니다.
우리 역시 마찬가지입니다. 지금 어떤 것을 선택하느냐에 따라 영원한 '아무개'가 될 수도 있고, 하나님께서 소중히 불러 주시는 이름을 남길 수도 있습니다.

지난겨울 서양교회사를 공부하면서 한국교회사에도 관심을 갖게 되었습니다. 서양교회사를 연구하면서도 많은 깨달음을 얻었지만, 우리 교회사 뿌리를 찾아 연구하는 데는 더욱 깊은 감동이 있었습니다. 그중 기억에 남는 이야기를 하나 나누겠습니다.

1866년 토마스라는 영국 젊은이가 미지의 땅 한국을 향해 선교의 열정을 태웁니다. 그러나 그의 꿈은 그 당시 사람들 생각에 헛된 것이었습니다. 조선이라는 나라는 쇄국정책으로 외국인에 대해 적대적이었기 때문입니다. 눈부시게 영민하고 철저한 교육으로 다져진 토마스는 장래가 촉망되는 젊은 목사였습니다. 그가 왜 척박한 조선 땅을 향해 꿈을 태워야 합니까? 영국에서 존경받으며 평안하게 목회하다가 생을 마감해도 훌륭하다고 칭찬받을 사람이었는데 말입니다.

그러나 그는 어떻게든 조선에 들어가 복음을 전하는 선교사가 되고 싶었습니다. 그 당시 그는 갓 결혼하여 신혼의 행복에 젖어 있었습니다. 아내 캐롤라인은 헌신적이고 순종적인 여인이었습니다. 그녀는 남편 토마스의 꿈을 존중하고 따라 줍니다. 부부는 먼저 중국으로 갔습니다. 그런데 상해의 추위가 연약한 캐롤라인을 덮쳐 이국 땅에서 그녀는 먼저 천국으로 가고 맙니다. 아내와의 사별은 젊은 토마스에게 큰 충격과 슬픔을 안겨 주었습니다. 영국 선교회에서도 본국으로 돌아오라는 서신을 보냈을 정도였습니다. 그래도 그는 한국 선교를 위해 돌아가지 않기로 결단합니다. 슬픔과 두려움이 교차했지만 주님을 사랑하는 마음에는 변함이 없었습니다. 그는 북경으로 건너가 북경대학에서 서리로 일하면서 한국 선교 기회를 물색합니다.

기회가 찾아왔습니다. 미국인 프레스톤 소유의 상선 제너럴 셔먼 호(순양함)가 조선으로 간다는 소식을 들었습니다. 그는 한국에 배포하기 위해 중국어 성경과 한문 성경을 몇 권 지참하고 길을 떠납니다. 런던 선교회 총무 멀린스는 그가 조선으로 간다는 소식에 “무장한 선박을 타고 조선에 나간다니 위험을 자초하는 일입니다. 이것은 중국에서 선교의 일을 섬겨야 하는 당신의 의무에도 어긋나는 일이니, 북경에서 임무에 충실하다가 영국으로 돌아오십시오”라고 편지를 보냈다고 합니다. 아마 그를 보호하기 위한 영국 선교회의 결정이었을 것입니다. 그러나 편지가 도착할 무렵 토마스는 이미 셔먼 호를 타고 조선으로 가고 있었습니다. 평양 대동강 입구에 나타난 수상한 배를 보고 조선 정부는 입국 경위와 정황을 파악하려고 했으나 불가능한 상태였습니다. 셔먼 호가 대동강을 거슬러 올라오자 조선 문정관은 경계 태세를 늦출 수 없었습니다. 수차례 접전과 마찰 끝에 조선 군관들은 솔가지에 유황을 뿌려 셔먼 호를 향해 발사했고, 배는 불타오르기 시작했습니다. 살기 위해 뭍으로 빠져나오는 사람들은 군졸에게 살해되었습니다. 토마스 선교사는 성경이 물에 젖지 않도록 뭍으로 힘껏 던진 다음 헤엄쳐 나왔습니다. 그가 뭍에 오르기만 하면 사살하려고 군졸 박춘권이 기다리고 있습니다. 뭍에 도착하자마자 토마스는 성경부터 집어 들고 서툰 조선어로 말합니다. “받으십시오.” 영문을 모르고 군졸 박춘권은 칼을 높이 든 채 서 있었습니다. 처음 만난 조선인에게 복음을 전해 주고 싶은데 토마스는 받으라는 말 말고는 아무 말도 할 수 없었습니다. 그 짧은 한국어 한마디에 위대한 초대장이 들어 있었지만 박춘권은 도무지 이해할 수가 없었습니다. 박춘권은 칼로 내리치려다 멈추었습니다. 그에게 어떤 위엄이 느껴졌기 때문입니다. 박춘권은 칼을 하늘 높이 쳐들고 바들바들 떨었습니다. 그러자 토마스가 그 앞에 무릎을 꿇는 것이 아닙니까. 박춘권은 이 사람이 살려 달라고 애걸하려는 것이라 생각했습니다. 그런데 그게 아니었습니다. 그는 그가 오랫동안 갈망한 조선 땅에서 최후의 감사 기도를 드렸던 것입니다. 그러고는 다시 일어나 박춘권에게 성경을 받아 달라고 간청합니다. "받으십시오." 박춘권은 두려움에 토마스를 칼로 내리칩니다. 조선에서 제대로 복음을 전해 보지도 못하고 성경을 든 오른손만 힘껏 뻗은 채 토마스는 거꾸러져 피를 토했습니다. 한 알의 밀이 조선 땅에 떨어져 죽어 가는 순간이었습니다. 조선인이 주님의 기업을 받기를, 조선 땅에 그리스도의 이름이 퍼져 나가기를, 조선인이 복락 가운데 살아가기를 바라는 마음으로 토마스는 그 자리에서 죽었습니다. 하나님은 왜 이렇게 그가 허무하게 죽어 가도록 하셨을까요?

허무하지 않았습니다. 들어 보십시오.

토마스를 죽인 박춘권은 집으로 가는 길에 큰 죄책감을 느꼈습니다. 아무리 생각해도 죄 없는 선한 사람을 죽인 것 같아 너무나 괴로웠던 그는 다시 돌아가 토마스가 그렇게 받으라고 권하던 성경 하나를 드디어 받습니다. 그는 그날부터 성경에 깊이 빠졌고, 다 읽은 후에는 살인 죄수가 된 스스로의 가슴을 치면서 통곡하며 회개합니다. 그리고 그는 예수를 믿게 됩니다. 박춘권은 후에 평양 안주교회 영수가 되었던 분입니다. 그는 조카 이영태에게 복음을 전하고 이영태는 주님을 영접하고 평양숭실전문학교를 졸업합니다. 이후 이영태는 미국 남장로교회 레이놀즈 선교사의 조사가 되어 한국인 성경번역위원으로 크게 기여합니다.

그뿐 아닙니다. 셔먼 호가 불타는 광경을 목격한 이들 가운데 열두 살 어린 소년도 있었습니다. 그의 이름은 최지량입니다. 그는 토마스가 뭍으로 던진 성경 세 권을 신기하게 여겨 보관해 두었습니다. 하지만 이내 겁이 났던 그는 영문주사 박영식에게 성경을 줍니다. 받긴 받았지만 박영식도 두려운 나머지 성경을 한 장씩 뜯어 벽지로 발라 버렸습니다. 후에 소년 최지량은 우연히 그 집에 놀러 갔다가 도배된 말씀을 읽고 기독교인이 됩니다. 더욱 놀라운 것은 성경으로 도배한 그 집이 나중에 평양 최초의 교회 널다리골 예배당이 되었다는 사실입니다.

한국 기독교 역사에 출렁이던 하나님의 헤세드입니다. 토마스는 허무하리만큼 짧게 생을 마무리하고 말았지만, 그의 죽음은 결단코 헛되지 않았습니다. 자신을 온전히 비웠던 토마스 선교사의 이름은 한국 기독교 역사에 영원히 남아 있습니다. 그가 심은 순교의 씨앗이 한국 기독교에 지대한 영향을 미쳤습니다. 여러분과 저도 그 열매 중 하나입니다.

사실 아무개는 위대한 왕의 족보에 남을 수 있는 엄청난 잠재력을 보유하고 있었습니다. 그러나 그는 자신의 이름과 분깃이 너무나 소중해 자신을 비워 내기가 두려웠습니다. 그토록 자신의 명성과 기업을 남기려고 발버둥 쳤던 아무개는 그래서 하나님의 역사에 남아 있지 않습니다. 저와 여러분도 하나님의 역사에 남을 수 있는 상당한 자격을 보유하고 있습니다. 그러나 우리가 무엇을 선택하느냐에 따라 '아무개'로 남을 수도 있고 아닐 수도 있습니다. 무엇을 선택하시겠습니까?

내일 성문에서 다시 뵙겠습니다. 내일 오실 때는 좀 시원하게 샌들을 신고 오십시오. 이제 베들레헴은 확실한 초여름입니다. 날씨가 더워졌습니다.

맨발을 보고 웃다

옛적 이스라엘 중에는 모든 것을 무르거나 교환하는 일을 확정하기 위하여 사람이 그의 신을 벗어 그의 이웃에게 주더니 이것이 이스라엘 중에 증명하는 전례가 된지라 이에 그 기업 무를 자가 보아스에게 이르되 네가 너를 위하여 사라 하고 그의 신을 벗는지라 보아스가 장로들과 모든 백성에게 이르되 내가 엘리멜렉과 기룐과 말론에게 있던 모든 것을 나오미의 손에서 산 일에 너희가 오늘 증인이 되었고 또 말론의 아내 모압 여인 룻을 사서 나의 아내로 맞이하고 그 죽은 자의 기업을 그의 이름으로 세워 그의 이름이 그의 형제 중과 그곳 성문에서 끊어지지 아니하게 함에 너희가 오늘 증인이 되었느니라 하니 성문에 있는 모든 백성과 장로들이 이르되 우리가 증인이 되나니(4:7-11a)

성문 올라오시는 데 좀 덥지 않으셨습니까? 이른 아침부터 열린 법정인데 토론이 길어지다 보니 곧 정오가 될 정도로 꽤 많은 시간이 흘렀습니다. 시원하게 샌들은 신으셨습니까? 여기서는 샌들이 어울립니다.
더워지는 건 꼭 날씨 탓만은 아닌 듯합니다. 보십시오.
법정의 열기가 뜨겁습니다. 벌써 온 성읍에 소문이 번지고

Day 25

있습니다. 아무개가 기업을 무르지 못하겠노라고 선포했으니 이제 보아스가 엘리멜렉의 분깃을 무를 것이라는 소식이겠지요. 소문은 나오미의 집에도 어렵지 않게 당도했을 것입니다. 초여름 바람이 살랑이며 나오미네 문을 두드렸을 테고 반가운 소식이 나오미의 주름진 얼굴을 활짝 펴놓았을 것입니다. "보아라, 딸아. 오늘 이 일을 성취하기 전에는 그가 쉬지 아니하리라 하지 않았느냐. 이제 우리도 성문으로 가보자." 나오미가 말했을 것입니다.

나오미와 룻은 설레는 마음으로 성문으로 갑니다.

베들레헴의 성문. 나오미가 모압에서 다시 베들레헴으로 돌아와야 했을 때 이곳을 통과해야 했지요. 그땐 부끄럽고 수치스러웠습니다. 그녀가 명명한 대로 마라였습니다(1:21). 그녀와 룻은 상복을 입었을 때라고 Day 16에서 말씀드렸습니다. 그러면 신발은 신고 있었을까요? 저는 아닐 거라고 생각합니다. 나오미와 룻은 맨발로 들어왔을 것입니다. 이유를 설명해 드리겠습니다.

당시 근동 지역 사람들은 주로 샌들을 신었습니다. 날씨가 더워 발등이 트인 디자인을 선호했던 것이지요. 건조하고 모래가 많은 근동 지역은 바람이 불면 먼지가 여기저기

흩날립니다. 당연히 발은 늘 흙먼지투성이였습니다. 그래서 손님이 오면 먼지 묻은 발을 씻어 주는 최고의 접대로 예절을 갖추곤 했던 것입니다. 손님의 입장에서도 초대를 받았는데 더러운 신발을 신고 집안에 들어가기 송구했기에 집에 가면 신발부터 벗었습니다. 겸손과 순복을 나타내는 태도입니다. 성전에 들어갈 때는 말할 나위도 없습니다. 모세가 하나님의 부름을 받고 서 있던 거룩한 땅에서 그의 신을 벗어야 했던 것도 같은 이유입니다(출 3:5). 여호수아가 여호와의 군대장관을 대면했던 그 거룩한 장소에서 신을 벗어야 했듯이 말입니다(수 5:15).

이렇게 신발을 신고 벗는 것이 중요하다 보니, 성읍 사람들은 새로운 사람이 마을에 입성하면 그 사람이 신발을 신었는지부터 확인했습니다. 신발을 벗겨 주고 발을 씻어 주어야 할 의무가 있었으니 신발에 눈이 가는 것이 당연했겠습니다. 그러다 보니 어느새 신발은 신분이나 재산을 측정하는 기준이 되어 갔습니다.[41] 어느 정도 재산이 있는 사람이라면 긴 여행을 떠날 때 여벌로 몇 켤레씩 가지고 다녔습니다. 관례처럼 새로운 곳에 당도하면 닳아 버린 신발은 얼른 감추고 새 신발을 신고 들어갔습니다.

신발이 닳지 않은 것은 부유함을 나타냈지요. 의식주 생활에 큰 걱정이 없다는 뜻이기도 했으니까요(참조 신 29:5). 따라서 어떤 사람이 맨발로 마을에 들어서면 그 사람은 백발백중 몹시 가난하거나 여유가 없다고 보았습니다. 과부가 되어 돌아온 룻과 나오미가 아마 그랬을 것입니다. 베들레헴에 입성하면서 번쩍번쩍한 새 샌들로 갈아 신었을 리 만무합니다. 그들은 비어 있었습니다. 맨발로 도보 여행을 했던 그녀들의 발은 흙투성이, 피멍투성이였겠지요. 베들레헴 성문. 그렇게 맨발로 서럽게 들어왔던 성문입니다. 그렇지만 지금 그 성문에 그들의 운명이 바뀌는 법정이 열렸고 엘리멜렉의 분깃은 회복될 것이며 룻도 안락한 보금자리를 찾아가게 될 것입니다. 이제 그것을 확증하는 예식만 남았습니다.

> 이에 그 기업 무를 자가 보아스에게 이르되 네가 너를 위하여 사라 하고 그의 신을 벗는지라(8절).

왜 신을 벗는지 우리는 잘 모릅니다. 우리가 잘 모를 것을 예측했는지 우리의 내레이터는 친절한 설명을 덧붙여

놓았습니다. "옛적 이스라엘 중에는 모든 것을 무르거나 교환하는 일을 확정하기 위하여 사람이 그의 신을 벗어 그의 이웃에게 주더니 이것이 이스라엘 중에 증명하는 전례가 된지라"(7절). 그렇군요. 신을 벗어서 이웃에게 주면 어떠한 일이 확정된다는 뜻이었던 겁니다.

'맨발'이 '비어 있음'의 상징이었다면, '신발을 신은 것'은 땅을 밟을 수 있는 '소유'의 상징이었습니다(신 1:36, 11:24, 수 1:3). 아무개가 신발을 벗었다는 것은 엘리멜렉의 분깃을 '밟지' 않겠다는 뜻입니다. 신발을 보아스에게 준 것은 보아스더러 그 땅을 '밟으라'는 것입니다.

아무개가 신을 벗어 보아스에게 주자 보아스가 그것을 받습니다. 사람들은 소리를 지르며 축하의 환호를 보냅니다. 재잘재잘 아낙네들의 즐거운 음성도 들립니다. "아유, 나오미는 잘되었네. 저 신발이 아주 정확하게 임자를 찾아갔네, 그려." "그러게 말이에요. 베들레헴의 경사입니다. 엘리멜렉의 분깃이 이렇게 다시 회복될 줄이야 어디 누가 **꿈이라도** 꾸었겠어요?" 나오미는 묵묵히 사람들의 이야기를 듣고 있습니다. 어린아이처럼 **꿈을 꾸었던** 나오미는 이제 웃음을 감출 수가 없습니다. 옆에 서 있는 룻을 쿡 찌르며 나오미가 조용히 농담을 건넵니다.
"딸아, 만일 아무개 외에는 기업을 무를 사람이 없었더라면 어찌되었겠느냐? 그 상황에서 그가 너를 아내로 맞이하지 못하겠다고 거절한다면 너는 그의 신을 벗기고 그의 얼굴에 침을 뱉으며 해야 하는 말이 있단다."
"네? 그게 무슨 말씀이세요 어머님?"
"율법에 명시되어 있느니라(참조 신 25:5-10). 너는 아무개에게 '형제의 집을 세우기를 즐겨 아니하는 자는 이같이 할 것이라' 해야 할 뻔했느니라. 그랬다면 너는 신발은 가졌겠다만, 네가 이제 신발에 연연하겠느냐. 너는 곧 신랑을 얻을 것이니라!"
나오미와 룻은 서로를 마주 봅니다. 그들의 '맨발'도 쳐다봅니다. 예전에는 맨발을 보면 슬펐습니다. 그러나 오늘은 아닙니다. 맨발을 보아도 하나도 서럽지 않습니다. 두 모녀는 갑자기 참았던 웃음을 마구 터뜨립니다. "아무개의 신발을 제가 얻었더라면 그 신발을 어머님께 드렸을 거예요." 룻이 말합니다. "그래? 그랬더라면 너 한 번 나 한 번 번갈아 가며 신었겠지." 나오미도 대답합니다. 다시 두 사람은 참았던 웃음을 터뜨립니다. 맨발이 간지러워 두 사람의 웃음보는 닫힐 줄 모릅니다.
오늘 베들레헴에서 맨발인 사람은 세 사람입니다. 나오미, 룻, 그리고 방금 보아스에게 신발을 벗어 준 아무개입니다. 아무개는 집에 가는 길에 맨발로 흙길을 걷는 것이 이렇게도 거칠고 고된 것인가 했을 것입니다. 그런데 나오미와 룻 두 사람은 맨발에 느껴지는 베들레헴 땅의 감촉이 오늘따라 포근하고 좋다는 생각을 합니다.
이제 보아스가 법정을 마치는 공언公言을 합니다."내가 엘리멜렉과 기룐과 말론에게 있던 모든 것을 나오미의 손에서 산 일에 너희가 증인이 되었고 또 말론의 아내 모압 여인 룻을 사서 나의 아내로 맞이하고 그 죽은 자의 기업을 그의 이름으로 세워 그의 이름이 그의 형제 중과 그 곳 성문에서 끊어지지 아니하게 함에 너희가 오늘 증인이 되었느니라!"(8-9절)
자, 여러분. 이제 우리도 보아스에게 응답하십시다. 그동안 여러분도 증인의 역할을 신실하게 잘하셨습니다. 지금 성문에 모인 베들레헴 성읍 주민과 장로들과 함께 합창을 하십시다. 준비되셨습니까? 하나, 둘, 셋 하면 큰 소리로 성문이 떠나가라 소리를 질러 봅시다. 하나, 둘, 셋!

"우리가 증인이 됩니다!"
그동안 성문 위로 올라오시느라 애 많이 쓰셨습니다.
일찍 돌아가셔서 샌들을 벗고 편안하게 쉬십시오. 맨발로
베들레헴 흙길을 마구 달려 보셔도 좋겠습니다.

다말처럼

여호와께서 네 집에 들어가는 여인으로 이스라엘의 집을 세운 라헬과 레아 두 사람과 같게 하시고 네가 에브랏에서 유력하고 베들레헴에서 유명하게 하시기를 원하며 여호와께서 이 젊은 여자로 말미암아 네게 상속자를 주사 네 집이 다말이 유다에게 낳아 준 베레스의 집과 같게 하시기를 원하노라 하니라(4:11b–12)

베들레헴.

룻은 베들레헴을 되뇌며 하늘을 쳐다봅니다. 구름이 둥실둥실 동그란 하늘에 떠 있습니다. 이렇게 아름다운 땅으로 룻을 인도하신 하나님의 선하심을 찬양하며 그녀가 오늘 서 있습니다. '찬양하다'라는 히브리어는 '유다'입니다. 그렇습니다. 베들레헴은 유다 지파의 분깃입니다. 그녀의 삶은 베들레헴에 이르기 전까지 줄곧

Day 26

기근이었습니다. 말론과 결혼을 한 이후에도 그녀의 태는 줄곧 말라 있었지요. 그런 그녀는 보아스와 결혼을 한다 해도 사실 자신이 없습니다. 그녀의 굳게 닫힌 태가 과연 열리겠습니까? 자신을 구원해 준 귀한 어른 보아스에게 보답을 하고 싶습니다. 돌아가신 시아버지의 가문도 일으키고 싶습니다. 무엇보다 자신을 보며 꿈을 꾸었던 시어머니 나오미에게도 실망을 안기고 싶지 않습니다.
그러나 그녀는 두렵습니다. 룻은 본인이 가장 행복해야 할 시점에서 또다시 '타인'을 염려하느라 마음이 쓰입니다.
그녀의 성정입니다. 항상 그녀 자신이 아니라 남을 위해서 자신이 비워지기를 원하는 여인이기 때문입니다.
성읍에 있는 장로들과 주민들도 그런 룻의 마음을 읽었는지 보아스가 엘리멜렉의 기업을 무르게 되었을 때 선택한 축복사에도 온통 룻에 관한 것뿐입니다. 보아스에게 축복을 얹어 주는 것 같은데 그 축복의 글귀는 모두 룻에 관련된 것입니다.
들어 보십시오."여호와께서 네 집에 들어가는 여인으로 이스라엘의 집을 세운 라헬과 레아 두 사람과 같게 하시고 네가 에브랏에서 유력하고 베들레헴에서 유명하게 하시기를 원하며 여호와께서 이 젊은 여자로 말미암아 네게 상속자를 주사 네 집이 다말이 유다에게 낳아 준 베레스의 집과 같게 하시기를 원하노라"(11-12절).

드디어 룻은 새로운 호적을 갖게 됩니다. 그녀는 더 이상 모압 여인 룻도 아니고 나오미의 며느리 룻도 아닙니다. 그녀는 보아스의 아내, '미세스 보아스'가 되었습니다. '네 집에 들어가는 여인'이라는 표현은 이스라엘의 결혼 풍습에서 유래된 것입니다. 이스라엘에서는 남자가 아내를 맞이하려면 함께 거할 장막, 즉 집을 준비해야 합니다. 결혼식을 마치면 신랑이 신부의 손을 잡고 자신이 준비한 거처로 안내합니다. 그래서 보아스의 집에 들어가는 여인은 룻을 말하는 것입니다.

그런데 베들레헴 성읍 사람들이 족장 야곱의 아내들과 룻을 비견하는 게 흥미롭습니다. 야곱의 두 아내는 이스라엘 열두 지파의 어머니입니다. 룻이 이 어머니처럼 되라는 굉장한 축복입니다. 라헬과 레아라고 했습니다. 언뜻 순서가 뒤바뀐 게 아닌가 싶습니다. 레아가 언니이니 레아의 이름이 먼저 나와야 할 텐데 말이지요. 야곱이 라헬을 더 사랑했기에 라헬을 먼저 언급했을까요? 아닙니다. 히브리 문학에는 중요한 것을 나중에 쓰는 법칙이 있습니다. 베들레헴은 유다 지파의 분깃이라고 말씀드렸지요? 유다는 누구의 아들입니까? 레아의 아들입니다. 그래서 그들에게는 레아가 훨씬 중요한 인물이었습니다. 그렇지만 그들이 라헬을 덜 사모했던 것은 아닙니다. 라헬도 애틋합니다. 베들레헴 그 작은 마을에 라헬이 장사되었기 때문입니다(창 35:19).

성읍 사람들은 룻을 다말에도 비견합니다. 다말은 어떤 여인이었을까요? 그녀는 베들레헴에서 여족장이나 다름없이 존귀하게 여김 받았습니다. 유다와 다말의 이야기가 축복사로 남을 만큼 베들레헴의 중요한 역사입니다. 유다와 다말의 이야기를 기억하십니까? 오늘은 유다의 뿌리를 찾고 다말의 존재에 대해 나누려고 합니다. 유다의 뿌리를 찾으려면 야곱의 이야기부터 시작해야 합니다. 마치 '옛날 옛날에…'로 시작되는 이야기를 듣는 듯 편안하게 들으십시오.

믿음의 족장 야곱은 형 에서의 축복을 몰래 가로챈 후 보복이 두려워 도망자가 되었습니다. 그렇게 남은 인생을 살아야 할 운명에 처합니다. 삼촌 라반의 땅에 이르렀을 때 그가 본 첫 여인이 라반의 딸 라헬이었습니다(창 29:9). 외롭고 불안한 도주 끝에 어머니 리브가의 고향에 도착하자마자 본 첫 여인. 어쩌면 그의 눈에는 가슴 저미게 보고 싶은 어머니 리브가의 이미지가 라헬과 겹쳤는지 모릅니다. 어쨌든 그날 이후로 야곱은 라헬을 얻기 위해 살아갑니다.

삼촌 라반은 교묘한 사람이었습니다. 야곱에게 라헬을 준다고 해놓고 언니 레아부터 줍니다. Day 10에서 언급한 바 있습니다. 야곱은 한 여인이면 충분했는데, 결국 두 여인을 얻게 됩니다. 저는 이것이 하나님의 손길이었다고 믿습니다. 야곱에게서 열두 지파를 얻으시려는 하나님의 계획이셨습니다.

엉겁결에 야곱의 아내가 되었지만 레아는 지극히 외로운 여인이었습니다. 남편의 눈이 라헬에게만 향해 있었으니 말입니다. 아침에 우물가로 가서 물을 긷다 말고 수면에 비친 얼굴에 힘껏 돌을 던졌습니다. “나는 밉상이야. 그러니 남편이 나를 사랑하지 않는 거야….” 야곱의 장막으로 돌아오면 동생 라헬이 보입니다. 자태가 곱고 어여쁜 동생을 보면 화가 치밀었습니다. 사랑받지 못하는 고통. 그 고통은 겪어 본 사람만이 알 것입니다.

하나님은 이런 레아를 긍휼히 여기셨습니다. 그녀의 태를 여십니다. 어쩌다 야곱이 의무적으로 레아와 동침하면 그때마다 하나님께서는 레아에게 아들을 주셨습니다. 큰아들은 르우벤입니다. 야곱에게 장자를 안겨 줄 때, 레아는 세상을 다 얻은 것처럼 기뻤습니다. 르우벤이란 '여호와께서 나의 괴로움을 돌보시다'라는 뜻입니다. 레아는 드디어 야곱이 자신을 사랑하게 될 것이라고 확신했습니다(창 29:32). 그러나 아니었습니다. 야곱은 레아가 장자를 안겨 주었는데도 사랑을 주지 않았습니다. 레아의 마음은 절망스러웠습니다. 그렇게 슬픔 가운데 살아가는 그녀에게 하나님은 또 태를 열어 주십니다. 그래서 태어난 아들은 시므온입니다. 레아는 하나님께서 그녀의 통곡을 들어주신 것이 놀라워 '들으심'이라고 아이의 이름을 지었습니다. 맞습니다. 시므온은 '(야웨께서) 들으시다'라는 뜻입니다. 레아가 둘째 아들까지 낳았는데도 라헬의 태에는 아무 소식이 없었습니다. 레아는 승리를 얻은 것 같았습니다. 날아갈 듯 기뻤습니다. 하지만 그 기쁨도 잠시였습니다. 야곱의 마음은 레아에게 돌아올 줄을 모릅니다. 레아는 비통해졌습니다. 언제쯤 남편의 마음이 자신의 마음과 합하여 진실로 사랑하게 될 것인지… 자신감을 잃어

갑니다. 그러던 와중에 하나님께서 레아의 태를 또 열어 주십니다. 그래서 얻은 아들은 '연합'이라는 뜻의 레위입니다. 이제 남편이 나와 연합하리라고 레아는 또 한 번 기대를 해봅니다.

그러나 레아는 깨닫습니다. 더 이상 기대할 수 없다는 것을. 아무리 아들을 셋이나 낳아 주어도 야곱은 그의 첫사랑, 라헬만 사랑합니다. 라헬의 태가 기근인데도 야곱은 라헬이 아까워 어쩔 줄 모릅니다. 레아는 마침내 마음을 접습니다. 야곱의 사랑을 기대하는 것은 더 이상 자신의 몫이 아니라는 생각이 들었습니다. 마음을 움직이시는 분은 야웨 하나님이시라고 생각하니 마음도 가벼워졌습니다. 이제는 아들을 매개로 남편의 사랑을 사보려는 비참한 기대를 내려놓으리라 결심했습니다. 문득 레아는 생각합니다. 늘 소외받는 그녀를 언제나 자비롭게 돌봐 주신 하나님께 진심으로 감사드린 적이 있었던가. 레아는 중심으로부터 깊은 회개를 합니다.

그때 하나님께서 또 한 번 레아의 태를 여십니다. 그리고 **유다**가 태어납니다. 레아는 감격했습니다. 이 아들만큼은 야곱의 사랑을 얻기 위한 아들이 아니라는 것을 레아는 알았습니다. 그래서 유다의 이름은 '찬송하리로다'입니다. 레아는 유다를 낳고 야웨 하나님께 찬송을 올렸습니다. 레아의 찬송을 받으시고 하나님은 이제 레아의 태를 잠시 닫으십니다(창 29:35).

이렇게 태어난 유다는 탄생부터 특별한 인물이었습니다. 그런데 유다는 자칫 '아무개'처럼 살아갈 뻔했습니다. 유다는 잔꾀를 부려 가며 절대 손해 보지 않으려는 인물이었습니다. 또한 의로운 일에 목소리를 내기보다는 은밀하게 죄악을 덮어 볼 계책만 구하는 사람이었습니다. 그런 유다가 처음에 어떤 일을 꾸몄는지 알아봅시다.

야곱의 영원한 사랑 라헬이 낳아 준 요셉은 야곱의 총애를 듬뿍 받으며 자랐습니다. 라헬의 아들이란 사실만으로도 유별나게 귀여운데, 라헬이 일찍 죽어 엄마 없이 자라야 하는 요셉이 유달리 안쓰러웠습니다. 더욱이 요셉은 형들에 비해 영특하고 지혜로우니 야곱의 사랑을 독차지했더랬습니다. 눈에 넣어도 아프지 않을 요셉에게만 특별한 옷을 입혀 가며 다른 형제들과 차이를 둘 정도였습니다. 당연히 형제들의 질투가 불일 듯 일어납니다. 물론 유다도 그중 하나였습니다. 어느 날 미움둥이 요셉은 꿈을 꿉니다. 형들의 곡식단이 자기 곡식단에게 절하는 꿈을 꾸었다고 철없이 이야기합니다. 그 예언적 꿈은 형들의 질투를 폭발하게 하고 맙니다. 그들은 '기회만 오면 요셉을 없애리라' 마음먹습니다.

어느 날 도단에서 양을 치던 형들은 멀리서 다가오는 요셉을 발견합니다. "저기 꿈꾸는 자가 온다!"고 비아냥거리다 이 순간이 기회라고 생각합니다. 요셉을 구덩이에 던지자고 의견을 모읍니다. 굶어 죽든 맹수의 습격을 받아 죽든 내버려 두자는 것입니다. 그래서 동생 요셉을 구덩이에 던지고 그들은 먹고 마십니다(창 37:5). 그때 마침 애굽으로 내려가는 이스마엘 상인들의 행렬을 보게 됩니다.

유다의 교묘한 계책이 여기서 드러납니다. 구덩이에 죽게 놓아두느니 이스마엘 상인들에게 팔아 버리자고 합니다(창 37:26-28). 요셉의 존재를 야곱에게서 감쪽같이 사라지게 할 좋은 아이디어였습니다. 게다가 무모하게 피를 흘리지 않아도 된다는 이점도 있었지요. 그 제안은 형제들에게도 좋게 들렸습니다. 곧 요셉은 유다의 뜻대로 애굽으로 팔려 가는 노예가 됩니다.

동생 요셉을 몰래 애굽에 넘기고 아버지 야곱을 감쪽같이 속인 형제들은 비로소 행복했을까요? 미운 털을 없애 남은 평생이 홀가분했을까요? 그들은 평생 죄책감과 불안감 속에 살아가야 했습니다. 그들의 눈에는 평강이 없고 거룩함을 사모하는 갈망이 식어 갔습니다. 마구 살아도 좋다는 생각이 들었습니다. 어차피 죄인인데, 더 죄를 진다 한들 죗값이 달라지겠나 싶었습니다.

유다의 죄책감은 다른 형제보다 배나 깊었습니다. 어찌됐든 그의 주도로 요셉을 애굽에다 팔아 버린 것 아니겠습니까? 자복하지 못하는 죄를 가슴에 폭탄처럼 안고 사는 인생만큼 불쌍한 인생도 없습니다. 죄는 죄를 부릅니다. 그리하여 그는 온통 죄로 점철된 삶을 살았습니다. 우선 가나안 사람 수아의 딸을 아내로 맞아들입니다. 부모가 주선한 결혼이 아니라는 것을 쉽게 알 수 있습니다. 그가 그냥 데려다 동침한 것입니다(창 38:2). 불행하게도 그 여인은 현숙한 여인이 아니라 악처였습니다. 악의 씨가 태어납니다. 첫아들 엘입니다. 또 하나의 악의 씨가 태어납니다. 둘째 아들 오난입니다. 셋째 셀라도 태어납니다. 유다의 아들은 모두 악하여 유다에게 근심이 되었습니다.

제 마음대로 결혼해 행복한 가정을 이루는 데 실패한 유다는 큰아들에게는 혼인을 주선해 주어 그만큼은 잘 살기를 바랐던 것 같습니다. 엘의 아내로 데리고 온 여인은 이방 땅 가나안에서 고른 **다말**이었습니다(창 38:6). 다말이 가나안 출신이라는 것 외에 어떤 여인인지 이 구절만 보아서는 잘 모릅니다. 그러나 힌트는 있습니다. 비록 이방 출신이나 유다가 아들을 위해 심사숙고하여 골라 준 사람인 것은 확실합니다. Day 3에서 아내를 맞이할 때 쓰이는 두 가지 히브리어 동사를 이야기한 적이 있습니다. 만일에 불법적이거나 부정적인 결혼이라면 히브리어 동사 '나싸'가 쓰였을 텐데, 여기에는 당당하게도 '라카흐'라는 동사가 쓰였습니다. 유다의 장자 엘은 여호와 보시기에 악하므로 죽음을 겪었다고 창세기의 내레이터는 말했지만 다말은 남아 있었습니다(창 38:7). 어쩌면 다말은 악한 남편 엘이 야웨 앞에서 죽어 가는 것을 보고 이스라엘 하나님에 대해 깊이 생각해 보았을지 모릅니다.

형사취수 관습에 따라 이제 동생 오난이 다말을 책임지고 형인 엘의 이름이 사라지지 않도록 다말에게 자녀를 허락해야 합니다. 그러나 오난은 다말과 동침할 때 씨를 주지 않으려고 몰래 땅에 설정함으로(창 38:9) 다말을 크게 능욕합니다. 그의 행위가 몹시 악하니 하나님께서 그도 죽이십니다. 다말은 또 한 번 야웨 하나님의 엄정함 심판과 그분이 살아서 역사하심에 전율을 느꼈을 겁니다.

이제 유다의 셋째 아들 셀라가 형수 다말을 책임져야 하는데 셀라는 그 당시 어렸던 것 같습니다. 유다가 셀라를 다말에게 주지 않습니다. 두 아들을 잃은 것도 슬프고 암담한데 다말까지 책임지는 것은 유다에게 무리였습니다. 유다는 책임을 회피하고 싶어 또 교묘한 계책을 냅니다. 다말을 '고상하게' 소박을 놓습니다. "수절하고 네 아버지 집에 있어 내 아들 셀라가 장성하기를 기다리라"는 것입니다(창 38:11). 기가 막히고 답답했지만 다말은 아무 권리가 없는 과부였으므로 시아버지의 명령에 순종합니다. 벗을 수 없는 숙명의 과부 옷을 입고 아버지의 집으로 갑니다. 그 당시 관습으로 한 번 시집간 딸이 소박을 맞고 아버지 집으로 돌아간다는 것은 종이 된다는 것입니다. 한 여인의 정체성이 그냥 사장되는 일입니다. 그걸 알면서도 아버지 집으로 돌려보낸 유다의 처사는 지극히 책임감 없고 잔인한 것이었습니다. 마치 먼 옛날 요셉을 애굽으로 팔아 버렸을 때처럼 말입니다.

유다의 아내도 곧 죽습니다. 이제 유다의 삶에는 별다른 낙이 없습니다. 한마디로 유다의 삶은 기근이었습니다. 유다는 생각합니다. 자기처럼 쓸데없는 인간은 세상에서 사라져야 한다고. 자손을 퍼뜨리느니 야곱의 아들 가운데 유다의 이름이 영원히 사라지기를 바랐을 겁니다. "내가 사라지면 세상의 모든 악이 다 없어지겠지. 그래. 차라리 내가 자멸하자. 되는 대로 살다가 때가 되면 죽어 버리자. 어차피 야웨께서도 나를 버리셨음이 분명해."

그러던 어느 날 '우연히' 친구와 함께 딤나로 올라가 양털을 깎게 됩니다. 양털을 깎는 날은 축제 같은 날이었습니다. 음식을 먹어 가며 술도 마셔 가며 양털을 깎던 풍습에 따라 유다도 그날을 한껏 즐기고 있었을 것입니다. 어차피 막가는 인생입니다. 여느 방탕한 남정네처럼 동침할 여인은 없나 하고 거리를 두리번거렸겠지요. 하늘의 즐거움은 없고 땅의 일시적 향락만 찾던 유다입니다.

그런 유다를 잘 알던 다말의 친구는 의리를 발휘하여 다말에게 시아버지가 딤나 근처로 와 있다고 말하여 줍니다. 다말에게 기회가 왔습니다. 이스라엘 하나님의 살아 계심과 엄정한 심판을 눈앞에서 겪은 다말은, 하나님께서 유다 집안이 죄악으로 멸절되기를 원치 않으신다고 생각했습니다.

몰락해 가는 유다 집안을 어떻게 세우겠습니까? 그녀가 유다의 씨앗을 잉태하면 소망이 있습니다. 다말이 유다의 자손을 얻고 그 자손을 야웨 하나님 앞에서 잘 키운다면 유다 집안은 이스라엘 역사에서 영영히 지워지지 않아도 됩니다. 어차피 그녀는 아버지 집에서도 종이고, 유다의 집에서도 소박맞은 몸입니다. 무슨 수를 써서라도 유다의 자손을 얻어야겠다고 결심했습니다. 다말은 용기를 내 과부의 의복을 벗고 창녀로 변장하여 시아버지 유다와 동침하는 데 성공합니다. 유다가 값을 치를 수 없는 형편인 것도 잘 알고 있으니 담보로 유다의 도장, 끈, 지팡이를 받아 냅니다. 도장과 끈은 신분증과 같은 역할을 했고, 지팡이는 한 집안의 권위를 상징했습니다. 야무지게도 다말은 그 귀한 물품을 유다에게서 얻어 냅니다. 그런 물건을 창녀에게 저당 잡힐 생각을 하다니 유다의 삶이 얼마나 자포자기의 삶이었는지를 명백하게 드러내는 증거입니다.

하나님은 다말의 태를 여셨습니다. 유다의 자손을 품게 하신 것입니다. 자신과 동침한 창녀가 다말이라는 사실을 까마득하게 모르는 유다는 홀로 몇 달을 지냈습니다. 얼마 후 다말이 임신했다는 소식을 접한 유다는 화를 냅니다.

집안에 수치를 가져 온 그녀를 불사르리라 마음먹습니다. 책임지지도 못한 며느리면서 보복은 무섭게 하려는 이기적인 태도입니다. 그가 다말을 끌어내려는데 그녀는 유다의 도장과 끈, 지팡이를 내놓으며 이 물건의 임자로 말미암아 임신하게 되었음을 선포합니다(창 38:25). 유다는 힘이 탁 풀리면서 야웨 하나님의 계책 앞에 자신의 계책이 와르르 무너지는 것을 경험합니다. 자멸하고 싶던 죄인, 유다를 죽게 내버려 두지 않으시는 하나님입니다. 막가고 싶어 하는 유다의 인생을 잡으시는 하나님이십니다. 몰락 직전의 유다의 집안을 구원해 내려고 부끄러움의 극치까지 경험해야 했던 며느리 다말 앞에서 그는 깊은 회개를 합니다. "그 아이(다말)가 나보다 옳다"(창 38:26). 하나님께서는 다말에게 두 배의 축복을 주셔서 쌍태를 얻게 합니다. 엘과 오난이 죽었지만 유다는 다말을 통해 베레스와 세라를 얻습니다. 놀랍게도 유다의 집안은 다시 일어나게 됩니다. 메시야의 가계가 사라질 뻔했지만 하나님은 그렇게 되도록 내버려 두지 않으셨던 것입니다. 다말은 메시야의 혈통이 끊어지지 않도록 이음새 역할을 한, 이스라엘 역사의 보배 같은 여인입니다. 구약 학자 월키waltke는 다말의 행위를

'신실한 속임'[42]이라고 정의했습니다.

그날 이후 유다의 삶은 전격적으로 변화합니다. 애굽으로 양식을 구하러 가는 요셉의 형제 가운데 오직 유다만이 베냐민의 생명의 담보가 되겠다고 자청할 만큼 책임감 있는 사나이로 섭니다(창 43:9). 요셉의 은잔 사건 이후 베냐민이 애굽의 인질로 잡혔을 때에도 그는 요셉 앞에서 가장 정직하게 상황을 피력해 냅니다. 이리저리 회피하며 계책을 꾸미던 유다는 온데간데없습니다. 그는 과거에 왜 실패했는지 잘 알았습니다. 교묘한 속임의 계책 따위가 야웨 하나님 앞에 관철될 수 없다는 것을 그는 뼈아프게 깨달았습니다. 죄를 자백하고 정직하게 살아가려는 유다는 이후 한 지파의 족장으로 섭니다. 그의 어머니 레아가 고백했던 것처럼 '찬송'이 되어 갑니다. 야곱은 유다를 축복했습니다. "유다야 너는 네 형제의 찬송이 될지라"(창 49:8).

새 삶을 살기로 결단한 유다에게는 이제 진실함과 성실, 정직함이 가득했습니다. 하나님은 이런 유다를 귀하게 높이셨습니다. 유다 지파를 보존만 하신 것이 아니라, 그 지파에서 메시야 그리스도가 탄생하시도록 큰 축복을 여십니다. "규가 유다를 떠나지 아니하며 통치자의 지팡이가 그 발 사이에서 떠나지 아니하기를 실로가 오시기까지 이르리니 그에게 모든 백성이 복종하리로다"(창 49:10). 유다가 '아무개'에서 '이스라엘의 찬송'으로 변화되는, 유다와 다말의 영적 여정록입니다. 이제 다시 베들레헴 성읍 사람들이 전하는 축복을 들어 보십시다.

"여호와께서 이 젊은 여자로 말미암아 네게 상속자를 주사 네 집(보아스의 가문인 동시에 엘리멜렉의 가문)이 **다말**이 **유다**에게 낳아 준 베레스의 집과 같게 하시기를 원하노라"(11-12절).

룻은 이 축복에 힘을 얻습니다. 몰락해 가는 집안이 일어나는 축복. 거룩한 씨앗이 잉태되어 메시야의 가계를 이을 수 있는 축복. 여인이 꿀 수 있는 최고의 꿈입니다. 베들레헴에서 룻이 조심스레 품어 보는 꿈입니다.

나오미, 그 기쁨의 눈물

이에 보아스가 룻을 맞이하여 아내로 삼고 그에게 들어갔더니 여호와께서 그에게 임신하게 하시므로 그가 아들을 낳은지라 여인들이 나오미에게 이르되 찬송할지로다 여호와께서 오늘 네게 기업 무를 자가 없게 하지 아니하셨도다 이 아이의 이름이 이스라엘 중에 유명하게 되기를 원하노라 이는 네 생명의 회복자이며 네 노년의 봉양자라 곧 너를 사랑하며 일곱 아들보다 귀한 네 며느리가 낳은 자로다 하니라 (4:13-15)

오늘이 지나면 묵상 여정은 하루밖에 남지 않습니다. 오늘은 룻이 어떻게 되었을지 궁금해하실 것 같아 바로 보아스의 집으로 가보려고 합니다.이제 룻의 집이기도 합니다. 들어오실 때 흙먼지를 떨구고 샌들을 벗으셔야 합니다. 깨끗하고 사랑스러운 신혼집이니까요.
"이에 보아스가 룻을 맞이하여 아내로 삼고 그에게 들어갔더니"(13절).

Day 27

룻이 처음 베들레헴에 왔을 때 그녀는 이방 여인이었습니다(2:10). 보아스 밭의 중앙에는 서보지도 못하고 밭모퉁이를 돌던 그녀는 보아스 앞에서 천한 계집 종(쉬프하)이었습니다(2:13). 그러나 은혜의 타작마당에서 한 여인(아마)으로 그녀의 정체성이 변합니다. 오늘 룻은 한 사람의 아내 '잇샤(iššâ)'가 되어 보아스의 집에 있습니다.

이렇게 보아스의 집에 초청받아 신혼집 구경도 하게 되었으니 신랑 보아스의 배경을 먼저 이야기해 보는 게 좋겠습니다. 보아스가 모압 여인 룻을 이렇게 극진히 아끼며 아내로 대접하는 것은 보아스의 부모가 보여 준 타문화 포용적인 미션 마인드mission mind에서 비롯되었습니다. 보아스의 인품은 부모에게 물려받았다는 뜻입니다.

보아스의 부모가 누구인지 알아보려면 여호수아가 가나안 정복을 추진할 때로 거슬러 올라가야 합니다. 보아스의 어머니는 여리고의 창기 출신이었습니다.[43] 그녀의 이름은 라합이었지요(수 2:1). 여리고의 창기들은 주로 이방신 제사를 드리는 신전의 여사제들이었습니다. 라합도 그중 한 명이었을 것입니다.

여호수아가 여리고로 두 사람의 정탐꾼을 파견했을 때,

그들은 무사히 여리고에 이르렀으나 성벽이 단단한 여리고성 탐지는 쉽지 않았습니다. 그만 정보 누락이 생긴 것입니다. 여리고 왕이 이미 이스라엘 정탐꾼 소식을 듣고 군사를 동원하여 그들 뒤를 추격하고 있었습니다. 그들은 마침 라합의 여관에 투숙하고 있었습니다. 두 정탐꾼 중 하나가 살몬이 아니었을까 추측하기도 합니다. 그녀의 집은 여리고 성벽 위에 있었다고 합니다만(수 2:15), 여리고 성벽은 두 겹으로 아주 두껍게 둘러 있었으므로 외벽과 내벽 사이 언덕에 살았던 것이 아닌가 합니다.[44] 성벽 사이는 여행객이 많이 드나드는 장소였으니 주막 같은 여관이 많았습니다. 라합의 집도 그중 하나였겠지요.

증거를 입수한 여리고 군사들이 라합의 집으로 와서 정탐꾼을 찾았습니다. 그러나 라합은 이미 이스라엘의 두 정탐꾼을 지붕에 숨기고 삼대로 덮어서 눈에 띄지 않도록 했습니다(수 2:6). 수색해도 이스라엘 정탐꾼이 보이지 않으므로 군사들은 떠납니다. 경계가 약간 늦추어졌을 때 라합은 줄을 매어 창문을 통해 정탐꾼들을 성벽 아래로 안전하게 내려 줍니다. 그리고 군사들의 추적을 피해 도망갈 수 있도록 정보도 흘려 줍니다(수 2:15-16). 라합의 도움이 없었더라면 그들은 개미 목숨처럼 짓밟혔을 것을 잘 알기에 그녀에게 진심으로 고마웠습니다. 분명 하나님의 도우심이었고 라합을 통한 보호하심이었습니다. 그런데 왜 여리고 여인 라합이 그들을 선대하는지 알 수가 없어 그 이유를 물으니 라합이 놀라운 대답을 합니다.

"여호와께서 이 땅을 이스라엘 백성에게 주신 것을 저는 압니다. 애굽에서 나올 때에 여호와께서 당신들 앞에서 홍해 물을 마르게 하신 일과 당신들이 요단 저쪽에 있는 아모리 사람의 두 왕 시혼과 옥에게 행한 일 곧 그들을 전멸시킨 것을 저희도 다 들었습니다. 이스라엘 하나님은 상천하지에 유일하신 신입니다. 저는 그 야웨 하나님을 믿습니다"(수 2:9-11).

이렇게 정확하게 이스라엘 하나님을 알고 고백하는 여인이 여리고에 존재한다는 것이 믿기지 않았습니다. 두 정탐꾼은 라합이 보여 준 친절에 보답하기 위해 약조합니다. 그들이 여리고를 정복하러 올 때 라합의 집만큼은 보호해 주겠다는 맹세였습니다. "침략의 기미가 보이면 당신의 가족을 다 이 집으로 모으십시오. 그리고 우리를 달아 내린 창문에 붉은 줄을 매십시오. 그러면 당신 집을 아무도 습격하지 않을 것입니다. 만일 당신 집에 있는 사람이 피를 흘리면 그 피는 저희의 머리로 돌아오게 하겠습니다”(수 2:18-19).

과연 여리고성이 무너지던 날, 라합의 집 창문에 걸린 붉은 줄이 그녀의 집에 구원과 생명을 가져다주었습니다. 여리고 입장에서 그녀는 배신자였습니다. 그러나 이스라엘 입장에서는 회심자였습니다. 구약 학자 월키가 다말의 행위를 ‘신실한 속임’이라고 정의했듯이 라합의 행위를 ‘신실한 배신’[45]이라고 정의한 바 있습니다. 회심한 라합은 이스라엘 진영으로 들어와 이방 여인으로 살아갑니다. 그때 살몬이 **여리고 여인** 라합을 받아들입니다. 라합은 살몬의 아내가 되어 유다 지파 보아스를 낳았습니다.

이렇듯 보아스는 어린 시절 문화가 서로 다른 부모 밑에서 자랐습니다. 그는 아버지가 이방 여인인 어머니 라합을 어떻게 받아들이고 사랑했는지 보았고, 어머니 라합이 어떻게 남편 살몬에게 순종하며 야웨 하나님을 따라 살았는지 보았습니다. 하나님의 이름을 인정하면 이스라엘 선민에게만이 아니라 이방 사람 누구에게도 그분의 백성 자격이 주어진다는 것을 보아스는 누구보다 잘 알았습니다. 나중에 히브리서 기자는 이렇게 적었습니다. “믿음으로 기생 라합은 정탐꾼을 평안히 영접하였으므로 순종하지 아니하는 자와 함께 멸망하지 아니하였도다"(히 11:31).

보아스는 룻에게서 어머니 라합의 회심과 결단을 발견했을 것입니다. 룻에게 하나님의 백성이 될 자격이 충분히 있음을 알았고, 하나님의 헤세드가 벌써 이 여인에게 이르렀음을 보아스는 의심하지 않았습니다. 미션 마인드입니다.

하나님을 붙드는 한, 모압 여인 룻의 삶이 결코 쇠멸하지 않을 것을 보아스는 확신했습니다.

문화와 피부색이 다른 사람이라도 나와 동일한 마음으로 하나님을 섬긴다면 '가족'이 될 수 있다는 메시지는 성경을 관통하는 진리입니다. 너와 나의 막힌 담을 허물어뜨리는 타문화 포용력, 크로스 컬처cross-culture의 미션 마인드는 지금 우리에게도 필요한 덕목입니다. 우리가 하나 되기를 힘쓸 때 하나님께서도 우리 삶에 생각지 못한 큰 기업을 열어 주십니다. 룻과 보아스에게도 그들이 생각지 못한 아름다운 기업, 즉 메시야의 혈통을 이어 갈 아들을 주셨습니다.

구약에서는 임신을 뜻하는 '헤라욘(hērāŷon)'이라는 말이 자주 쓰이지는 않습니다(참조 창 3:16, 호 9:11). 그러나 내레이터는 특별히 이 단어를 골랐습니다. 아마도 오랫동안 닫혀 있던 룻의 태가 열린 것은 하나님의 결혼 선물이라는 뜻에서 각별히 이 단어를 택한 것 같습니다.

그리고 9개월이 지납니다. 아홉 달이 지나도록 무슨 일이 있었는지 내레이터는 침묵합니다. 그러나 우리는 이 아홉 달을 즐겁게 상상할 수 있습니다. 아이가 배를 차는지 보아스가 룻의 배에 귀를 대보았을 겁니다. 나오미가 아기 옷을 지어 입힌다고 부지런히 배냇저고리 같은 것을 만들었겠지요. 동네 어른들은 혹시 맛이 좋은 무화과라도 집 앞에 열리면 '임신하면 이런 게 좀 당기겠지' 하면서 룻에게 갖다 주기도 했을 겁니다. 베들레헴의 여인들은 룻을 돕기 위해 일찌감치 조산助産 팀도 미리 짜놓았을 것입니다.

"그가 아들을 낳은지라!"(13절)

내레이터가 우리에게 룻의 득남 소식을 알립니다.

룻의 해산을 도운 여인들은 태어난 아기가 아들임을 확인하자마자 밖으로 뛰쳐나와 함성을 질렀습니다.

"보아스의 아내가 오늘날 아들을 낳았다!" "뭐라? 이렇게 좋은 소식이 있나?" 베들레헴 모든 여인이 뛰어나와 보아스 집으로 갑니다. 그런데 그의 집으로 가서 제일 먼저 축하하고 싶은 사람은 다른 누구도 아닌 나오미였습니다.

여인들은 전에 나오미에게 "네가 나오미냐?"(1:19) 물었던 사람들이지요. 그러나 오늘은 나오미에게 "네가 나오미냐?" 고 묻지 않습니다. 물어보지 않아도 뻔합니다. 그녀는 명백하게 나오미(기쁨)가 맞습니다. 그냥 나오미가 아닙니다. 기쁨의 극치를 이룬 나오미입니다.

"찬송할지로다 여호와께서 오늘 네게 기업 무를 자가 없게 하지 아니하셨도다 이 아이의 이름이 이스라엘 중에 유명하게 되기를 원하노라"(14절). 유다의 분깃 베들레헴에 큰 경사가 났습니다. 이 아이가 장차 분깃을 이어 갈, 기업 무를 자가 될 것이기 때문입니다. 엘리멜렉 가계는 몰락하지 않았습니다. 그의 이름처럼 '야웨는 그들의 왕'이십니다.

나오미는 생각합니다.

밤나무와 상수리나무가 베임을 당하여도 그 그루터기는 남아 있는 것같이 거룩한 씨가 그녀의 가계의 그루터기라고 (사 6:13),

상한 살대를 꺾지 아니하시고 꺼져 가는 등불도 끄지 아니하시는 하나님이심을(사 42:1-4),

야곱에게서 씨를 내시고 유다에게서 그분의 산의 기업을 얻을 자를 내시는 야웨 하나님이심을(사 65:9).

나오미에게 룻이 남지 않았더라면 이 모든 것이 가능하지 않았을 것입니다. 하나님은 나오미에게 룻을 동반자로 허락하심으로 모든 것이 새로워지는 경험을 하게 하셨습니다. 룻의 이름에는 '동반자'라는 뜻도 있지만 '새로워지다'라는 뜻도 있다고 제가 Day 3에서 말씀드렸지요? "이는 네 생명의 회복자이며 네 노년의 봉양자라 곧 너를 사랑하며 일곱 아들보다 귀한 네 며느리가 낳은 자로다"(15절). 아이는 나오미의 생명의 회복자가 될 것이며 그를 봉양할 것입니다. 그리하여 룻이 일곱 아들보다 더 귀하다고 합니다. 이스라엘 사람들은 아들이 일곱 정도 있으면 최고로 복된 가정이라고 여겼습니다. 그런 일곱 아들보다 룻이 더 귀하다면 룻의 존재는 얼마나 가치가 있다는 것입니까?

제가 이곳에서 신앙생활하다 만난 레이첼이라는 자매가 있습니다. 라틴 계열 자매로 머리와 눈의 빛깔이 흑단처럼 고운 사람입니다. 제가 그녀를 알게 된 것은 2008년 12월이었습니다. 함께 성경공부를 하면서 친분이 쌓였지요. 차츰 서로 알아 가다 보니, 자매의 과거도 알게 되었습니다. 자매는 저를 만나기 여섯 달 전쯤 큰 고통을 겪었다고 했습니다. 앳되고 사랑스러운 자매가 어떤 큰 고통을 느꼈는지 저로선 알 수 없었습니다. 세상의 악이 그녀를 하나도 덮칠 수 없을 만큼 순수한 자매였기 때문입니다. 그러나 그녀의 간증은 정말 놀라웠습니다. 2008년 여름 그녀의 집에 엄청난 비극이 일어났었습니다. 자매의 언니가 갑작스럽게 죽은 것입니다. 그것도 정신 이상을 앓던 남편에 의해 살해된 것입니다. 레이첼은 오열하며 언니를 끌어안고 하나님께 부르짖었지만 소용없었습니다. 언니에게는 아이도 넷이나 있었습니다. 라틴 사회는 가족 중심 사회이기 때문에 자녀가 네다섯 있는 것은 흔한 일이랍니다.

처참하게 죽고 만 엄마를 보며 고통스럽게 우는 조카들을 레이첼은 힘을 다해 끌어안았습니다. 그날 그녀는 충격으로 유산을 합니다. 셋째 아기였다고 합니다. 레이첼의 남편 안드레스도 요셉처럼 의로운 사람이었습니다. 그래서 그는 처형의 자녀를 자기 자녀로 입양하겠다고 선언했습니다. 두 사람은 고아가 된 네 아이를 입양하기 위해 서류 절차를 밟기 시작합니다. 만나야 할 사회복지사도 많고 해결해야 할 절차도 복잡하지만 아랑곳하지 않았습니다. 그러던 어느 날, 한 사회복지사와 인터뷰를 했습니다.

"댁에 아이들이 몇 명 있나요?"

"아직 다섯 살이 안 된 아이가 둘 있습니다."

"혹시 지금 임신 중이세요?"

레이첼은 화들짝 놀랐습니다. 그날 유산되지 않았다면 지금쯤 아이가 뱃속에서 제법 많이 자랐을 것이니 말입니다. 밋밋한 배를 쓰다듬으며 그녀는 힘없이 대답했습니다.

"아니요… 임신 중이 아닙니다…"

사회복지사는 레이첼을 힐끔 바라보더니 아무 감정 없이 대꾸합니다. "입양을 하시면 한 집에 아이를 여섯까지만 둘 수 있어요. 지금 자녀가 둘이라고 하시니 언니의 자녀 넷 모두 입양 가능합니다. 임신 중이셨다면 세 명만 입양하셔야 하고 한 명은 포기하셨어야 해요. 운이 좋으신 거예요." 이렇게 말하며 서류에 확인 사인을 날렵하게 합니다.

'운이 좋으신 거예요…' 이 마지막 말이 레이첼의 뇌리에 박혀 자기도 모르게 어깨를 떨며 엉엉 울었다고 합니다. 셋째 아이 유산에 하나님의 깊은 까닭이 있었다고 고백했습니다. 그런 자매가 참 귀하게 보였습니다. 저는 그녀를 꼭 안아 주며 자격은 없지만 함께 기도했더랍니다. 그런데 2010년 4월, 얼굴이 기쁨으로 빨갛게 달아오른 레이첼이 반가운 소식을 전해 주었습니다. "저 임신했어요. 하나님께서 다시 셋째를 주셨어요." 그녀의 임신은 진실로 하나님의 선물이었던 것입니다.

그녀의 소중한 결단으로 고아가 될 뻔한 아이들을 사랑으로 세울 수 있었습니다. 그러나 이후 그녀의 삶이 평탄했던 것은 아닙니다. 가장 큰 아이는 이 현실이 몹시 혼란스러워 계속 갈등했습니다. '이모 엄마' 레이첼은 큰아들을 잘 키워 보려고 갖은 몸부림을 다했습니다. 그녀의 기도는 애절했고, 아들에게 쏟아붓는 사랑은 간절했습니다. 그러나 아이에게는 이모인 레이첼을 "엄마"라고 부르기가 너무도 힘든 시절이었습니다.

저희 가족은 작년 겨울에 레이첼 부부 결혼 10주년 행사에 참석했습니다. 그녀가 남편과 걸어와 섰습니다. 이제 큰아들이 엄마에게 꽃팔찌를 끼워 주는 순서입니다. (언니의 큰아들이던 아이는 벌써 만 열여섯 살이나 되었습니다.) 아들은 '이모 엄마' 레이첼을 한참 바라봤습니다. 눈에 눈물이 그렁그렁 맺혀 있는 아들을 보며 레이첼도 눈시울을 붉혔습니다. "엄마… 고마워요." 레이첼 앞에서 고개를 떨구고 눈물을 훔치면서 아이는 엄마 팔목에 꽃팔찌를 끼워 주었습니다. 레이첼은 아무 말 못하고 울기만 했습니다. 지켜보던 저도 울었습니다. 그곳에 모인 축하객 대부분이 잠잠히 울었습니다. 박수도 터졌습니다. 아마 레이첼에게는 그렇게 얻은 아들이 '일곱 아들'보다 소중할 겁니다. 그 아이에게도 레이첼이 '일곱 엄마'보다 소중하지 않을까요? 제 생각에 동네 여인들의 축하를 들을 때 나오미는 잠잠히 울었을 겁니다. 일곱 아들보다 소중한 며느리 룻이 낳아 준 아들을 보면서. 나오미의 눈물은 기쁨의 눈물입니다.

저도 눈물이 맺힙니다. 그런데 제 눈물은 나오미의 눈물과 조금 다른 눈물입니다. 내일이면 여러분과 헤어져야 한다는 사실이 아쉬워서 눈시울이 붉어져 있습니다. 진심입니다. 그동안 여행 동반자가 되어 주신 여러분과 정이 듬뿍 들었나 봅니다. 여러분의 신실하심에 깊이 감사드립니다. 그동안 이 여정을 함께해 주신 순례자 당신을 만날 수만 있다면 꼭 안아 드리고 싶습니다. 그런 제 마음을 받아 주십시오. 오늘 밤을 지내고 내일이 오면 룻기 여정의 28일이 마무리됩니다.
저는 오늘 밤 잠을 이룰 자신이 없습니다.
내일 뵙겠습니다.

오벳으로 살아가기

나오미가 아기를 받아 품에 품고 그의 양육자가 되니 그의 이웃 여인들이 그에게 이름을 지어 주되 나오미에게 아들이 태어났다 하여 그의 이름을 오벳이라 하였는데 그는 다윗의 아버지인 이새의 아버지였더라 베레스의 계보는 이러하니라 베레스는 헤스론을 낳고 헤스론은 람을 낳았고 람은 암미나답을 낳았고 암미나답은 나손을 낳았고 나손은 살몬을 낳았고 살몬은 보아스를 낳았고 보아스는 오벳을 낳았고 오벳은 이새를 낳고 이새는 다윗을 낳았더라(4:16-22)

여러분, 오늘은 여정의 마지막 날입니다. 그동안 여러분과 함께하는 순례길이 참 행복했습니다. 여러분도 진정 행복하셨기를 간절히 바랍니다. 그동안 집이 비어 있던 분들은 집이 베들레헴(떡이 가득한 집)이 되었습니까? 오랫동안 인내하며 한자리에 서 있던 분들은 '보아스의 보리밭'으로 인도되셨습니까? 불가능한 간극을 뛰어넘는 은혜의 타작마당에서 여러분은 헤세드를 입으셨습니까?

Day 28

베들레헴의 부드러운 흙을 밟으며 신나게 뛰어다니는 어린아이처럼 꿈을 간직하고 계십니까? 제가 이 여정을 진행하면서 여러분을 위해 기도했던 내용들입니다.

자, 이제 룻기의 마지막 부분을 살펴보며 마지막 날의 여정을 이어 가겠습니다. 어린아이처럼 꿈을 꾸던 나오미는 오늘 그 꿈을 안습니다. 이제 그 꿈은 우리로 하여금 어떻게 살아가게 하는지 여정의 종착지에서 알아보려 합니다. "나오미가 아기를 받아 품에 품고 그의 양육자가 되니"(16절).

Day 3와 Day 15에서 '아이'의 히브리어는 '옐레드(yeled)'라고 말씀드렸습니다. 예전에 나오미는 '아이'도 없이 남겨졌는데 오늘 나오미는 '옐레드(아이)'를 품에 안게 되었습니다. 이렇게 그녀의 '꿈'은 이 '아이'를 통해 이루어집니다. 드디어 오늘 나오미는 더 이상 비어 있지 않고, 온전히 채워졌습니다.

아이를 가슴에 품고 양육자가 되었다는 것은 나오미가 젖을 먹이는 유모가 되었다는 것이 아닙니다. 가슴에 품어 양육하는 것은 남성이나 여성 모두 할 수 있습니다. 성경에서도 종종 쓰이는 표현입니다. "이 모든 백성을 내가 배었나이까 내가 그들을 낳았나이까 어찌 주께서 내게 양육하는 아버지가 젖 먹는 아이를 품듯 그들을 **품에 품고** 주께서 그들의 열조에게 맹세하신 땅으로 가라 하시나이까" (민 11:12). 모세의 말입니다. 이처럼 하나님께 고통을 호소하던 모세는 결국 아비처럼 이스라엘 백성을 품에 품고 약속의 땅으로 향했습니다.

품어 양육한다는 것은 사랑과 책임으로 돌보는 행위를 말합니다. 간단히 축약해 본다면 '섬김'의 모습입니다. 이를 염두에 두고 오늘 본문 17절로 가겠습니다. "그의 이웃 여인들이 그에게 이름을 지어 주되 나오미에게 아들이 태어났다 하여 그의 이름을 오벳이라 하였는데." 이웃 여인들이 아이의 이름을 지어 주는 장면은 구약과 신약을 다 찾아봐도 이곳밖에 없습니다. 정말 이름을 지어 주었을까요? 당시 관습으로 이웃 여인들이 아이의 이름을 지어 주는 일은 없었습니다. 설사 이웃 여인들이 아이의 이름을 지어 주고 싶어 그리했다고 합시다. 그래도 이름이 되지 않았을 가부장적 시대입니다. 그럼 특별히 이 아이 이름만은 지어 주었을까요? 좀 더 살펴봅시다. '아들이 태어났다' 하여 이웃 여인들이 그의 이름을 '오벳'이라고 했답니다. 그렇다면 '오벳'은 '아들이 태어나다'라는 뜻일까요?

'아들이 태어나다(득남하다)' 혹은 '아들이 주어지다'라는 표현은 구약에서 일종의 관용구처럼 쓰이곤 했습니다 (참조 사 9:6, 렘 20:15). 그러므로 여기서도 일종의 관용구처럼 '이름을 확인하며 축하하다' 정도로 해석하는 것이 적절하겠습니다.[46] 그럼 '오벳'은 무슨 뜻일까요? 오벳은 '섬기다'라는 의미의 히브리어 동사 '아바드('ābad)'에서 비롯된 명사입니다. 따라서 '섬기는 사람(종) 혹은 섬김' 이라는 뜻이 되겠지요. 누구를 섬기라고 오벳이라는 이름이 주어졌을까요? 나오미일까요? 하나님일까요?

저는 둘 다 맞다고 생각합니다. 이웃 여인들은 아기 오벳을 보면서 "이는 네(나오미) 생명의 회복자이며 네 노년의 봉양자(**섬김의 사람**)라"(15절)라고 했습니다. 나오미 역시 아기 오벳을 품에 품고 그의 양육자(**섬김의 사람**)가 됩니다. 오벳과 나오미의 관계는 '양육(섬김)'을 하고 '양육함으로 다시 돌봄 (되섬김)'을 받는 관계라고 할 수 있습니다.

이렇게 나오미가 아기 오벳을 품는 데서 룻기가 끝납니다. 모압 평지에서 베들레헴에 이르는 험난한 여정 끝에는 이 '섬김'의 아기가 존재하여 계속 꿈을 이루어 갑니다. 이 아기를 자세히 들여다보십시오. 베들레헴의 경사를 몰고

올 소중한 아기입니다. 그러나 아직 연약하고 조그맣기만 합니다. 그러나 이 꼬물꼬물한 아기가 나오미의 양육으로 자라면 언젠가 먼 훗날엔 나오미를 섬기고 봉양할 것입니다. 나오미와 오벳 사이에는 **섬기는 기쁨**이 있습니다. 이 섬기는 기쁨이 나중에는 **만왕의 왕**을 섬기는 통로가 됩니다. 내레이터의 마지막 구절을 들어 보십시오. "그의 이름을 오벳이라 하였는데 그는 다윗의 아버지인 이새의 아버지였더라"(17절). 아니, 아기 오벳에서 이스라엘 역사 가운데 존엄하게 자리 잡은 다윗 왕이 연결되다니요. 그다음에는 무슨 일이 벌어지게 될까요? 여정이 이렇게 마무리되면 정말 아쉽겠습니다. 내레이터가 좀 더 설명해 주면 좋을 텐데요. 아하, 그래서 에필로그(4:18-22)가 있군요. 어서 들어 보고 싶으시지요? 그런데 에필로그를 들으려면 우선 룻기 묵상 여정의 최종 목적지까지 가야 한답니다. 그곳에서 내레이터의 음성을 다시 들어야 하니까요. 그곳이 어디냐고요?

저는 지금 여러분과 2천 년도 전에 시작된 크리스마스 이야기 속으로 들어가려고 합니다. 첫 번째 성탄의 이야기로 들어가면 우리의 꿈이 될 수 있는 '옐레드', 즉 한 아기를 만납니다. 그분은 귀하신 아기입니다. 그분이 누워 계신 장소로 가겠습니다. 어떻게 찾아가야 하는지 궁금하시지요? 걱정 마십시오. 여러분 호주머니 속에 전부터 소중하게 간직해 온 내비게이션이 있답니다. 지난번 그 별이 아직도 여러분 가슴속에 있지 않습니까? 이제 그 별을 꺼내 베들레헴 밤하늘로 높이 띄우십시오. 아름답게 반짝이는 커다란 별이 꿈꾸듯 하늘로 올라갑니다. 이제 그 별이 움직이는 방향을 따라가시면 그 귀하신 아기를 만나실 겁니다.

설레십니까? 저도 설렙니다. 선물을 기다리느라 잠을 못 이루던 어린 시절 성탄절 전야처럼 들뜹니다. 저로서는 어릴 적 그날처럼 신나는 날이 없었습니다. 주일학교에서는 성탄절 전날 촌극 같은 짧은 토막극을 했었지요. 워낙에 작은 개척교회다 보니 주일학교 어린이 모두 전원 참석해야 했습니다. 덕분에 저도 역할을 세 개나 맡은 적이 있습니다. 사실 역할을 세 개나 맡았다는 것은 자랑할 만한 것이 못 됩니다. 저처럼 연기에 소질이 없는 아이들은 역할을 여러 개 맡아 오히려(?) 바빴습니다. 지나가는 상인 1, 동네 꼬마 복순이, 그리고 여관 주인 2.

저는 요셉과 마리아 옆을 묵묵히 지나가는 상인 역할도 하고, 동네 꼬마 복순이가 되어 동네 아이들과 길에서 노래하는 역할도 했습니다. 그런데 지금도 잊을 수 없는 것은 못된 여관 주인 역할입니다. 요셉이 문을 똑똑 두드리면 제가 문을 열고 나옵니다. 요셉이 아주 착한 목소리로 (그러나 애절하게) "제 아내와 제가 묵을 방이 있나요?" 묻습니다. 그럼 저는 기나렸다는 듯이 "없어욧!" 하면서 문을 쾅 닫아야 했지요. 제가 그 역할을 잘했냐고요? 그건 모르겠습니다. 성탄절 전야 리허설 시간이었습니다. 주일학교 선생님이 총감독을 하시고 우리는 각각 맡은 대로 연기를 했습니다. 제 차례도 다가왔습니다. 못된 여관 주인이 되어 요셉한테 "방 없어욧!" 했는데, 제 목소리가 작아 잘 못 알아들었는지 요셉이 한참 서 있는 게 아닙니까. 대본에 따르면 요셉이 처량하게 등을 돌리고 다른 길로 가야 하는데 아직도 우리 여관 앞에 서 있으니 당황스러웠습니다. 그래서 다시 기어들어가는 소리로 "없는데… 방 없다고 했는데…" 했다가 주일학교 선생님들이 박장대소하셨던 기억만 납니다.
지금 생각해 보니 아닙니다. 거룩한 가족 요셉과 마리아는 여관 문을 두드리지 않았습니다. "방 없어욧!" 소리를 지르는 못된 여관 주인도, 아니, 여관 자체가 베들레헴에 존재하지 않았습니다. 아시다시피 베들레헴은 사랑스러운 동네입니다. 그 옛날 베들레헴은 인심이 야박한 곳과는 거리가 멀었습니다.

헬라어 원본으로 누가복음을 읽어 보면 이 여관은 우리가 생각하는 여관이 절대 아닙니다. 헬라어로 '카탈뤼마(katalyma)'인데, 카탈뤼마는 평범한 농부의 거주지 곧 집입니다. 만일 여행객이 묵어 가는 여관을 이르려면 '판도케이온(pandocheion)'이라 해야 맞습니다.[47] 여관을 지칭하는 이 단어는 선한 사마리아인 비유에서 볼 수 있습니다(눅 10:34-35). 개역개정 성경에는 '주막'으로 번역되어 있습니다.

그럼 "여관에 있을 곳이 없음이러라"(눅 2:7)는 어떤 뜻인지 알아보겠습니다. 먼저 베들레헴 가옥 구조를 파악하시는 것이 좋습니다. 유대 지역은 워낙에 손님을 경외하고 잘 접대하는 미덕이 있었습니다. 이는 그들에게 깊이 새겨진 문화인지라 가옥 형태에서도 잘 드러납니다. 소박하게 살아가는 보통 사람들의 집에도 손님방이 따로 있었습니다. 손님방은 가족이 지내는 방보다 윗칸에 지어졌습니다.

지붕은 평평하기 때문에 지붕 위에 손님방을 마련하기도 했고, 아니면 가족이 지내는 방 끝에 연결하여 지대를 약간 높게 해 마련하기도 했습니다.[48] 참고로 알아 두십시오. 나중에 예수님께서 제자들과 마지막 유월절 만찬을 하실 때, 유월절을 지낼 '객실'이 준비되었다고 성경에 기록되어 있습니다(눅 22:11). 이 객실(윗방upper room)이 곧 손님방이었습니다. 아래층에 자리 삽은 가족의 방에는 축사가 연결되어 있었습니다. 동물들은 한낮엔 밖에 있더라도, 밤이 되면 가족 안방으로 연결된 축사를 통해 집안으로 들어오게 되어 있었던 겁니다. 집 안에 가축을 두는 것은 야생동물의 습격을 막기 위한 방편이기도 했지만, 집 안 난방에도 유용했습니다. 가족 안방에는 축사와 더불어 부엌도 있었는데 땔감으로 건조된 가축의 오물이 쓰였습니다. 다시 말해 베들레헴 가족 안방은 가축과 더불어 가내 작업이 이루어지는 곳이었습니다. 그러다 보니 가축은 그들의 가족이나 다름없었습니다. 동물과 사람이 더부살이하며 함께 뒹굴며 살 수 있는 구조라는 이야기입니다. 함께 자고 함께 먹었습니다. 예전에 나단 선지자가 다윗을 책망할 때 사용한 비유를 기억하십니까?

나단 선지자의 비유에 부자와 가난한 사람이 나옵니다. "그 가난한 사람이 아무것도 없고 자기가 사서 기르는 작은 암양 새끼 한 마리뿐이어서 그 양을 딸처럼 여기며 그가 먹는 것을 먹으며 그의 잔으로 마시며 그의 품에 누웠다"고 전합니다(삼하 12:3). 이는 그저 과장된 표현이 아닙니다. 이 비유처럼 소나 양은 농부가 아끼는 가족이 충분히 될 수 있는 존재였습니다.

요셉과 마리아가 "**여관**에 있을 곳이 없었다"고 번역된 이 말은, 베들레헴의 **객실**이 모두 손님으로 꽉 차 있었다는 뜻입니다. 생각해 보십시오. 호적하러 각기 고향으로 돌아가야 할 시점이었습니다(눅 2:3). 그래서 베들레헴의 손님방은 여유가 없었던 것입니다.

어떤 학자들은 여유 있는 방이 없었으므로 마리아와 요셉이 어느 가정의 축사와 연결된 지하 동굴에서 예수님을 낳았다고 주장하기도 합니다. 가옥 구조를 이해한다면 충분히 수긍할 수 있는 의견입니다. 유대인은 자연 동굴을 지하실 삼아 가옥을 짓는 경우가 많았으니 말입니다.

게다가 유대인의 정결법에 의하면 여인이 남자 아기를 낳은 경우 그 흘린 피로 인해 이레 동안 부정하다고(레 12:1-2)

여겨졌습니다. 그리하여 가옥의 정결함을 위해 해산 직전 베들레헴에 당도한 마리아를 집 안으로 들이지 못하고 가축이 드나드는 지하 동굴로 안내했다고 추정하기도 합니다.[49]

그러나 다르게 주장하는 학자들도 있습니다. 그들은 마리아가 예수님을 낳은 장소는 평범한 베들레헴의 안방이었을 것이라 여깁니다.[50] 베들레헴에서는 손님 접대가 중요한 미덕이었다는 사실을 다시 한 번 떠올려 본다면 그들만의 인정人情을 간과할 수 없습니다. 무엇보다 출산은 큰 경사였습니다. 그렇다면 해산이 가까운 마리아를 보고 매몰차게 "방 없어욧!" 하고 지하 동굴로 내몰 베들레헴 사람은 한 명도 없었을 것 같습니다. 누추하지만 자신의 방을 기꺼이 내어놓는 여유가 있지 않았을까요? 경험 있는 여인들은 기꺼이 마리아의 해산을 도왔을지도 모릅니다. 이런 정황을 미루어 볼 때, 한 소작농 부부가 그들의 가족 안방으로 요셉과 마리아를 맞아들이지 않았을까 싶습니다. 거룩한 '섬김'이라 여기고 싶습니다.

보십시오. 말씀을 나누며 별을 따라 걷다 보니 이 집 앞에 별이 멈추지 않습니까. 자, 여기인가 봅니다. 우리가 오늘 여정에서 마지막으로 들려야 할 곳이. 얼른 들어가 보고 싶으시지요? 겸손한 이 집 주인이 우리를 쫓아낼 리 없습니다. 축하객 모두를 환영해 줄 순박하고 선한 베들레헴의 농부일 겁니다.

들어가 보기 전에 먼저 상상해 봅시다. 아기가 태어나자 곧 방 안으로 가족이 모두 들어왔을 것입니다. 소작농의 가축도 들어왔을지 모릅니다. 태어난 아기가 귀엽고 신기해서 어쩌면 그들 모두 품에 안아도 보고 머리도 쓰다듬어 보면서 그렇게 몇 날을 지내지 않았을까요? 그 방 안에 있던 구유를 깨끗하게 하여 아기 침대 삼아 강보에 싼 아기를 눕혀 놓고 농부의 어린아이들이 그 주위로 빙 둘러앉아 아기를 바라보며 행복해했을지도 모릅니다.

'구유에 놓인 아기'는 이스라엘을 향한 놀라운 상징입니다. 주의 깊게 읽어 보시면 성탄의 이야기를 자세히 설명했던 누가복음의 저자 누가는 '구유'라는 단어를 세 번이나 연거푸 사용했음을 발견하실 겁니다(눅 2:7, 12, 16). 이유가 뭘까요? 구유는 먹이를 담아 놓는 큰 통입니다. 여기서 우리는 이사야 선지자의 말을 떠올릴 수 있습니다. "하늘이여 들으라. 땅이여 귀를 기울이라. 여호와께서 말씀하시기를 내가 자식을 양육하였거늘 그들이 나를 거역하였도다. 소는 그 임자를 알고 나귀는 그 주인의 구유를 알건마는 이스라엘은 알지 못하고 나의 백성을 깨닫지 못하는도다 하셨도다" (사 1:2-3).

그렇다면 그날 축사에 모인 가축들은 오히려 아기 예수님이 누구신지 알아보았을 것 같습니다. 만왕의 왕이시라는 것을. 그런데 그날에 이스라엘만 몰랐던 겁니다. 그렇게 구유에 누워 계신 아기 예수님은 이스라엘을 먹이시고 더 나아가 우리 모두를 그분의 살과 피로 먹이시기 위하여 태어나셨다는 것을. 생명의 떡이 베들레헴 구유에 누워 계셨음을.

출애굽기 12장으로 가보십시오. 유월절은 어떻게 시작됩니까? 노예의 굴레 애굽 땅에서 빠져나오기 전에 이스라엘 백성은 각 가족대로 식구를 위해 첫 달 열흘째 되는 날 어린 양을 취합니다(출 12:3). 그 어린 양을 그들의 집에 들입니다. 아마도 그들이 살던 방에 들였을 가능성이 높습니다. 새끼 양입니다. 귀엽습니다. 사랑스럽습니다. 연약하고 순합니다. 그때 어린아이들은 예쁜 새끼 양을 안아도 보고 쓰다듬어 보며 지냈을 것 같습니다. 어른들도 그런 새끼 양에게 정이 가지 않았을 리 없습니다. 그러니 그 아기 양을 곧 도살해야 한다는 사실은 그들에게 얼마나 가슴 아픈 일이었겠습니까?

왜 저는 베들레헴의 종착지에 서 있는 오늘이 이스라엘 백성이 유월절을 맞기 전날 같다고 느껴지는지 모르겠습니다. 여러분은 어떠십니까?

아직 이 집 앞에서 이런저런 상상을 해보며 들어가지 못하고 있습니다. 마음이 두근거립니다. 이제 용기를 내서 문을 한번 두드려 볼까요? 문을 두드리면 집주인은 우리를 기꺼이 안으로 안내해 줄 것입니다. 그런데 잠깐, 이를 어쩝니까? 제가 깜빡 잊은 것이 있습니다. 귀하신 아기를 알현해야 하는데 선물을 준비하지 못했습니다. 혹시 여러분은 준비하셨습니까? 아니시라고요… 그럼 어떻게 할까요? 아, 다행입니다. 저쪽을 보십시오. 동방 박사들도 베들레헴의 별을 보고 이쪽으로 오고 있는 것이 보이는군요. 낙타를 타고 곧장 성으로 들어오는 그들의 흥분된 모습을 좀 보십시오. 얼굴에 웃음이 가득합니다. 그들 손에는 소중한 선물도 들려 있습니다. 황금과 유향과 몰약이라는 귀한 물건입니다. 그들의 선물에서 우리는 귀하신 아기께서 어떻게 우리에게 구원을 전해 주실지 벌써 예견합니다. 그들의 손에는 장사를 준비하는 예물이 들려 있습니다. 마치 여인이 향유 옥합을 부었을 때 예수님의 장례가 미리 준비되었던 것처럼(막 14:8). 그분은 죽음이라는 놀라운 희생을 통해 우리에게 부활의 생명을 베푸실 것입니다.

그래서 오늘 이 밤이 이스라엘 백성이 맞는 첫 번째 유월절 전날 같다는 느낌이 들었나 봅니다. 출애굽 시대의 이스라엘 백성은 때가 되면 그들의 안방에 들인 흠 없고 연약한 아기 양을 잡아야 했습니다. 그 피를 문설주에 발라야 사망이 물러가기 때문입니다(출 12:6-7). 노예의 굴레를 벗어나기 때문입니다. 죄에서 해방되기 때문입니다. 아무리 그 사랑스럽고 귀여운 어린 양과 정이 들었어도 할 수 없습니다. 그 양이 속죄양으로 희생하여야(참조 고전 5:7b) 죽음의 재앙이 이스라엘 진영에서 물러납니다.

죽음으로 우리를 대속하기 위해 우리 가운데 육신으로 태어나신 귀하신 성자 아기께 드릴 선물이 저희는 없습니다. 그러니 오늘은 저 동방 박사들 틈에 끼어 아기를 알현해야 할 듯합니다. 그런데 안에 다른 손님들이 벌써 당도해 있군요. 누구일까요? 문틈으로 잠시 들여다봅시다. 아, 그들은 밤에 양을 치던 목자입니다!

그랬군요. 예수님이 태어나자 이 놀라운 소식을 제일 먼저 접하고 아기 예수님을 알현한 사람들은 이방 나라에서 유대 땅으로 찾아왔던 동방 박사들이 아니었습니다. 유대인 목자들이었습니다. 그들은 누구기에 첫 손님이 되었을까요? 누가는 그들이 '밤에 밖에서 양 떼를 지키던' 목자라고 설명했습니다(눅 2:8). 참 이상합니다. 보통 양 떼는 낮에 풀을 뜯어 먹고 밤이면 주인집으로 들어가도록 되어 있었습니다. 그리고 양을 돌보는 역할은 가족 중 어린 자녀나 여인들이 했던 일이었습니다(참조 삼상 16:8-13, 17:12-30). 그렇다면 '밤에 밖에서 양 떼를 지키던' 목자들은 평범한 일원이 아니라는 뜻입니다. 그들은 무슨 일로 밤에 잠도 자지 못하고 양 떼를 지켜야 했을까요? 아마 그것이 그들의 필사적인 직업이니 그랬을 것입니다. 그렇습니다. 그들은 직업 목자였던 것입니다. 그 당시 직업 목자는 성전 제사장에게 고용된 목자들 외에는 없었습니다.[51] 번제와 속죄제에 사용될 양들이 흠이 없이 보존되도록 들에서 지켜 줄 목자가 성전에서는 필요했고, 따라서 목자는 성전에 고용되어 깜깜한 밤에도 양 떼를 지켜야 했습니다. 그들은 사회적으로 제대로 대우를 받지 못했습니다. 이들 가운데 도둑이나 강도 출신이 많았기 때문입니다. 랍비 문헌에 보면 1세기 팔레스타인 지역에서 제일 천대받는 사람들이 목자 일을 하는 사람이라고 나와 있습니다. 랍비들은 목자를 불결의 부류에 넣을 정도였습니다.[52] 그들에게서 직접 우유나 치즈를 사는 일도 철저하게 금했던 것도 그 때문입니다.

그렇지만 주의 사자는 그런 목자들에게 제일 먼저 현현하여 예수 그리스도의 탄생을 알립니다(눅 2:8-14). 배우지 못하고 헐벗고 가난하여 도둑질을 할 수밖에 없던 '비천한 자'(눅 1:52)를 높이기 위한 예수님의 초대장이었습니다. 그들은 성전 제사장에게 고용되어 양들을 흠 없이 보존하기 위해 파수꾼처럼 한밤에 들에 거했습니다. 그러나 그들은 그 밤에 가장 '흠 없는 양'을 알현하게 되리라는 초청을 받은 것입니다. 또한 그들은 그리스도 주가 태어나셔서 '구유'에 누워 계신다는 소식에 위로를 받습니다(눅 2:12). 구유에 계신다는 것은, 여느 부잣집에서 화려하게 태어나신 것이 아니라 그들의 눈높이에 맞추어 평범한 모습으로 태어나셨다는 것을 뜻하기 때문입니다. 그들은 제일 먼저 아기 예수님을 뵙고 기뻐할 수 있는 특권을 누렸습니다.

"하나님께 영광을 돌리고 찬송하며" 돌아갔다고 기록되어 있습니다(눅 2:20). 가장 낮은 자가 가장 높은 분께 올려드리는 최고의 영광이었습니다.

잠시 목자들의 대화를 엿들어 봅시다.

"이보게, 이렇게 귀한 아기를 뵈러 오면서 자네는 선물이라도 좀 들고 왔는가?"

"내 처지에 무슨…. 선물은커녕 옷도 못 갈아입고 왔네. 내게 더럽고 고약한 냄새가 나도 어쩌겠는가. 주의 사자가 그렇게 나타나 기쁜 소식을 전할 줄 어디 미처 알았겠나? 그럼 그렇게 묻는 자네는 선물이 있는가?"

"뭐, 자네나 나나 같은 처지지. 나야말로 며칠째 세수도 못하고 모습이 말이 아니네만 그래도 구주 그리스도 아기를 만나 뵈니 내 얼굴까지 환해지는 듯하네."

"나 역시 냄새나고 더러운 옷은 사라지고 고운 향기가 나는 듯한 것이 꼭 새 옷으로 갈아입은 기분이네."

"우리 앞으로는 성실하게 열심히 살아가세. 도둑질 같은 거 이제 그만하고 싶네. 우리 같은 사람들도 불러 주시는 그리스도 아기를 뵈었으니 우리도 좀 달라져야 하지 않겠나. 드릴 선물은 없지만 마음을 다하여 이 귀하신 구주 아기께 경배드리세."

"그러세!"

목자들은 마음을 다하여 경배드리고 있습니다(눅 2:20).

맞습니다. 그런 목자들도 주의 사자의 초대장을 받아 아기 예수님을 뵈러 올 자격을 얻었습니다. 그들은 감격과 감사로 진정한 '예배'를 드림으로써 그들의 '선물'을 드립니다.

우리도 오늘 선물은 없지만 목자들과 함께 마음을 다하여 귀한 아기께 경배를 드립시다.

어느새 구유 앞에는 베들레헴 농부 가족, 빈손으로 온 더럽고 냄새나는 목자, 베들레헴 순례자 우리, 그리고 귀한 선물을 들고 온 동방 박사들까지 모두 하나가 되어 모였습니다.

오늘 여기서 우리는 진정한 성탄의 장면을 맛봅니다. 우리의 평범한 삶 속에 태어나신 예수님은 천대와 멸시 받는 가장 낮은 계급의 목자들로부터 존경받는 고귀한 계급의 동방 박사들까지, 인종과 계급을 뛰어넘어 우리 모두의 소망이고 구원이십니다. 신분과 재산의 차이와도 상관없이 우리 모두에게 필요한 것은 단 하나입니다.

그리스도.

그리스도 한 분이십니다.

마태복음 기자 마태가 만왕의 왕, 그리스도의 족보를 이렇게 설명합니다(마 1:1-17).

“이새는 **다윗** 왕을 낳으니라. 다윗은 우리아의 아내에게서 솔로몬을 낳고 솔로몬은 르호보암을 낳고… 엘르아살은 맛단을 낳고 맛단은 야곱을 낳고 야곱은 마리아의 남편 요셉을 낳았으니 마리아에게서 **그리스도**라 칭하는 **예수**가 나시니라.”

바로 지금 룻기의 내레이터가 다시 등장합니다. 그가 우리에게 들려주고 싶어 했던 마지막 에필로그가 이곳에서 낭독될 것입니다. 이제 마지막으로 그의 목소리를 들어 보십시다. 룻기의 에필로그, 4장 18-22절입니다.

“베레스의 계보는 이러하니라 베레스는 헤스론을 낳고 헤스론은 람을 낳았고 람은 암미나답을 낳았고 암미나답은 나손을 낳았고 나손은 살몬을 낳았고 살몬은 보아스를 낳았고 보아스는 **오벳**을 낳았고 오벳은 **이새**를 낳았고 이새는 **다윗**을 낳았더라.”

그렇습니다. 이렇게 거룩한 계보가 흘러가면서 오벳에서 다윗 왕으로 연결되고 다시 거기서 그리스도까지 이어진 것입니다. 이 계보를 위해 우리는 룻과 함께 모압 평지에서 베들레헴까지 걸어와야 했던 것입니다. 이제 베들레헴이라 불리는 다윗의 동네에서(눅 2:4) 저와 가보실 곳은 더 이상 없습니다. 여기가 종착지입니다. 베들레헴에서 태어나신 귀하신 '아기'를 품으십시오. 마치 나오미가 오벳을 품듯. 우리 중엔 아무도 왕이 없습니다. 왕이 될 수도 없습니다. 그렇지만 존귀한 왕을 귀하게 품고 섬기실 수는 있습니다. 룻이 모압을 떠나 베들레헴으로 입성했던 것도 종국에는 만왕의 왕을 섬기기 위함입니다. 그녀가 낳은 아기는 오벳(섬김)입니다. 나오미가 꾸었던 꿈도 결국 오벳(섬김)이 됩니다. 우리의 메시야, 만왕의 왕을 섬기는 통로가 된 아이의 이름은 '섬김'입니다. 베들레헴 종착지에서 저는 여러분께 (그리고 제게) 이렇게 권하고 싶습니다. **오벳이 되어 오벳으로 살아가십시오.**

오늘 알현하여 경배드린 그 아기는 자기를 비워 종의 형체를 가지사 우리와 같은 모습으로 오신 그리스도 예수십니다. 자신을 낮추시고 죽기까지 복종하셔서 우리 죄를 사하여 주신 대제사장입니다. 그분은 자기를 힘입어 하나님께 나아가는 자들을 온전히 구원하실 수 있는 우리의 주님이십니다.

섬김의 마음을 품으십시오. 이제 오벳이 되어 그리스도를 신실하게 섬기지 않으시렵니까?

룻기의 28일 여정은 여기까지입니다. 순례자 당신께 감사드립니다. 그리고 사랑합니다. 룻과 같이 이방인의 신분으로 베들레헴 성읍에 들어왔던 우리는 오늘 **오벳**이 되어 디아스포라처럼 다시 세상에 흩어지겠습니다. 우리는 세상 곳곳에서 계속 나그네와 같이 순례하며 그리스도를 증거할 것입니다. 고개를 들어 밖을 보십시오. 베들레헴의 동이 터오지 않습니까? 베들레헴의 아침입니다.
보케르 토브!

순례자 당신께 감사드립니다.
사랑합니다.

주

1) **Samuel J. Schultz,** *The Old Testament Speaks: A Complete Survey of the Old Testament History and Literature*. 5th. (New York, NY: Harper-Collins Publishers, 2000), 56.

2) Ibid.

3) "Rain", *Holman Illustrated Bible Dictionary*, ed. Chad Brand, Charles Draper, Archie England, Steve Bond, E. Ray Clendenen and Trent C. Butler (Nashville, TN: Holman Bible Publishers, 2003), 1362.

4) **Alfred J. Hoerth,** *Archaeology and the Old Testament* (Grand Rapids, MI: Baker Books, 1998), 93.

5) Ibid.

6) **Daniel Isaac Block,** *Judges, Ruth,* vol. 6, The New American Commentary (Nashville: Broadman & Holman Publishers, 1999), 625.

7) **김회권**, 《하나님 나라 신학으로 읽는 여호수아 사사기 룻기》 (복 있는 사람, 2007), 361.

8) **Stephen L. Cook,** "Boundary", *Eerdmans Dictionary of the Bible*, ed. David Noel Freedman, Allen C. Myers and Astrid B. Beck (Grand Rapids, MI: W.B. Eerdmans, 2000), 197.

9) **Block,** *Judges, Ruth,* vol. 6, The New American Commentary, 626.

10) Ibid., 631.

11) **Katherine Doob Sakenfeld,** *Interpretation A Bible Commentary for Teaching and Preaching: Ruth* (Louisville, KY: Westminster John Knox Press, 1999), 24.

12) **Duvall J. Scott** and **J. Daniel Hays,** *Grasping God's Word* (Grand Rapids, MI: Zondervan, 2005), 258-259.

13) *Ruth,* ed. H. D. M. Spence-Jones, The Pulpit Commentary (London; New York: Funk & Wagnalls Company, 1909), 10-11.

14) **Scott** and **Hays.** *Grasping God's Word,* 73-74.

15) **Martin Buber,** *I and Thou* (London: T & T Clark Ltd, 1937), 15.

16) **Block,** *Judges, Ruth,* vol. 6, The New American Commentary, 651.

17) **Tyler F. Williams,** "Ascents, Songs Of", *Eerdmans Dictionary of the Bible*, ed. David Noel Freedman, Allen C. Myers and Astrid B. Beck (Grand Rapids, MI: W.B. Eerdmans, 2000), 111.

18) *Ruth*, The Pulpit Commentary, 34–35.

19) **Block,** *Judges, Ruth,* vol. 6, The New American Commentary, 656–657.

20) **John F. Walvoord, Roy B. Zuck** and **Dallas Theological Seminary,** *The Bible Knowledge Commentary: An Exposition of the Scriptures* (Wheaton, IL: Victor Books, 1983), 301.

21) **Scott** and **Hays,** *Grasping God's Word,* 359–360.

22) **Darrell L. Bock,** *Luke: 9:51–24:53*, vol. 2, Baker Exegetical Commentary on the New Testament (Grand Rapids, MI: Baker Academic, 1996), 1284–1285.

23) *The Amplified Bible* (Grand Rapids, MI: Zondervan, 2000).

24) **Block,** *Judges, Ruth,* vol. 6, The New American Commentary, 665.

25) **K. A. Mathews,** *Genesis 1–11:26*, vol. 1A, The New American Commentary (Nashville: Broadman & Holman Publishers, 1996), 341–342.

26) Ibid.

27) **Block,** *Judges, Ruth,* vol. 6, The New American Commentary, 665.

28) **Jack B. Scott,** "112 אָמָה", *Theological Wordbook of the Old Testament*, ed. R. Laird Harris, Gleason L. Archer Jr. & Bruce K. Waltke (Chicago, IL: Moody Press, 1999), 49.

29) **Block,** *Judges, Ruth,* vol. 6, The New American Commentary, 673–674.

30) **Jan de Waard** and **Eugene Albert Nida,** *A Translator's Handbook on the Book of Ruth*, 2nd, ed. UBS Handbook Series (New York:United Bible Societies, 1991), 6.

31) **Walter A. Elwell** and **Barry J. Beitzel,** *Baker Encyclopedia of the Bible* (Grand Rapids, MI: Baker Book House, 1988), 606.

32) **Block,** *Judges, Ruth,* vol. 6, The New American Commentary, 682.

33) **Rodney L. Cooper,** *Mark,* vol. 2, *Holman New Testament Commentary* (Nashville, TN: Broadmand & Holman Publishers, 2000), 110.

34) **Warren W. Wiersbe,** *Be Committed*, "Be" Commentary Series (Wheaton, IL: Victor Books, 1993), 40.

35) **Andres J. Köstenberger,** *John,* Baker Exegetical Commentary on the New Testament (Grand Rapids, MI: Baker Academic, 2004), 360-361.

36) **Block,** *Judges, Ruth,* vol. 6, The New American Commentary, 689-690.

37) **Gordon D. Fee** and **Douglas Stuart,** *How to Read the Bible for All Its Worth* (Grand Rapids, MI: Zondervan, 2003), 91.

38) **Block,** *Judges, Ruth,* vol. 6, The New American Commentary, 693.

39) Ibid., 697.

40) **John Fuder,** *Training Students for Urban Ministry: An Experiential Fuder* (Eugene, OR: Wipf and Stock Publishers, 2001), 23.

41) **Walter A. Elwell** and **Barry J. Beitzel,** *Baker Encyclopedia of the Bible*, 777.

42) **Bruce K. Waltke,** *Genesis: A Commentary* (Grand Rapids, MI: Zondervan, 2001), 508.

43) 그러나 보아스가 라합의 직계 아들이 아니고, 모계를 통한 가계 계통에 따른 자손으로 간주될 수도 있음.

44) **David M. Howard Jr.,** *Joshua,* vol 5, The New Amerian Commentary (Nashville: Broadman & Holman Publishers, 1998), 113-114.

45) Ibid.

46) **Block,** *Judges, Ruth,* vol. 6, The New American Commentary, 730-732.

47) **Kenneth E. Bailey,** *Jesus Through Middle Eastern Eyes: Cultural Studies in the Gospels* (Downers Grove, IL: InterVarsity Press, 2008) Kindle Version Chapter 1.

48) **James C. Marin, John A. Beck** and **David G. Hansen,** *A Visual Guide to Gospel Events: Fascinating Insights into Where They Happened*

and Why (Grand Rapids, MI: Baker Books, 2001), 20.

49) Ibid., 21.

50) **Bailey,** *Jesus Through Middle Eastern Eyes: Cultural Studies in the Gospels*, Kindle Version Chapter 1.

51) **Marin, Beck** and **Hansen,** *A Visual Guide to Gospel Events: Fascinating Insights into Where They Happened and Why*, 24.

52) Ibid.

룻기 묵상 28일

A 28 Day Journey through Ruth

2015. 2. 15. 초판 1쇄 인쇄
2015. 2. 25. 초판 1쇄 발행

지은이 오지영
펴낸이 정애주
국효숙 김기민 김의연 김준표 박상신 박세정
박혜민 송승호 염보미 오민택 오형탁 윤진숙
임승철 정한나 조주영 차길환 한미영

펴낸곳 주식회사 홍성사
등록번호 제1-449호 1977. 8. 1.
주소 (121-885) 서울시 마포구 양화진4길 3
전화 02) 333-5161
팩스 02) 333-5165
홈페이지 www.hsbooks.com
이메일 hsbooks@hsbooks.com
트위터 twitter.com/hongsungsa
페이스북 facebook.com/hongsungsa
양화진책방 02) 333-5163

ⓒ 오지영, 2015

• 잘못된 책은 바꿔 드립니다.
• 책값은 뒤표지에 있습니다.

ISBN 978-89-365-0327-7 (03230)